MAYADA, HIJA DE IRAK

JEAN SASSON

MAYADA

HIJA DE IRAK

Traducción de
Verónica Canales Medina

Título original: *Mayada, Daughter of Iraq*

Primera edición: marzo, 2004

© 2003, The Sasson Corporation
Publicado por acuerdo con Dutton, una división de Penguin Group (USA) Inc.
© 2004, Random House Mondadori, S. A.
Travessera de Gràcia, 47-49. 08021 Barcelona
© 2004, Verónica Canales Medina, por la traducción

Printed in Spain – Impreso en España

ISBN: 84-01-33519-1
Depósito legal: B. 8.788 - 2004

Fotocomposición: Fotocomp/4, S. A.

Impreso en A & M Gràfic, S. L.
Santa Perpètua de Mogoda (Barcelona)

L 3 3 5 1 9 1

A Samira
y a todas las mujeres
en la sombra de la celda 52

ÍNDICE

NOTA DE LA AUTORA

Conocer a Mayada

Los lugares lejanos siempre me han atraído. Por eso, cuando se me presentó la oportunidad de viajar a una de las partes más exóticas y peligrosas del mundo, acepté el desafío.

En 1978 era una mujer joven cuando dejé Estados Unidos para trabajar en el hospital Rey Faisal en Riyadh, donde permanecí hasta 1990. Durante los doce años que viví en Arabia Saudí, creé un sólido círculo de amistades con mujeres saudíes. Gracias a esas amistades empecé a entender qué suponía ser mujer en una sociedad dominada por los hombres, con pocos recursos y sin protección ante actos de violencia y crueldad individualizadas.

Desde ese primer viaje he recorrido Oriente Próximo en toda su extensión: Líbano, Egipto, Jordania, Siria, Israel, Palestina, los Emiratos Árabes Unidos, Irak y Kuwait. Dondequiera que fuera hablaba con mujeres y niños. Visitaba hospitales y orfanatos. Asistía a fiestas. Al pensar ahora en mi éxito a la hora de conocer a los habitantes locales, creo que se debía a que ellos estaban tan interesados en mí como yo en ellos.

Mi única frustración fue que las numerosas tierras de Oriente Próximo que visité estaban plagadas de desgracias; aunque al margen de la visible pobreza, las personas que conocí siempre tenían un gesto de hospitalidad y abrían con alegría las puertas de su casa y de su corazón a una viajera estadounidense.

Tras la guerra del Golfo de 1991, Oriente Próximo al completo se sumió en una turbulencia aún mayor, pero en especial Irak. Desde la guerra, estaba interesada en los iraquíes, tenía curiosidad por un pueblo que había vivido entre guerras y bloqueos provocados por su propio presidente, Sadam Husein. Alentada por mi interés, decidí visitar Irak en el verano de 1998.

Como autora de un libro donde se critica a Sadam, sabía que jamás conseguiría un visado de un funcionario del gobierno, así que escribí directamente al presidente iraquí y le envié un ejemplar de mi libro *The Rape of Kuwait*. En la carta contaba a Sadam que no había estado de acuerdo con su idea de invadir Kuwait, pero que me interesaba el bienestar de los iraquíes de a pie que vivían con los bloqueos. Quería ver con mis propios ojos cómo se las arreglaba el pueblo iraquí.

Tres semanas más tarde recibí una llamada telefónica de Bagdad en la que me informaron de que mi visado sería concedido a través de la Misión de Naciones Unidas en Nueva York.

Hice las maletas con víveres de guerra —latas de conserva, linternas y velas— y partí hacia Bagdad el lunes 20 de julio de 1998. Debido a los bloqueos impuestos por Naciones Unidas, los aviones no podían volar hasta Irak, así que tendría que empezar mi viaje desde un país vecino. Dada la distancia hasta Bagdad desde otras grandes ciudades de la zona y los disturbios que todavía plagaban las regiones del norte y el sur de Irak, Jordania parecía el lugar perfecto para iniciar mi recorrido.

La nación de Jordania fue fundada por Gran Bretaña tras la Primera Guerra Mundial, durante la reforma del debilitado Imperio otomano. Hoy en día, Jordania ocupa una superficie de unos 96.000 kilómetros cuadrados (apenas la superficie de Indiana) y es el hogar de cuatro millones de personas, que son en su mayoría palestinos. El diminuto país hace las veces de autopista entre Siria y Arabia Saudí, y conecta la ciudad siria de Damasco y la ciudad santa saudí de Medina, y de una forma bastante parecida hacía las veces de punto de encuentro en las rutas de las caravanas de la antigüedad.

Siete horas después de embarcar en Londres en el vuelo 6707 de las Reales Aerolíneas Jordanas, llegué al Aeropuerto Internacional de la Reina Ali, a cuarenta y cinco minutos en coche de la capital, Ammán.

La desvencijada zona de equipajes del aeropuerto me recordó que muchos consideran Jordania como algo más que un lugar donde esperar la siguiente conexión aérea. Aun así, Jordania es una tierra de interesantes contrastes; desde Aqaba, la cuna de las extraordinarias aventuras de T. E. Lawrence, pasando por la meseta de grava del desierto sirio-árabe, donde las tribus beduinas han llevado a pastar desde hace siglos a sus ganados, hasta la legendaria Petra de las tumbas nabateas, de un color entre rosado y rojizo, donde una tribu nómada excavó ornamentados edificios y sepulturas en la roca dura.

Observé la multitud que esperaba y no tardé en localizar a un hombre árabe de mediana edad con unos gastados pantalones de color beis y camisa azul, que llevaba un enorme letrero blanco con mi nombre escrito con letras azules. Permanecí sentada en la parte trasera de su más que destartalada ranchera Peugeot 504 durante los cuarenta y cinco minutos de camino hasta el hotel Inter-Continental de Ammán y, tras un rato de conversación de cortesía, volví a recostarme en el asiento y me quedé callada mirando por la ventanilla.

Llegó el crepúsculo y las plantas del desierto local proyectaron sus delgadas sombras sobre el cielo de color rosa peonía. Tal como acostumbran, muchos jordanos se habían dirigido con sus coches a las afueras de la ciudad, donde extendían multicolores alfombras orientales sobre pequeños montículos de tierra para sus picnics nocturnos. Brillaban docenas de diminutas hogueras que hacían resaltar las sombrías siluetas de las mujeres que asaban pollos en las brasas. Pequeñas lumbres destellaban mientras los hombres árabes gesticulaban y daban énfasis a sus palabras con sus cigarrillos encendidos, y las escuetas sombras iban a toda prisa de aquí para allá mientras los niños jugaban sobre la arena infinita. Bajé la ventanilla del coche y oí el chisporroteo de las hogueras mezclarse con las voces quedas de las reuniones familiares, y por un momento fugaz deseé pertenecer a una de esas familias.

Ammán es una interesante ciudad asentada entre siete montañas. No tardamos en llegar al Inter-Continental, que está en el centro del barrio diplomático situado en lo alto de una de esas montañas. Había escogido el hotel sin otro motivo que el de suponer que se trataba de un sitio seguro, con buena comida, donde podía comprar víveres y organizar el trayecto por tierra de 1.046 kilómetros hasta Bagdad.

Esa primera noche dormí a pierna suelta. A la mañana siguiente, después de hacer varias llamadas de teléfono, llegó al Inter-Continental el propietario jordano de la agencia de viajes Al-Rahal en un Mercedes blanco. La tarifa que ofrecía por un viaje de ida y vuelta de Ammán a Bagdad era de 400 dólares estadounidenses, la mitad abonados antes de salir de Ammán y el resto antes de salir de Bagdad. Le pagué los primeros 200 dólares y me dijeron que esperase la llegada de un vehículo de cuatro ruedas a las cinco y media de la mañana siguiente. Un hombre jordano llamado Basem sería mi chófer.

Las personas con las que me encontré ese día se quedaban bastante sorprendidas cuando se enteraban de que iba a viajar sola a Irak. Tenían sobradas razones para estar preocupadas. El verano de 1998 fue una época de enormes tensiones entre el presidente iraquí, Sadam Husein, y el jefe de los inspectores de armas de las Naciones Unidas, Richard Butler. El señor Butler era un personaje insistente, un hombre decidido a descubrir y destruir las armas iraquíes, un hombre que se había ganado el apodo de Perro Loco Butler, acuñado por el mismísimo Sadam Husein. El presidente iraquí se mostraba igual de implacable e inquebrantable en su lucha por preservar su tan deseado y protegido armamento, por supuesto, y las noticias occidentales dejaron ver que Richard Butler estaba a todas luces exasperado por la falta de cooperación de los funcionarios iraquíes. Todos los habitantes de la zona temían que algo desagradable fuera a ocurrir entre el agresivo dictador al este y el enemigo empecinado al oeste. Ante la perspectiva de la creciente tensión y la animosidad en aumento de Sadam, eran pocos los miembros de los medios de comunicación estadounidenses que se plantearan siquiera viajar a Irak ese verano, y los que sí lo hacían solían viajar de incógnito, por lo general, con la excusa de trabajar para organizaciones humanitarias.

Sin embargo, yo siempre he sido amiga de la aventura y pensaba que era mejor viajar sola. Así que con gran anticipación salí de Ammán a la hora convenida; sentía aflorar con intensidad la sensación de aventura.

No tardamos en dejar atrás Ammán, y pasamos por el barrio de Zarqa antes de llegar al oasis de Al-Azraq, conocido por su carretera llena de baches y desniveles. El estrecho camino, abarrotado de enormes camiones y autobuses, hizo que se me encogiera el corazón de miedo. Se me secó la boca por la aprensión cuando me di cuenta del gran número de buses destartalados y carcasas de camiones que había en el recorrido; parecían gigantescas bestias que habían sido víctimas de muertes agónicas.

Durante largas horas, Basem y yo viajamos por tierras de una monotonía tan infinita que daban la impresión de haber sido barridas por fuertes vientos. Viajábamos a cuatro kilómetros por hora, aunque parecía imposible escapar de la capa marrón de tierra polvorienta, de los pequeños árboles retorcidos y de las plantas espinosas.

El terreno era agreste, aunque al final y con brusquedad cambió de forma y color para dejar paso a rocas de lava negra que se esparcían bajo el sol de mediodía. Por desgracia, pronto volvimos a entrar en un terreno monótono de llanuras inhóspitas y arenosas, y sin ninguna característica destacable.

A medida que pasaba la mañana, nos acercábamos más a la frontera iraquí. Desde la época de la antigua Mesopotamia, el país conocido en la actualidad como Irak había desempeñado un papel crucial en toda la región, y como resultado había sido invadido y conquistado en numerosas ocasiones. Desde Mongolia hasta el Imperio otomano y el británico, fueron muchas las potencias extranjeras que habían intentado hacer suyas la belleza y comodidades de Mesopotamia. Al finalizar la Primera Guerra Mundial, los británicos crearon la moderna nación de Irak, obligando a los kurdos, suníes y chiíes a unirse con naturalidad en un solo grupo.

Tras cruzar la frontera y pasar sin problemas por la aduana iraquí, el corazón me empezó a latir con fuerza por la emoción. Poco después asomó el ancestral río Éufrates. Pasamos por la región llamada Al-Anbar, una zona dominada por suníes iraquíes, en su gran mayoría de la tribu dulaimi. Este pueblo era muy partidario de Sadam Husein. Incluso después del sinsentido de la guerra del Golfo de 1991, Sadam recibió una bienvenida tan calurosa en la zona que reaccionó de una forma inesperada para un hombre lleno de impulsos paranoicos: vació el cargador de su revólver disparando al aire, lo que lo dejaba indefenso.

Al final, después de siete horas de viaje, la suave cadena montañosa de Bagdad apareció en lontananza, con las copas de las palmeras y los tejados que se erguían sobre la llanura. Contemplé en silencio las casas marrones que, tras lo inhóspito del desierto, adoptaron la dimensión de una gran civilización. Pequeñas mezquitas con altísimas cúpulas se desgranaban en el horizonte. Casas con balcones y patios asomaban seductoras por las pequeñas encrucijadas. Aquí y allá veía flores de un violeta descarnado o blanco prístino que crecían de forma caótica, luchando por ascender a la sombra de una palmera.

Las esquinas estaban llenas de peatones que se abrían paso por las concurridas calles de la ciudad. Por desgracia, las antiguas y silenciosas vías de Bagdad se habían vuelto caóticas, con viejos coches de ruedas gastadas avanzando con parsimonia a la zaga de renqueantes autobuses que escupían humo negro. Me constaba que las guerras y los bloqueos provocados por el gobierno iraquí habían aislado a los iraquíes del resto del mundo, así que la visión de un pueblo de rostros sombríos vestidos con ropas ajadas no fue una sorpresa. Cuando parábamos en los semáforos en rojo, analizaba las caras, consciente de que estaba en medio de una nación de personas que habían vivido una existencia en condiciones de un dramatismo inimaginable. Cualquier hombre o mujer que rondase mis mismos cincuenta años habría sido testigo de rebeliones y revoluciones, de la coronación de reyes, de numerosos golpes de Estado, de hallazgos de petróleo, de la promesa de grandes riquezas nacionales, riquezas maltrechas por las brutales guerras, una represiva policía estatal y agobiantes bloqueos.

Con la luz mortecina escuché la voz del muecín llamar a los musulmanes a la oración del ocaso. Alcé la vista y vi una pequeña ciudadela que miraba a la calle. La voz grave y musical se elevaba desde lo alto de la ciudadela mientras el sol se iba poniendo poco a poco. Basem giró en el hotel Al-Rashid. Había llegado sana y salva.

Irak era un fascinante estudio de contrastes. Aunque reprimido, el pueblo iraquí era sorprendentemente abierto y amigable. El personal del hotel Al-Rashid se mostraba siempre correcto, me enseñaban fotos de sus familiares y me cubrían de pequeños regalos que sabía que apenas podían pagar. El personal del Ministerio de Información me invitó a una de sus casas, donde comí su comida y conocí a sus amigos. Los guardias del exterior del ministerio me acompañaron hasta el coche para contarme historias sobre sus familias. Las madres y los padres de los niños que morían de leucemia en un hospital de la zona compartían conmigo pequeños tentempiés cuando visitaba las salas infantiles. Mi nuevo chófer, contratado gracias al gerente del Al-Rashid, no aceptó ningún otro empleo durante mi estancia y se quedaba sentado durante cuatro horas en el vestíbulo si yo no necesitaba nada. Y después de que tres hombres desconocidos tocaran a mi puerta la primera noche de mi estancia, la dirección del hotel me proporcionó un guardia que vigilaba mi cuarto las veinticuatro horas.

Sin embargo, la parte más maravillosa del viaje aún estaba por llegar. Dos días después de mi llegada a Bagdad, conocí a la única e inolvidable Mayada al-Askari, una mujer con la que tengo una relación más íntima que con una hermana.

La buena suerte de conocer a Mayada se debió a mi decisión de que una mujer, y no un hombre, fuera mi traductora mientras visitaba Bagdad. Tras mi primer día en la ciudad, me pregunté por qué ningún miembro del Ministerio de Información me había hecho una visita; había leído mucho sobre su intrusismo con los invitados extranjeros. El segundo día ya estaba impaciente y pedí a mi chófer que me llevase al ministerio, donde planeaba pedir un traductor. Me dijeron que un hombre llamado Shakir al-Dulaimi dirigía el Centro de Prensa del ministerio.

Entré al despacho de Shakir e hice la broma de que había oído que los extranjeros eran seguidos por gorilas iraquíes, pero que al parecer nadie se había enterado de que yo estaba en la ciudad. ¿Es que no era lo suficientemente importante como para tener un gorila? A Shakir le hizo gracia y me dijo que, si yo quería, haría que un hombre iraquí me acompañase.

Como estaba interesada ante todo en los temas relacionados con las mujeres árabes, y sabiendo, gracias a mis años de vida en Oriente Próximo, que ninguna mujer árabe hablaría con espontaneidad delante de un hombre árabe, le dije a Shakir que tendría que declinar su amable ofrecimiento. Insistí en que solo aceptaría una traductora. Tras discutir un poco, Shakir levantó las manos al aire y se encogió de hombros, señal árabe de derrota amistosa, y accedió a mi petición. (Más adelante supe que la política oficial del gobierno era contratar solo traductores hombres.)

Regresé al despacho de Shakir a la mañana siguiente, donde conocí a una mujer iraquí ataviada con modestia con un vestido que le llegaba hasta los tobillos, y la cara enmarcada por un velo negro.

Su estatura era normal y estaba un poco rellenita; tenía la cara blanca y mejillas sonrosadas, y un brillo de expectación en sus ojos de color verde claro. Nos estudiamos mutuamente. Ella miraba a Shakir y luego me miraba a mí.

La mujer parecía amable, y yo sonreí llena de esperanza, con el deseo de que fuera mi guía durante el resto de mi estancia en Irak.

Respondió a mi sonrisa con otra tentativa.

—Jean, esta es tu mujer —anunció Shakir, mirándome.

—Me llamo Mayada al-Askari —dijo ella con una voz agradable y ligero acento iraquí. Más adelante me contó que hacía muchos años que el ministerio no la contrataba, que los hombres que se encargaban de ello llamaban casi de forma exclusiva a traductores hombres. Me sentí contenta, y creo que ella también, por haber declinado con tozudez la oferta inicial de Shakir.

Mayada y yo no tardamos en hacernos amigas. Enseguida me di cuenta de que hablaba inglés con fluidez y de que tenía un maravilloso sentido del humor. Era divorciada y tenía una hija de quince años llamada Fay y también un hijo de doce años, Ali. Mayada compartía mi pasión por los animales; era la orgullosa dueña de dos gatos domésticos, uno de los cuales acababa de dar a luz.

Durante las semanas siguientes descubrí que Mayada era una de las hijas de la antigua Mesopotamia, conocida por el mundo moderno como Irak. Se sentía orgullosa de su país por una buena razón: durante gran parte de su historia, Mesopotamia fue un glorioso paraíso de la antigüedad. La cultura produjo pintores, poetas y estudiosos, y algunos mandatarios de sus albores fueron poderosos creadores dedicados a la literatura y las buenas acciones, y fueron los primeros en establecer las leyes y la libertad en el mundo.

Aunque muchos reformadores mesopotámicos lucharon por mejorar el destino de los ciudadanos de la nación, estos juiciosos mandatarios solían ser víctimas de violentos derrocamientos perpetrados por tiranos que sumieron al país en la violencia durante años. Mucho antes del gobierno de Sadam Husein, estallaron continuos conflictos en la tierra de Mayada. Bendecida con dos ríos importantes en una región conocida por sus desiertos, una situación geográfica envidiable que era puente entre ajetreados centros comerciales, y grandes riquezas, Mesopotamia era un objetivo codiciado. Desde los antiguos sumerios hasta los mongoles pasando por el gran Tamerlán hasta los persas y los otomanos, el país fue repetidas veces conquistado y perdido.

Para entender a la familia de Mayada, es necesario saber algo del Imperio otomano, que gobernó en todo Oriente Próximo de 1517 a 1917, y en Irak desde 1532 hasta 1917. Este vasto imperio incluía Asia Menor, Egipto, parte del norte de África e incluso una franja del sudeste de Europa. En todas las regiones que conquistaban, los otomanos designaban a una serie de aliados de ideas afines para el gobierno. Los sultanes del Imperio otomano eran musulmanes suníes, así que solían nombrar miembros de la secta suní para ocupar cargos de autoridad. Esto otorgaba a los suníes, que constituían un grupo minoritario, poder sobre todos los iraquíes, incluida la mayoría chií. Así, los gobernantes otomanos prepararon el terreno para que hubiera un patrón de tensiones étnicas permanentes en el país de Mayada. No obstante, mientras los otomanos ejercían el poder, estas tensiones hervían a fuego lento bajo la superficie, en lugar de estallar en el caos. En cuanto el Imperio otomano hubo caído, explotaron enconadas hostilidades, y esas mismas fuerzas inestables siguen vivas en el país.

El Imperio otomano fue derrocado tras la Primera Guerra Mundial; la decisión del sultán de aliarse con las fuerzas alemanas durante la guerra supuso su sentencia de muerte. Con la caída de los otomanos, los árabes albergaron grandes esperanzas —habían soportado la violación de los derechos humanos durante siglos de mandato otomano— de poder crear naciones libres y vivir con dignidad. Por desgracia, su tormento no acabó con la desaparición de los otomanos porque los británicos y los franceses ya habían situado a sus ejércitos para llenar el vacío. Los árabes descubrieron para su sorpresa que sus conquistadores europeos se creían los dueños por derecho de todos los recursos de la región, más que los árabes. De esta forma, el ciclo de desposeimiento siguió sin romperse. Los británicos se sentían más cómodos con los guardias suníes, y por eso la minoría suní siguió teniendo más poder que la mayoría chií.

Estos enormes giros de la fortuna del Imperio otomano no tardaron en condicionar la vida de los abuelos y padres de Mayada, porque su linaje se remontaba a los mismísimos palacios otomanos.

Tanto los abuelos paternos como los maternos de Mayada habían sido respetables ciudadanos del vasto imperio y fueron víctimas de la desintegración del mandato otomano posterior a la victoria de los aliados en la Primera Guerra Mundial. Y en la esperanza de la creación de prósperas y libres naciones árabes, ambos abuelos también estuvieron implicados en la formación y el gobierno de los nuevos estados árabes de Siria e Irak.

El abuelo paterno de Mayada, el bajá Yafar al-Askari, era un hombre extraordinario que fue comandante del Ejército Regular Árabe y luchó junto a T. E. Lawrence y el príncipe Faisal para derrocar al Imperio otomano. El abuelo materno de Mayada, Sati al-Husri, era admirado en todo el mundo árabe como genio y padre del nacionalismo árabe, y fue uno de los primeros estudiosos en sugerir un gobierno independiente para los países árabes.

Al igual que sus padres y abuelos, Mayada era musulmana suní de nacimiento. La secta suní es la mayoritaria de la fe islámica de todo el mundo, aunque es una secta minoritaria en numerosos países árabes, incluido Irak. La madre de Mayada, Salwa al-Husri, era hija de Sati al-Husri, mientras que el padre de Mayada, Nizar al-Askari, era hijo del famoso guerrero y funcionario del gobierno Yafar al-Askari.

El hogar de la familia de Mayada era una popular «casa política», y eran frecuentes las visitas y llamadas de personajes relacionados con el mundo de la política. Puesto que fue una amada hija y nieta, su familia le sirvió de guía por una senda de aprendizaje y privilegios; se suponía que se convertiría en médico o pintora y que tendría una vida llena de acontecimientos culturales.

Sin embargo, los conflictos políticos suelen alterar todos los planes proyectados con esmero. En 1968, cuando el Partido Baaz subió al poder, la mayoría de los intelectuales huyeron a los países vecinos, pero el padre de Mayada se estaba muriendo de cáncer y recibía tratamiento en un hospital local. La familia de Mayada decidió quedarse en Bagdad.

Pese al mandato de Sadam Husein, que se volvía más tiránico con el paso de los años, Mayada seguía viviendo en Irak. Creció en Irak. Ejercía su carrera de periodista en Irak. Se casó en Irak. Tuvo dos niños en Irak. Sobrevivió a la guerra de Irán-Irak. Sobrevivió a la guerra del Golfo. Sobrevivió a los bloqueos. Mayada sufrió casi todas las fases de la turbulenta historia moderna de su país. Pese a los padecimientos, siempre creyó que podía seguir viviendo en Irak, la tierra que había amado desde niña.

En una ocasión estábamos visitando la sala infantil de un hospital de Bagdad. Me sentí tan sobrecogida por la miseria de esos niños que agarraban con desgana los juguetes especiales que les había regalado que tuve que luchar para no dejarme llevar por las emociones. Justo cuando estaba a punto de romper a llorar, sentí la mano reconfortante de Mayada en el hombro. La apenaba ser testigo de mi tristeza. A continuación entró una enfermera en la sala y sin preparar a los niños para las agujas, empezó a pincharlos. Al ver a tantos niños gritando, me sentí desesperada por parar sus llantos y empecé a bailar y a cantar, con la esperanza de que dejaran de pensar en los dolorosos pinchazos. Mi alocado comportamiento arrancó un par de tímidas sonrisas de los pequeños y carcajadas atronadoras de sus padres, puesto que no tengo ningún talento ni para bailar ni para cantar.

Mayada me pidió que saliésemos del hospital. Me sorprendí cuando empezó a confesarme lo mucho que odiaba a Sadam Husein, y que su único sueño era vivir para ver el fin de su mandato. Me dijo lo que todos sabíamos ya, que él era el máximo responsable de la miseria de aquellos niños. El dictador no solo había empezado las guerras que provocaron los bloqueos, dijo Mayada, sino que además Sadam estaba tan ansioso por culpar a los bloqueos de la mortalidad infantil que se sabía que retenía los medicamentos de los hospitales; por ejemplo, podía permitir que solo se administrase un medicamento para los pacientes con leucemia que necesitaban sin duda dos o tres medicinas diferentes para combatir ciertos cánceres. También era sabido que Sadam exhibía por las calles féretros infantiles, para poner al mundo en contra de Estados Unidos.

Por miedo a que alguna persona leal a Sadam pudiera oírnos, le pedía que se tranquilizase, pero nada de lo que dijera pudo detener su diatriba.

Había visto con mis propios ojos que Sadam Husein había convertido Irak en una gran jaula. Parecía que todos los iraquíes estuvieran esperando ser detenidos y torturados por alguna infracción imaginada por el Estado, pero el gobierno de Sadam parecía permanente, y tenía pocas esperanzas de que los iraquíes se liberasen pronto. Cuando pregunté a Mayada por qué no se iba a Jordania y vivía allí con su madre, Mayada se justificó por la lealtad hacia su país —pero de ninguna manera hacia Sadam Husein— al explicarme que debía vivir en la tierra donde estaba la tumba de su padre. Como iraquí, pertenecía a Irak, al margen del peligro.

Mi visita a Bagdad fue breve, y tras unas pocas semanas Mayada y yo tuvimos que despedirnos.

El día que dejé Bagdad fue triste, aunque desde nuestro primer encuentro, Mayada y yo supimos que seríamos amigas de por vida. En cuanto hube regresado a Estados Unidos, nos adaptamos con toda facilidad a nuestra amistad a larga distancia. Nos escribíamos cartas y nos llamábamos, con lo que nos poníamos en contacto todas las semanas.

Un año después de conocernos, Mayada desapareció. Nadie respondía a las llamadas. No recibía contestación a mis cartas. Sin embargo, cuando ya empezaba a desesperarme, ella me llamó. Estaba en su casa de Bagdad, y me contó que había estado «a la sombra», que había estado en prisión. Sabía muy bien que no podía hacer preguntas, y solo cuando huyó a Jordania pude conocer la historia completa de la detención, las torturas y la huida.

Cuando la detuvieron, una cadena de acontecimientos puso en marcha este libro. En 1999, Mayada huyó de Irak. En 2000, su hija Fay huyó de ese mismo país. En 2001, Nueva York y Washington sufrieron un ataque terrorista. Ese mismo año, el presidente George Bush envió las tropas estadounidenses a acabar de raíz con las facciones terroristas. En 2002, Bush decidió que los iraquíes ya habían sufrido bastante con el gobierno de Sadam Husein, y a principios de 2003, las fuerzas de la coalición derrocaron al dictador. Ese año, Mayada decidió que quería que el mundo supiese la verdad sobre la vida iraquí, la verdad contada por alguien que había visto el país desde todos los ángulos, desde los palacios de Sadam hasta las cámaras de tortura. Después de hablar durante semanas de la posibilidad de este libro, Mayada me pidió que escribiera la historia de su vida, y yo accedí.

Durante la creación de esta obra he conocido y querido a muchos miembros de la familia de Mayada. Esos grandes hombres y mujeres que desempeñaron papeles vitales en la creación del moderno Irak. Aunque esas maravillosas personas que vivieron antes que ella ya han desaparecido, me siento aliviada por el hecho de que la historia moderna de Irak se encuentra en los genes de Mayada al-Askari, y a través de esta notable mujer, la verdadera realidad de la vida moderna iraquí se propagará a través de los tiempos.

ÁRBOL GENEALÓGICO DE LA FAMILIA DE MAYADA

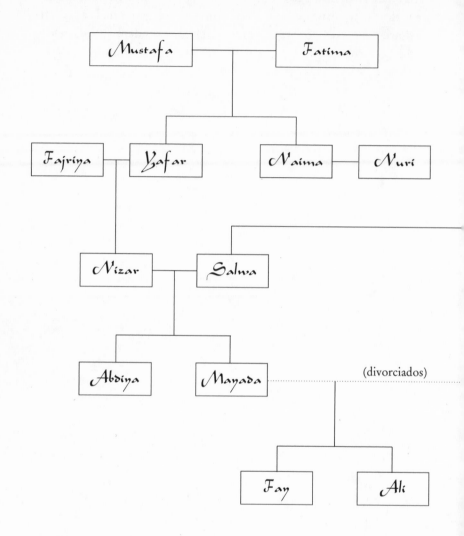

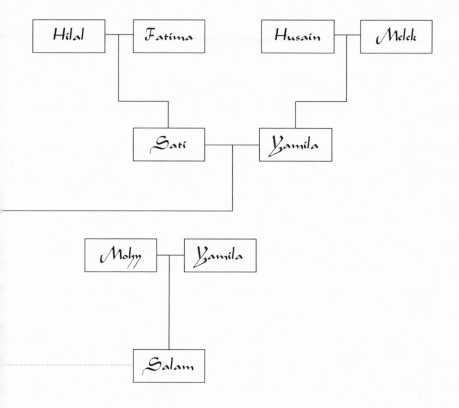

Cortesía de Dale Hajost

MAPA DE IRAK

MAPA DE IRAK Y PAÍSES LIMÍTROFES

PLANO DE LA PRISIÓN

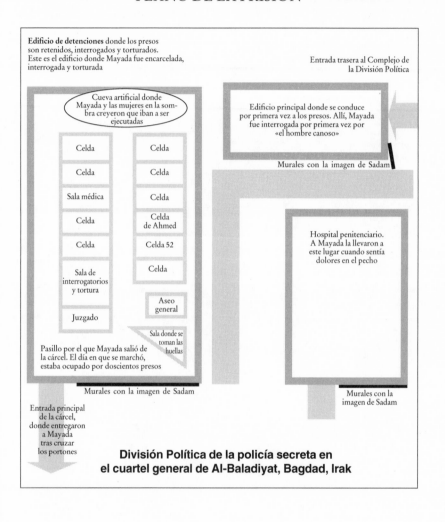

Edificio de detenciones donde los presos son retenidos, interrogados y torturados. Este es el edificio donde Mayada fue encarcelada, interrogada y torturada

Entrada trasera al Complejo de la División Política

Cueva artificial donde Mayada y las mujeres en la sombra creyeron que iban a ser ejecutadas

Edificio principal donde se conduce por primera vez a los presos. Allí, Mayada fue interrogada por primera vez por «el hombre canoso»

Celda	Celda
Celda	Celda
Sala médica	Celda
Celda	Celda de Ahmed
Celda	Celda 52
Sala de interrogatorios y tortura	Celda
Juzgado	Aseo general

Murales con la imagen de Sadam

Hospital penitenciario. A Mayada la llevaron a este lugar cuando sentía dolores en el pecho

Sala donde se toman las huellas

Pasillo por el que Mayada salió de la cárcel. El día en que se marchó, estaba ocupado por doscientos presos

Murales con la imagen de Sadam

Murales con la imagen de Sadam

Entrada principal de la cárcel, donde entregaron a Mayada tras cruzar los portones

División Política de la policía secreta en el cuartel general de Al-Baladiyat, Bagdad, Irak

1

Las mujeres en la sombra de la celda 52

Aproximadamente a las nueve menos cuarto de la mañana del día 19 de julio de 1999, Mayada al-Askari conducía hacia su oficina a toda velocidad. Las mañanas en su imprenta eran el momento más ajetreado del día, y por la gran cantidad de pedidos que había llegado a su tienda el día anterior, Mayada sabía que iba a ser un inicio de jornada bastante frenético. Al abrir el negocio un año atrás, había comprado las mejores impresoras de Irak, y por esa razón, el producto elaborado en su imprenta se consideraba el de mayor calidad de todo el distrito de Al-Mutanabi. En consecuencia, Mayada tenía más trabajo del que podía realizar. Aceptaba una gran variedad de encargos: diseñaba logotipos y redactaba los textos de cartones de leche, cajas de embalaje y botellas. También imprimía libros, siempre y cuando la orden de impresión llegara con un sello de aprobación del Ministerio de Información. Mayada dirigía un negocio tan próspero que muchas otras imprentas del barrio, su competencia, le remitían sus excedentes de trabajo y lo hacían pasar como producción propia.

Mayada miró el reloj. Llegaba tarde. Tomaba a toda velocidad las curvas, aunque se aseguraba de no exceder el límite impuesto por la ley. Miró al cielo a través del parabrisas. Se estaba poniendo cada vez más oscuro debido a la tormenta de arena, parecía más bien un día neblinoso en Inglaterra. El viento empezaba a soplar, se elevaba y caía en explosiones de calor. Julio era un mes desagradable en Irak. Mayada anhelaba poder huir del calor y viajar a las montañas de Líbano en vacaciones, pero se había quedado sin dinero extra para viajar, así que apartó esos pensamientos de su mente.

Aparcó el coche en la calle y bajó a la acera. Para evitar que el viento le metiese arena en los ojos y le irritase la garganta y los pulmones, agachó la cabeza, se puso una mano sobre la boca y empezó a caminar con rapidez. Para su alivio, la puerta de la tienda estaba abierta. El diligente personal de Mayada ya estaba trabajando. Contaba con un grupo de comprometidos empleados, y no solo porque les pagase sueldos más elevados que la mayoría de las imprentas; sencillamente, se trataba de un grupo de gente con mucha seriedad y estudios.

Mayada echó un rápido vistazo a su despacho. Husain, Adel y Wissam ya estaban frente a sus ordenadores. Clavó los ojos en la pequeña cocina que había en la trastienda. Allí estaba Nahla, preparando café. Nahla sonrió y se dirigió hacia Mayada con una taza en la mano. Antes de que Mayada pudiera llevarse la taza a los labios, Husain y Shermin se acercaron a ella, ambos hablando a la vez sobre los proyectos de diseño gráfico en los que estaban trabajando. Fueron interrumpidos por un nuevo cliente que entró a toda prisa por la puerta sin cierre, ansioso por entablar una conversación con Mayada. El joven dijo que era un estudiante tunecino y que el dueño de un comercio de la zona lo había enviado hasta ella. Quería que Mayada le tradujera y le preparase un cuestionario. Ella estaba hablando sobre cuestiones relativas al trabajo del muchacho cuando la puerta de entrada se abrió de golpe y tres hombres se introdujeron en su despacho dando grandes zancadas. El corazón le dio un leve vuelco, pues tuvo la intuición inmediata de que esos hombres tenían un aspecto demasiado rígido para ser clientes.

—¿Se llama usted Mayada Nizar Yafar Mustafa al-Askari? —preguntó el más alto de los tres. Su pregunta dejó atónita a Mayada, porque muy pocas personas conocían su nombre completo. Sobre todo, porque en muy raras ocasiones utilizaba el apellido Mustafa, aunque era un nombre que llevaba con orgullo. Se remontaba a su bisabuelo Mustafa al-Askari, que, al igual que su abuelo Yafar, era un importante oficial en el que otrora fuera el gran ejército otomano.

Mayada permaneció de pie y en silencio, escudriñando las miradas de los hombres que se encontraban delante de ella. Durante un instante se planteó huir o arremeter contra ellos; su padre había muerto y era una mujer divorciada. Mayada no tenía a un hombre en la familia que la protegiese. Pronunció una débil reverberación que sonó suficientemente parecida a un sí.

—Soy el teniente coronel Mohamed Yasim Rahim y estos son dos colegas. Vamos a registrar este lugar —le informó el hombre alto de forma expeditiva.

En ese momento, Mayada se sintió capaz de hablar y consiguió formular una simple pregunta:

—¿Qué están buscando?

El teniente coronel estiró ligeramente el cuello y la papada se le movió hacia un lado y luego hacia el otro antes de que diera una respuesta, disparando cada palabra como una ráfaga de balas:

—Díganoslo usted.

Mayada se quedó muda. No sabía qué palabras o acciones podrían salvarla mientras los tres hombres empezaron a hacer trizas su pequeño negocio. Vaciaron las papeleras, inspeccionaron los bajos de las sillas, abrieron los teléfonos con destornilladores. A continuación confiscaron sus preciados ordenadores e impresoras. Mayada sabía que jamás recaudaría los fondos para reponerlos mientras contemplaba cómo los hombres cargaban los ordenadores en la parte trasera de sus dos Toyota Corola de color blanco, la elección automovilística por antonomasia de la policía secreta iraquí. Indefensa, Mayada arrugó lentamente las hojas del trabajo del estudiante tunecino que tenía en la mano, mientras miraba cómo aquellos hombres destruían su futuro.

Echó un rápido vistazo a sus asustados empleados. Se habían amontonado en una esquina de la habitación sin atreverse ni a respirar. Nahla tenía la cara blanca y le temblaban los labios. El estudiante tunecino se reía con nerviosismo, frotándose las manos, con el rostro lleno de reproches por haber entrado en la tienda.

Mayada no tuvo ninguna duda de que ella sería el próximo artículo en ser cargado en el agorero vehículo y le suplicó al teniente coronel que la dejase hacer una llamada telefónica.

—Por favor, ¿puedo llamar a mis dos hijos para decirles que ustedes me llevan consigo?

El hombre le dedicó una mirada siniestra.

—¡No! —gritó a continuación.

—Por favor. Tengo que llamar a mis hijos. —Ella habló con toda la gentileza que pudo—. Mis hijos solo me tienen a mí.

Su sentida súplica no logró conmover al hombre.

—¡No! —Chasqueó los dedos y sus dos esbirros la rodearon. Se la llevaron emparedada entre los dos hombres. Al llegar a la puerta de su despacho se volvió y miró hacia atrás, preguntándose si regresaría alguna vez.

Desde el asiento trasero del Toyota, Mayada vio la mirada compasiva y furtiva de un peatón asustado antes de que saliera huyendo.

Mientras el Toyota pasaba a toda velocidad por las concurridas calles de Bagdad, Mayada empezó a marearse. Se obligó a concentrarse en el cielo anaranjado y amarillo en el que se arremolinaban las nubes de polvo. En ese momento, la tormenta de arena había encapotado por completo la ciudad. Por lo general, cuando las revueltas arenas se aproximaban a Bagdad, su única preocupación era proteger su casa cubriendo las ventanas con mantas y metiendo papeles por debajo de las puertas. Esperaba en el exterior la furia de la ventolera arenosa y luego cogía una escoba, un trapo para quitar el polvo y llenaba pequeños cubos con arena, que luego vaciaba en el jardín. A Mayada se le revolvió el estómago.

Miró por la ventanilla del coche y observó a los abatidos iraquíes que una vez se sintieron orgullosos. Hacía veinte años, cuando era una mujer joven, Irak era un hervidero de promesas. El país rebosaba avenidas espléndidas, tiendas elegantes, hermosas casas y un futuro prometedor. Sin embargo, con el gobierno de Sadam, Irak se había vuelto más limitado y ruinoso. La corrupción obstruía todos los ministerios gubernamentales. Incluso se había obligado a los iraquíes a hacer cola para recibir miserables latas de harina, aceite y azúcar distribuidas en raciones a cambio de exportaciones de petróleo iraquí según dictaba la resolución 661 de la ONU.

Era una época amarga para la práctica totalidad de los iraquíes. Incluso la madre de Mayada, Salwa al-Husri, una mujer fuerte e inteligente decidida a respaldar Irak, no pudo conservar su fe en que el país repuntase pronto. Salwa había desistido finalmente de su nación y se había marchado a vivir a la vecina Jordania.

Los verdaderos problemas de Mayada empezaron en cuanto se divorció de su marido, Salam, en 1998. Un año antes había dejado su trabajo de columnista en un periódico y se había metido por su cuenta en el negocio de la edición. Sin embargo, el dinar iraquí había sufrido una grave devaluación y ella lo perdió todo. Una vez más, y en un mercado laboral debilitado, Mayada buscaba un empleo. Tras las guerras y los bloqueos, pocos iraquíes tenían trabajo. No obstante, para las mujeres, el reto de encontrar una ocupación era incluso más desalentador que para los hombres. Una política gubernamental tácita mantenía el mayor número posible de hombres trabajando, aunque no manifestaba preocupación alguna por las mujeres que no tenían un marido que mantuviese a la familia.

Con dos hijos que alimentar y al borde de la ruina total, Mayada le pidió a Dios un pequeño milagro.

Su milagro llegó en forma humana y se llamaba Michael Simpkin, un productor televisivo de la cadena británica Channel 4. Buscó a la madre de Mayada en Ammán y solicitó la ayuda de Salwa para entrevistarse con el primer ministro, Tariq Aziz, o con el ministro de Defensa, el general Sultan Hashim. Los contactos e influencia de Salwa en Irak eran importantes, y todavía tenía los números de teléfono privados de altos mandatarios iraquíes. Hizo un par de llamadas y presentó a Michael Simpkin como alguien a quien los burócratas del gobierno debían conocer. El periodista británico se entrevistó con Aziz, con Hashim y con Sad Qasim Hamudi, el hombre responsable de Relaciones Exteriores en el palacio de Sadam.

Salwa también animó a Simpkin a conocer a su hija Mayada mientras estaba en Irak, y Simpkin le hizo una visita en su casa de Bagdad en la plaza Wazihiya. Estando allí, Simpkin le contó a Mayada que necesitaba contratar un intérprete. En cuanto supo que Mayada tenía experiencia como periodista y escuchó que hablaba inglés con fluidez, la contrató y accedió a pagarle el sueldo en dólares estadounidenses.

El programa televisivo de Simpkin, *War for the Gulf*, fue un éxito y en cuanto el periodista británico abandonó Bagdad, Mayada diseñó un plan para volver al negocio de la edición. Había sido capaz de dirigir su propio comercio, que se había arruinado únicamente por la precaria situación económica de Irak. El fracaso de la empresa no había sido culpa suya. Sencillamente, volvería a intentarlo.

Jamás se había sentido tan contenta como el día en que se metió los dólares en el bolso y entró en una tienda a comprar seis ordenadores y tres impresoras. La felicidad era incluso superior a la del día de su boda, cuando con un elegante vestido blanco se sentía hermosa por primera vez en su vida.

Con sus dólares y su determinación, Mayada reentró en el mundo de la impresión comercial. Con el paso del tiempo, después de largas horas de trabajo diario, su pequeño negocio se volvió próspero. Alimentaba y educaba a sus hijos sin ayuda de nadie. Con su éxito, Mayada llegó a creer que la peor época ya había quedado atrás.

Sin embargo, ahora sentía que debió haber imaginado que no era así. Durante los últimos años, los dirigentes del Partido Baaz habían tomado una actitud cada vez más suspicaz con las imprentas, porque la propaganda impresa había probado ser un método eficaz para atacar al debilitado gobierno de Sadam. Aunque se tomó muchas molestias para que su negocio no fuera objeto del reproche gubernamental, la inocencia por sí sola no servía para mantener a nadie a salvo.

Cuando se inclinó un poco hacia delante y miró por el parabrisas del coche, un miedo sobrecogedor como jamás había sentido se le metió en la cabeza. Iba en dirección a Darb al-Sad Ma red, el camino sin retorno.

Por el recorrido que seguía el coche supo que la llevaban a Baladiyat, el cuartel general de la policía secreta de Sadam, que también hacía las veces de complejo penitenciario.

Mayada jamás había estado en el interior de aquel edificio, pero durante la época en la que habían construido la cárcel, había pasado a menudo junto a la obra, por las mañanas, de camino a su trabajo. Nunca, ni en sus más descabellados sueños, se imaginó que un día podría estar encarcelada allí. Sin embargo, el día inimaginable había llegado y temía que la muerte la aguardase en Baladiyat.

En unos minutos vio la entrada principal del complejo penitenciario. El automóvil pasó por una puerta gigantesca, negra y grotesca, decorada con dos murales que colgaban de las paredes. En los murales dorados, Sadam contemplaba al pueblo iraquí, que trabajaba en los campos, las fábricas y los despachos.

El conductor se detuvo justo enfrente de un enorme edificio con unas pequeñas ventanas en el centro de la parte superior de la estructura. Mayada se debilitó por el miedo y cuando los dos hombres la levantaron para sacarla del Toyota, vio las nubes negras de arena que habían oscurecido el cielo por completo. El miedo la hizo marearse, pero cerró los ojos y respiró hondo, reprendiéndose a sí misma para no perder el control de sus sentidos. Hizo fuerza con los músculos y se obligó a mirar hacia arriba. El rostro de Sadam Husein contemplaba todo desde todos los puntos cardinales.

Mayada había estado en presencia de Sadam más de una vez. Incluso había estado lo bastante cerca del hombre como para ver el tatuaje tribal de color verde botella que otrora luciera en la punta de la nariz.

Las consignas del Partido Baaz estaban en pósters colgados por todas partes. «Quien no cultiva no come.» Mayada no pudo evitar preguntarse si ella volvería a pasar hambre. Mientras la llevaban al edificio miró hacia arriba para pronunciar una breve oración. «Dios, protege a Fay y Ali y hazme volver junto a ellos.»

Con un hombre a cada lado, la hicieron subir las escaleras. Arriba, hombres escuálidos con ropajes harapientos manchados de sangre estaban tirados en el suelo con las manos atadas a la espalda. Todos los rostros estaban amoratados, algunos todavía chorreando sangre. Ninguno de los que se encontraban desparramados por el vestíbulo hablaba, pero Mayada sintió el halo de sincera compasión que seguía a su violento paso mientras la llevaban por el pasillo hasta una habitación cercana.

En ese momento, Mayada iba dando tumbos y lloraba invadida por el terror.

A diferencia de numerosas mujeres árabes que habían soportado desde hacía mucho la carga de la crueldad de sus padres y otros hombres, Mayada no había conocido la dominación ni la atrocidad masculinas. Su padre, Nizar Yafar al-Askari, siempre había sido un hombre bueno. Jamás creyó que el hecho de tener hijos fuera mejor que tener hijas, aunque en Irak, un hombre rodeado de mujeres solía ser objeto de compasión.

Cuando nació Mayada, su padre se preocupó incluso por la reacción de Scottie, el queridísimo terrier escocés de color negro que había comprado en Inglaterra. El padre de Mayada levantó a Scottie en brazos y lo llevó a la sala cuna para que olfatease los pies de Mayada. Le contó a Scottie que los pies de su hija eran su límite en ese momento, pero que muy pronto Mayada sería lo suficientemente mayor para jugar con él.

En lo más profundo del cuartel general de la policía secreta de Sadam, Mayada se sintió abrumada por el deseo de tener a su tranquilizador padre junto a ella. Jamás se había sentido tan sola en sus cuarenta y tres años de existencia como en ese instante.

Alguien tiró de ella desde atrás y la llevó a rastras hasta una habitación con una furia tal que se le salieron las sandalias. Apenas lograba mantener el equilibrio sin caer al suelo.

Un hombre se encontraba de pie tras una mesa de escritorio y daba voces por teléfono. Tenía un rostro de tez juvenil, pero el pelo cubierto de canas.

Colgó con brusquedad el teléfono y miró a Mayada.

—¿Y qué se creía que iba a lograr con esta traición? —gritó, acto seguido.

Mayada empezó a llorar incluso con más intensidad que hasta ese momento cuando oyó la palabra «traición», porque sabía que una acusación así significaba la muerte segura en Irak. Se llevó la mano a la garganta.

—¿Qué quiere decir? —farfulló con indignación.

—¡Tú, escoria, has tenido la desfachatez de imprimir panfletos contra el gobierno! —gritó muy alto el hombre.

Mayada no entendía la acusación. Su pequeña imprenta jamás había recibido el encargo de imprimir panfletos que criticasen al gobierno, y aunque así hubiera sido, ella se habría negado. Sabía que algo así atraería la atención de la policía secreta de Sadam y terminaría con la muerte de cualquier hombre, mujer o niño relacionado con su tienda. Solo los revolucionarios decididos a derrocar a Sadam se implicaban en esas actividades ilegales. Ella era una ciudadana respetuosa de la ley que se cuidaba mucho de mantenerse bien alejada de la controversia política.

Mientras permanecía allí, paralizada, el hombre del pelo cano gritaba:

—¡Llévense a esta escoria de mujer! ¡Ya me encargaré de ella más tarde! —Mayada temió el verdadero significado de aquellas palabras, pero sus pensamientos volaron hasta Fay y Ali. En Irak, cuando detienen a un miembro de la familia, por lo general se llevan también a los niños para torturarlos. Mayada reunió todo el valor que tenía y le preguntó al hombre del pelo cano:

—¿Adónde me llevan?

—¡Detenida! —gritó él, mirándola.

El pasado de Mayada le dio el valor de preguntar:

—Por favor, ¿puedo hacer una llamada telefónica?

Mayada era de alta cuna y sabía que cualquier iraquí era consciente del prestigio relacionado con su familia. Obrando por instinto, soltó su personal amenaza al añadir:

—Mi madre es Salwa al-Husri.

El hombre levantó un pie unos centímetros del suelo y se quedó quieto en esa estúpida posición para mirarla. Mientras pensaba en su respuesta, continuó con el pie levantado. En cualquier otro momento de la vida, Mayada se habría reído de esa postura ridícula, pero ese instante carecía de toda comicidad. Aun así, sintió un minúsculo destello de esperanza. ¿Era posible que el hombre del pelo cano no supiera quién era ella? Su aparente gran sorpresa le dio la esperanza de que sus palabras pudieran cambiar el curso de los acontecimientos.

—Tarde o temprano tendrá que dar cuentas a alguien. Mi madre tiene muchos contactos en las más altas esferas —dijo.

Como si sucediera a cámara lenta, el hombre volvió a poner el pie levantado en el suelo, pero ella se dio cuenta de que seguía pensando. Sin decir ni una palabra, el hombre le pasó el teléfono.

Las manos temblorosas de Mayada estaban tan blancas que se preguntó si de alguna forma la sangre las había abandonado. Cogió el teléfono y marcó el número de su casa, mientras rogaba para que sus hijos contestaran y que no se los hubieran llevado. El teléfono no paraba de sonar.

No hubo respuesta.

Sin mirar al hombre a la cara, se enfrentó a su pánico y marcó una segunda vez, con la esperanza de que por su confuso estado mental hubiera marcado mal el número de su casa.

Mientras el teléfono continuaba sonando, el hombre permanecía de pie y miraba, ladeando la cabeza a derecha e izquierda.

De pronto le quitó el teléfono de las manos. Los miedos de todos los bombardeos que había soportado durante los años de guerra no eran comparables al terror que le producía la idea de que la policía secreta pudiera haber puesto las manos encima a Fay y a Ali. Pero se quedó sin respuesta. Con una sonrisita, el hombre del pelo cano hizo un gesto para que se fuera.

Mayada tuvo que realizar un segundo pase por delante de los prisioneros que seguían tirados en el vestíbulo, y se armó de valor al pensar que ahora era uno de ellos. Lo peor de todo era que nadie en el exterior de Baladiyat sabía dónde estaba.

Los dos guardias se sacaron de los pantalones unas gafas de sol de lente oscura iguales y se las pusieron. Se pegaron a ella, caminaban con expresión solemne y la empujaban por los hombros para que avanzase. La condujeron al exterior del edificio y a través de los patios de la prisión.

Puesto que no había estado jamás en aquel complejo, empezó a comparar ese nuevo centro de operaciones con el antiguo cuartel general de la policía secreta, un lugar que había visitado bastantes veces durante la década de 1980, cuando un amigo de la familia y su mentor, el doctor Fadil al-Barrak, trabajaba allí como director general. En ese época, ella no tenía ni idea de que el lugar que visitaba ocultara tales horrores. Según le constaba a Mayada, el doctor Fadil, como ella lo llamaba, era un hombre responsable de la seguridad de Irak, un hombre que protegía a los iraquíes de los peligrosos grupos de la oposición o de los terroristas nacionales. Cuando visitaba al doctor Fadil en el cuartel general de la policía secreta iba allí para hablar sobre los libros del doctor o para comentar el curso de su carrera como escritora.

Sin embargo, en ese momento, Mayada se sintió abrumada por la culpa de haber aprovechado su relación familiar con el doctor Fadil; ahora entendía que había dirigido un lugar en el que miles de iraquíes eran torturados hasta la muerte. Ahora se daba cuenta de que se había engañado a sí misma sobre la realidad de las vergonzosas actividades de su gobierno y que en la ingenuidad de su juventud no vio su país como debería haberlo hecho. Comparó cosas que había visto en el antiguo cuartel general en las que no había reparado hacía tiempo con lo que veía en ese momento en esa nueva central. Todo era distinto y los nuevos edificios reflejaban esos cambios.

Cuando el doctor Fadil era director general —o como lo llamaban todos en el servicio de la policía secreta *Al-Sayid al-Aam* o «Señor general»—, la central de la policía secreta estaba en Al-Masbah, cerca del parque Al-Sadun, una zona de Bagdad que antiguamente fue habitada por judíos y cristianos. El estilo arquitectónico de esas casas era el del antiguo Bagdad, con persianas ornamentadas, grandes balcones y generosos jardines en los que niños risueños se divertían jugando al escondite o al tejo.

Una hermosa mañana iraquí, funcionarios del gobierno habían llegado por sorpresa y habían arrebatado aquellas elegantes casas a sus dueños, luego habían levantado una enorme valla alrededor del barrio y habían convertido la zona en una madriguera de edificios y calles con cámaras secretas.

El doctor Fadil, que había sido el dirigente del departamento al completo y que solo respondía ante Sadam, se había hecho construir un moderno despacho en medio de esas casas antiguas. La planta baja del edificio donde se encontraba su oficina era un garaje lleno de coches japoneses nuevos, que según sabía Mayada habían sido regalos de Sadam Husein. El despacho del doctor Fadil estaba amueblado con una enorme mesa de escritorio de caoba y un sillón de piel negra, con dos sillas de respaldo alto y mesitas de centro de cristal. El techo estaba formado por pequeños cuadraditos de metal decorados con unos dibujos estilo pop tan increíblemente estrafalarios que a Mayada se le antojaban ideales para una discoteca. El enorme despacho contaba con todos los medios, incluidos numerosos monitores de televisión en los que podía contemplar lo que ocurría en la laberíntica cárcel. El despacho del doctor Fadil también estaba a rebosar de lujos como aparatos de vídeo, que por aquel entonces eran algo muy extraordinario en Irak, así como una pequeña pantalla de cine en la que proyectaba los estrenos de Hollywood que invitaba a ver a sus amigos íntimos. Incluso tenía una enorme piscina dentro de la oficina.

En la primavera de 1984, el doctor Fadil había sido ascendido y trasladado al Servicio de Inteligencia Iraquí, y sus nuevas dependencias estaban ubicadas en Sahat al-Nosur, en el distrito de Al-Mansur. Mayada lo había visitado en su nueva central en diversas ocasiones hasta 1990, cuando Sadam ordenó la detención de Fadil. Sabía que si Fadil hubiera sido todavía director, ella habría sido una visitante bienvenida y no una asustada presa.

Mayada y sus dos guardias llegaron a un contundente bloque de edificios de cemento. Cuando pasó por la puerta la condujeron hacia un despacho oval que se encontraba a la derecha del vestíbulo de entrada. Había un hombre menudo de cara arrugada sentado tras una mesa circular. Ella lo miró con detenimiento; tenía el rostro arrugado por las preocupaciones, no por el paso del tiempo. No se podía explicar cómo supo que el hombre había envejecido por las cosas que había visto y no por el número de años que habían pasado, pero de alguna forma lo supo.

De pronto, el hombre habló. Le ordenó entregarle sus pertenencias. Ella sacó con calma un objeto tras otro: un anillo, un reloj, una cartera con 20.000 dinares iraquíes (unos 10 dólares), una agenda de trabajo con encargos de impresión y diseño, una agenda telefónica, la tarjeta de identificación obligatoria, las llaves y, por último, una nota de su hija Fay que le recordaba que no olvidara que ese día habían quedado para comer.

Otro hombre salió de repente de la nada, la cogió por la mano derecha y le plantó el dedo pulgar en un tampón de tinta. Estampó la huella de su dedo en la lista de sus objetos personales. A continuación, un segundo hombre entró en la habitación y los dos guardias se la llevaron a las celdas de la prisión.

Después de pasar por una puerta de doble hoja, llegó a un largo pasillo jalonado por celdas. Los hombres se detuvieron delante de la tercera puerta a la derecha. Mayada permaneció quieta y nerviosa mientras el hombre más corpulento abría el pesado candado y le hacía un gesto para que entrase. Entonces lo vio: «52».

—¡Nooo! —gritó, aterrorizada.

La incredulidad la hizo temblar mientras se dirigía hacia el número. La iban a encerrar en la celda número 52. Empezaron a picarle los ojos, después sintió cómo se quemaba por dentro, desde la punta de los pies hasta la coronilla. El número 52 le oprimía el corazón como un puño de hierro; el 52 era el número de la mala suerte que había perseguido a su familia durante generaciones. Su querido padre había muerto a los 52 años, en la habitación 52 del hospital de las monjas. El padre de su padre, el bajá Yafar al-Askari, había sido asesinado a los 52 años. Y ahora la iban a encerrar en la celda número 52. Mayada estaba segura de que su encarcelamiento era sinónimo de sentencia de muerte. ¡No! De ninguna forma pensaba entrar en esa celda. Nadie podía obligarla. Plantó los pies con firmeza en el suelo y echó un vistazo a su alrededor en busca de algo fijo a lo que agarrarse.

—¡Entra! —gritó el guardia de la cara marcada.

—No puedo. No puedo. —La voz de Mayada sonó entrecortada, las palabras que pronunció fueron casi inaudibles.

—He dicho que entres —ordenó el guardia, tensando la mandíbula.

El segundo hombre le dio un violento empujón.

Mayada cayó despatarrada al suelo de la celda número 52. Tocó a tientas la pared para evitar caerse. Se le nubló la vista mientras deslizaba los dedos por el frío muro.

Oyó un portazo y el clic del candado tras ella. Estaba atrapada. Con las palmas de las manos apoyadas con fuerza sobre la pared, Mayada recuperó el equilibrio. Se puso de pie en el centro de una celda pequeña y rectangular.

Con el rostro encendido, jadeante y confundida por la luz del fluorescente del techo y las sombras danzantes que la rodeaban, rompió a llorar cuando se dio cuenta de que las sombras no eran en absoluto tales. Las imágenes tomaron forma de mujeres y una de ellas se dirigió hacia Mayada.

—¿Por qué estás aquí? —le preguntó con una voz llena de amabilidad.

La mujer que se había acercado a Mayada permaneció en silencio, excepto por la pregunta, dándole a Mayada tiempo para poner las ideas en orden. Hizo un esfuerzo por responder la sencilla pregunta, pero era incapaz de hablar. En lugar de contestar, movió las manos y los brazos arriba y abajo. No sabía por qué había respondido así, y le preocupaba lo que las demás mujeres pudieran pensar. Estaba realmente asustada, le daba miedo que las demás llamaran a los guardias para que se la llevasen a una sala para enfermos mentales. Con tal de evitar ese destino, Mayada hizo un gran esfuerzo por despejarse los pulmones que estaban cargados de tensión. Luchó por obligar a la saliva a mojar la lengua inflamada y la boca seca; no había bebido agua desde que la habían detenido aquella mañana. Parpadeó varias veces en un intento de adaptarse a la luz. Mayada estaba demasiado confundida por la mediocre iluminación interior de la celda como para ver con claridad las indistintas siluetas que ya sabía que eran otras presas, aunque a ella le parecieron más de doce oscuras «mujeres en la sombra». Por algún motivo, su presencia le hizo sentir un inesperado consuelo.

Más tarde se enteraría de que era la presa número dieciocho en una celda que estaba pensada para albergar ocho reclusas, aunque cuando Mayada echó un vistazo a la superpoblada celda rectangular, esa cifra bien podría haber sido ochenta. El retrete estaba situado de forma deliberada en el lugar de la celda que quedaba en dirección a la Kaaba en La Meca, el punto hacia el que se suponía que debía dirigir sus cinco oraciones diarias. Esto constituía un insulto intencionado contra cualquier musulmán, porque la arquitectura islámica pone sumo cuidado a la hora de ubicar los retretes lo más lejos posible de la dirección de la Kaaba.

Mayada pasó de pensar en la oración a percibir una espantosa fetidez. Jamás había olido un hedor tan repugnante, ni siquiera durante el peor momento de la guerra, cuando los rescatadores tiraban de los cadáveres enterrados que habían quedado sepultados bajo las ruinas durante días. La horrible peste de la celda era tan aplastante que solo se le ocurrió que podía provenir de vómitos que cubriesen el suelo. Estaba tan convencida de estar de pie sobre montones de porquería que levantó las sandalias y se miró las suelas, pero estaban limpias. Inhaló con precaución y sacó la conclusión de que el olor lo impregnaba todo. Lo único que se le ocurrió es que el tufo del guiso de lentejas procedente de la cocina de la cárcel había traspasado el cemento de la celda, donde se mezclaba con el hedor de cuerpos sin asear y la fuerte pestilencia del retrete usado con frecuencia.

Antes de dirigir su atención hacia la mujer que le había hablado, Mayada echó otro vistazo a la celda. Las paredes estaban cubiertas de garabatos rojos, negros y grises; esperó que los mensajes rojos no hubieran sido escritos con sangre. Vio un destello de luz natural que entraba por una diminuta ventana con barrotes situada en la parte superior de la pared del fondo. Dos bancos de acero, que supuso que eran literas, estaban dispuestos a ambos lados de la celda.

La mujer de la voz compasiva se acercó un poco más y una amable mano tocó a Mayada en el hombro.

—¿Por qué estás aquí, pichoncito? —preguntó.

Mayada miró a la mujer a la cara y vio que era bella. Tenía una piel muy clara. Incluso tenía unas cuantas pecas esparcidas sobre una delicada nariz. Sus vívidos ojos verdes brillaban.

—Me llamo Samira. ¿Por qué estás aquí? —volvió a hablar la hermosa mujer.

Otras mujeres en la sombra se acercaron para escuchar y las expresiones de sus rostros transmitían compasión por Mayada.

Mayada miró sus caras y compartió con ellas la explicación oficial de su detención.

—El hombre del pelo cano me dijo que mi empresa había impreso algo en contra del gobierno, pero no es cierto. Yo no he imprimido nada en contra del gobierno.

Al escuchar sus propias palabras, Mayada se derrumbó. Vio las caras de sus hijos como un destello. Iba a llevar a Fay a comer y luego al dentista. Ali tenía que ir a la barbería. Después irían a hacer la compra de comestibles. En ese momento la invadió la desesperación al pensar que el diente cariado de Fay pudiera estar doliéndole.

Solo dos días antes habían celebrado el decimosexto cumpleaños de Fay. Mayada había gastado más dinero del que tenía para hacer feliz a su hija. Había preparado una fiesta de cumpleaños en el club Alwiya, un club social de moda en Bagdad. Los propios abuelos y padres de Mayada habían celebrado muchos acontecimientos en aquel club, así que allí siempre lo pasaban bien, era una forma de ligar a Mayada, Fay y Ali con su pasado.

Ahora, con su detención, sus vidas habían sido puestas en peligro de una forma que hubiera parecido imposible el día anterior. Mayada no pudo contener durante más tiempo la pena que la corroía por dentro.

—¡Mis hijos! ¡No hay nadie que cuide de ellos! —gritó.

—Escucha, tienes que levantar un muro alrededor de todo lo que has dejado atrás —dijo Samira, cogiéndola de las manos—. Porque ahora debes pensar solo en salvarte. Si no, te volverás loca.

Mayada no podía pensar con normalidad y sabía que nada podría evitar que se preocupara por sus hijos. No obstante, algo le dijo que tenía que respirar hondo y escuchar. Samira la podía ayudar a sobrevivir. Mayada asintió, pero las lágrimas seguían empapándole las mejillas. Hizo un gesto de dolor cuando se dio cuenta por primera vez que al margen de Samira, todas las demás presas tenían el rostro lleno de palidez y desesperanza.

Quedó claro que Samira era una mujer práctica cuando no hizo caso de las lágrimas de Mayada y le preguntó:

—¿Tienes hambre? Compartiremos lo que tenemos contigo.

—No, gracias. No, no. —La idea de comer le resultaba vomitiva.

—Tienes que estar fuerte —insistió Samira con su tremenda amabilidad—. Durante los interrogatorios intentan acabar con nuestro espíritu y nuestra carne. —Cuando Samira vio una mirada de completo terror inundar el rostro de Mayada, le puso una mano en la espalda—. Por ahora, deja en un pequeño apartado a tus hijos. Seguro que alguien de fuera se encargará de cubrir sus necesidades. Piensa solo en ti hasta que salgas de aquí. Pronto nos traerán algo de lentejas y arroz, y si no quieres comer ahora, te guardaré un plato. Pero te daré un consejo —se inclinó sobre Mayada y le susurró con tono de conspiración—: no te comas nunca la berenjena. Hace un mes sirvieron sopa de berenjena y nos intoxicamos todas y no pudimos hacer más que quedarnos tumbadas en el suelo retorciéndonos de dolor durante varios días. Después supimos que algunas presas habían muerto, aunque todas las de nuestra celda sobrevivieron.

El consejo de Samira hizo estremecerse a Mayada, y pensó que iba a desmayarse. A continuación, al principio en voz baja y después subiendo el volumen poco a poco, Mayada escuchó la voz más exquisita que había oído jamás a través de los muros de cemento de la cárcel. Era una voz masculina que recitaba la sura 36 del Corán: *Yasin*. En la religión musulmana se cree que cualquiera que recite esos versos en particular recibirá la bendición de un deseo cumplido con toda seguridad. La hermosa voz cantaba:

—«Por eso mi Señor me ha asegurado el perdón y me ha situado entre aquellos que son honrados.»

Mayada apoyó la cabeza sobre la arenosa pared de la celda con las demás mujeres en la sombra y escuchó la sucesión de versos.

La voz siguió pronunciando palabras de consuelo.

—«Ese día, los moradores del Jardín tendrán una ocupación feliz. Ellos y sus esposas estarán a la sombra de los (frescos) bosquecillos, reclinados en tronos (de dignidad).»

—Van a matar a esa pobre alma si no para —murmuró una mujer alta de grandes ojos marrones.

—Rula, reza por él —dijo Samira, mirando a la mujer.

Mayada sintió curiosidad por la soberbia voz que estaba oyendo.

—¿Quién es? —preguntó, levantando la cabeza.

—Es un joven que se llama Ahmed —respondió Samira—. Es chií y lo detuvieron porque se convirtió a la secta wahabí.

La estricta secta wahabí nació en Arabia Saudí. El gobierno iraquí prohibió a sus súbditos adscribirse al grupo, que era considerado peligrosamente radical por la mayoría de los musulmanes.

—Ahmed lleva aquí seis meses —añadió una tercera mujer en la sombra, sentada sobre una litera de metal mientras peinaba su largo y rojo pelo—. Todas las tardes recita el Corán. Todas las tardes se lo llevan y le pegan. Su gritos hacen temblar las paredes de nuestra celda, pero en cuanto lo conducen de vuelta a la suya, empieza a recitar de nuevo. Es muy rebelde. —Hizo un gesto afirmativo con la cabeza y se le entristeció la expresión.

—Sí, Wafae —comentó Samira—, y recita con tenacidad incluso cuando le están pegando.

Mayada estaba tan cansada que las piernas le flaqueaban y ya no la sostenían en pie. Poco a poco se dejó caer, hasta que se sentó hecha un ovillo en el frío suelo de cemento como alguno de los mendigos retrasados mentales que había visto sentados en las esquinas de las calles de Bagdad.

Las otras mujeres en la sombra se reunieron en torno a Mayada, y tres o cuatro de ellas se levantaron del suelo y la llevaron a una de las camas de acero, como si fuera un bebé indefenso. La sentaron con ternura y ella sintió el confortable tacto de una colcha de algodón que ponían sobre su tembloroso cuerpo.

Los iraquíes siempre intuyen la clase social de un compatriota, un instinto que ninguna celda carcelaria puede borrar. Pese a su agotamiento, Mayada escuchó a una de las mujeres en la sombra, a la que una segunda mujer llamó Asia.

—Esta puede ser nuestra noche de suerte —susurró Asia—. Con una de alta cuna durmiendo en nuestra celda igual nos aumentan la ración de comida.

Mayada se sentía tan abatida que permaneció tumbada en silencio mientras las demás mujeres en la sombra continuaban su queda discusión sobre ella. No quería parecer desagradecida, pero no encontraba las fuerzas para pronunciar ni una sola palabra en respuesta a sus suposiciones.

Samira se acomodó en el suelo junto a la litera de hierro y empezó a contarle a Mayada su historia.

—Soy chií. Pese a las dificultades seguras que aguardan a los chiíes a la vuelta de cada esquina oficial iraquí, me siento orgullosa de mi pasado.

»Los miembros de mi familia me contaron que al nacer fui una niña de una belleza extraordinaria. Mi abuelo paterno me trató con favoritismo desde el primer momento. Así que le pidió a mi padre que me dejara llevar su apellido en primer lugar. Mis padres accedieron, porque tenían más hijos de los que podían alimentar. —Samira sonrió—. Además, yo era una niña más, no tan valiosa como mis hermanos. Así que mis documentos de identidad oficiales iraquíes se expidieron con el apellido de mi abuelo, y no con el de mi padre. —Y añadió con orgullo—: Me convertí en una especie de leyenda en la región, porque mucha gente decía que era muy hermosa.

Mayada asintió con comprensión. No hay nada que la sociedad iraquí valore más que la belleza. Y esa mujer en la sombra era de una hermosura despampanante.

—Cuando alcancé la pubertad, muchos hombres le pidieron mi mano en matrimonio a mi abuelo. Así que me casé joven con el mejor hombre de todos. Lo conocía desde la infancia. Era una buena persona. Y, aunque éramos pobres, no tuvimos problemas hasta que estalló la guerra de Irán-Irak. Como ya sabes, los chiíes no contaron con ningún favoritismo del gobierno, aunque se esperaba que nuestros hombres soportaran las fatigas del ejército con el entusiasmo de alguien poseedor de una bandeja cargada de oro. —Volvió sus verdes ojos hacia Mayada—. Mi marido, como el resto de los hombres del poblado, acudió diligentemente a la guerra. Yo agradecí que le permitieran volver varias veces al año a casa, aunque sus permisos significaban que me quedaba embarazada cada vez que me visitaba. —De pronto entrecerró los ojos—. Varios días después del nacimiento de nuestro tercer hijo, recibí la noticia de que mi joven esposo había muerto durante un enfrentamiento importante. Si el enfrentamiento había sido importante o no me daba absolutamente igual, solo me importaba la muerte de mi marido. Era una mujer joven y sola con dos hijos y una hija a los que alimentar. La preocupación me volvió insomne.

»Unas semanas después de la muerte de mi marido, el gobierno envió un ataúd que según ellos contenía sus restos. El funcionario que lo trajo nos advirtió que no lo abriésemos. Supusimos que el hombre lo hacía para protegernos de la impresión de verlo mutilado. Yo no quería ver a mi marido. Me asustaba que hubiera quedado tan desfigurado por la metralla iraní que su visión me persiguiera para siempre. Pero uno de los hermanos de mi marido insistió en que se abriera el ataúd. ¿Qué crees que encontraron?

—¿Qué encontraron? —preguntó Mayada, sacudiendo la cabeza.

—¡El ataúd estaba lleno de tierra! —exclamó Samira, abriendo mucho la boca.

—¿Tierra?

—Sí. Tierra. ¿Te lo puedes creer? —respondió Samira con la mandíbula tensa.

—¿Qué hiciste?

—¿Qué podíamos hacer? —Samira gesticuló, levantando la mano en el aire—. Si nos quejábamos por lo de la tierra, nos habrían detenido a todos por desobedecer las órdenes directas del gobierno. —Samira prosiguió—: La familia celebró el funeral y todos lloramos. No podíamos dejar de lamentarnos, preguntándonos si mi marido estaba en realidad muerto o si había sido hecho prisionero por los iraníes y se estaba pudriendo en alguna celda iraní. Hasta el día de hoy, la verdad sobre el cuerpo de mi esposo sigue siendo un misterio. —Samira se erizó con el recuerdo—. Como lo es Irak para ti.

Mayada permaneció sentada en silencio y quieta, la invadió una profunda tristeza.

—Más tarde, un segundo hombre me propuso matrimonio poco después de enterrar esa tierra. Volví a tener suerte. Mi segundo marido era un hombre razonable que fue considerado con mis hijos pobres y sin padre.

Mayada miró pensativa a Samira. La mayoría de las mujeres árabes que enviudan y se quedan con tres hijos a su cargo tendrían problemas para encontrar un marido dispuesto a asumir la responsabilidad de la prole de otro hombre. Pero la belleza arrebatadora de aquella mujer era tan impresionante que muchos hombres habrían querido casarse con ella, a Mayada no le cabía la menor duda.

—Solo tuvimos un problema. Mi segundo marido no se sentía cómodo con el hecho de que yo llevase el apellido de mi abuelo y no el de mi padre. En su opinión, era signo de la vergüenza de un padre que su hija debiera inmediata lealtad a otro, aunque ese otro fuera su abuelo materno. Así que para hacerle feliz cambié mi documentación oficial, y lo hice tal como me aconsejaron los funcionarios del pueblo. —Durante un instante, la cara de Samira reflejó una expresión apesadumbrada, a continuación sonrió y le dio un golpecito en el brazo a Mayada—. Verás, después de la guerra de

Irán-Irak, de la guerra del Golfo y de los bloqueos estadounidenses, a mi marido le resultó imposible encontrar trabajo. Más tarde, en 1997, estábamos tan desesperados que decidimos dejar a los niños con la familia de mi primer marido e irnos a Jordania. Sabíamos de otras parejas que lo habían hecho. Así que compramos cigarrillos a bajo precio y nos sentamos a venderlos en la calle, en el distrito de Al-Hashimi, en el centro de Ammán. Conseguimos un gran beneficio de la venta de esos cigarrillos. No solo pudimos mantenernos, sino que teníamos dinero de sobra para enviar a Irak, y así ayudar a su familia y a la mía. Pero fuimos estúpidos. Estábamos tan obsesionados con la idea de hacer dinero para alimentar a todo el mundo que descuidamos nuestra documentación oficial. Excedimos el tiempo del visado. Nos encontramos atrapados en Jordania. No sabíamos qué íbamos a hacer. Sin embargo, después de la triste muerte de Su Majestad el rey Husein en febrero de 1999, su hijo Abdullah, el nuevo soberano, tuvo la deferencia de perdonar a todos los iraquíes que no tenían los papeles en regla. En nuestro deseo por seguir estando en situación legal, decidimos regresar a Irak para que nos sellaran el pasaporte. Queríamos regresar a Ammán después de visitar a nuestra familia en Irak. —Su voz adquirió cierta nostalgia—. Nos encantaba Ammán. En aquel lugar me sentía libre como un pájaro. —Lanzó un profundo suspiro—. Así que regresamos a Irak. Recuerdo ese viaje como si fuera ayer, aunque han pasado muchas cosas desde entonces. Reconozco que mi marido y yo estábamos especialmente contentos aquel día. Nos sentíamos aliviados por tener los papeles en regla y sabíamos que pronto veríamos a nuestros seres queridos. Verás, ya habían pasado casi dos años. Hicimos planes para comprar a su familia y a la mía algo de pescado y arroz de buena calidad. Pero esos sueños se vieron tristemente truncados. En cuando pisamos Irak, nos pidieron que esperásemos a un lado en la garita de la frontera iraquí. Ambos nos sorprendimos y nos asustamos. Pese a que clamamos inocencia, nos detuvieron y nos llevaron a la cárcel. Nos encerraron en una celda compartida en la central de la policía secreta de Al-Ramadi, la que está cerca de la frontera entre Irak y Jordania. Permanecimos allí seis semanas. No me torturaron durante nuestra estancia en Al-Ramadi. Pero mi pobre marido fue apaleado a diario. Transcurridas dos semanas, las torturas empeoraron. Los torturadores empezaron a colgarlo del techo por las manos. Algunos días lo tiraban inconsciente al suelo de la celda. Yo no tenía nada, ni agua, nada de nada. Recuerdo que le escupía en la cara para intentar reanimarlo. —Samira miró a Mayada—. Lo hacía de verdad, escupía a mi pobre marido en la cara. Pero lo hacía por amor, no por odio. —Levantó la cabeza y miró al techo—. Habríamos hecho cualquier cosa para detener la tortura. Pero ¿cómo íbamos a detenerla si no sabíamos de qué se nos acusaba? Era raro, pero ni siquiera los guardias lo sabían. Cuando mi marido les preguntó qué había hecho, le respondieron que no lo sabían. Lo único que sabían es que tenían órdenes de arriba de detenernos. Pero ni siquiera a ellos les habían dado un motivo para la detención.

»Estaba convencida de que mi marido iba a morir por esas palizas brutales. Sin embargo, justo en el momento en que pensé que le había llegado el fin, nos trasladaron hasta aquí, a Baladiyat. Pero entonces nos llevamos otra gran sorpresa. Nos separaron. No veo a mi marido desde marzo. —Contó con los dedos—. Cuatro meses, ya han pasado cuatro meses. No sé si está vivo o muerto. Por lo que yo sé, ni un solo miembro de mi familia ni de la suya sabe dónde estamos. Lo más probable es que crean que estamos muertos. O, a lo mejor, el gobierno les ha enviado un par de ataúdes llenos de tierra diciendo que nuestros cuerpos están dentro. —Se echó hacia delante y susurró—: Durante mi primer interrogatorio aquí en Baladiyat, descubrí por fin por qué nos habían detenido en un principio.

Samira hizo una pausa y aceptó un vaso de agua ofrecido por Wafae, la mujer en la sombra del cabello largo y rojo, y lo puso a la altura de los labios de Mayada.

—No, no. De verdad. No puedo beber nada, después —insistió Mayada.

Samira frunció el entrecejo, pero bebió del vaso antes de proseguir con su historia.

—Cuando me llamaron para el interrogatorio —dijo Samira, mirando a su alrededor, a las paredes desconchadas—, pensé que tal vez los funcionarios habían descubierto que éramos completamente inocentes. El carcelero que me interrogó iba muy aseado y era muy educado y distinto a los hombres que nos habían arrestado en la cárcel de la frontera. Incluso me invitó a tomar asiento y a una taza de té. Me trató como si yo fuera la señora de la casa y él el mayordomo. —Samira prosiguió—: Esto fue lo que me preguntaron: «Dígame, ¿quiere llevar pendientes o prefiere llevar pantalones bombachos?».

»Empecé a relajarme. Su actitud me convenció de que iba a ofrecerme algún regalo oficial de disculpa por todas las penurias que había sufrido. Aunque me avergoncé al oírle mencionar los bombachos. Le dije que las mujeres de mi región no usaban pantalones, pero le comuniqué que me encantarían los pendientes; algo que podría vender en Bagdad para comprar regalos para mis hijos. Él también parecía relajado. Se recostó sobre una esquina de su mesa. Me sonrió y luego se enderezó. Creí que iba a ir a buscar los pendientes. El corazón me dio un vuelco cuando dijo: «Nuestra querida invitada dice pendientes, y pendientes serán». Me quedé allí sentada como una tonta con una sonrisa de oreja a oreja, pero la sonrisa no tardó en abandonar mi rostro. El hombre llamó a sus ayudantes y empezaron a atarme. Me ataron las manos y los pies a la silla en la que estaba sentada. Entonces, imagina mi terror cuando me colocaron las pinzas de un cargador de baterías en las orejas. Antes de que pudiera protestar, ese hombre educado puso la electricidad al máximo nivel y se quedó allí, riéndose de mi sufrimiento y mi pavor. Los dolores de aquella tortura eran mucho más intensos que los del parto. Cada vez que el dolor disminuía un poco, él le daba al interruptor sin tregua. De pronto dejó de hacerlo y creí que la pesadilla había terminado, pero entonces dijo que en su opinión mis pies requerían cierta atención. —Samira levantó un diminuto pie en el aire y Mayada pensó que jamás había visto un pie blanco tan delicado. Pero cuando Samira giró el pie hacia un lado, Mayada lanzó un grito ahogado de horror. La planta era un entramado de vívidas cicatrices rojas que se hundían en la piel.

»De pronto trajeron los pantalones que había mencionado. Mientras yo estaba allí sentada, renqueante, a la espera de dejar de tener el sabor a madera en la boca, uno de sus ayudantes entró con un enorme par de pantalones bombachos de color negro que me metieron por las piernas. Me levantaron por los aires y me tumbaron sobre una mesa. Esos pantalones se utilizan para inmovilizarte de piernas y brazos. Luego me ataron los pies sobre un objeto que servía para retenerlos. Ese mismo hombre malvado empezó a pegarme en las plantas de los pies con una porra, y pronto descubrí lo que creían que había hecho. «¿Por qué te has cambiado el nombre? ¿Por qué has cambiado tu documentación? ¿Para quién trabajas como espía? ¿Para Israel? ¿Para Irán?», me gritaba mientras me pegaba en los pies. —Samira sorprendió a Mayada con una sonrisa y dijo—: Durante varias semanas tuve que quedarme tumbada en cama como un bebé y ni siquiera podía ir cojeando al baño. Los golpes me desollaron las plantas de los pies. Las heridas se infectaron y creía que iba a morir. Pero poco a poco me recuperé y ahora ya puedo volver a caminar. Desde ese primer día, me han llamado a diario. Algunos días me interrogan. Otros días me pegan en la espalda. Al día siguiente me pegan en los pies. Algunas veces me dan descargas. Me hacen preguntas y yo les doy las mismas respuestas. —Samira reclinó la cabeza sobre las rodillas juntas—. Lo repetía sin parar: soy una mujer sencilla, el destino me convirtió en la favorita de un abuelo que me adoraba. Este abuelo quiso que llevase su apellido. Mi segundo marido me pidió que volviera a ponerme el apellido de mi padre. Y esa es la única razón por la que he cambiado mi documentación. Esa es toda la historia. —La expresión de Samira se quebró—. Me han dicho que me quedaré aquí hasta que confiese que soy una espía, pero yo no tengo nada que confesar. No soy una espía y no importa cuántas descargas eléctricas me den o cuántas veces me peguen, jamás diré que soy algo que no soy.

Samira se encontraba en una situación imposible. Los hombres de Baladiyat no dejarían de torturarla hasta que confesase ser una espía de Irán o de Israel, y aunque lo admitiese, fuera cierto o no, la matarían.

—La única cosa positiva que me ocurrió la semana pasada —dijo Samira, mirando a Mayada y sonriendo de oreja a oreja— es que mi torturador ha sido trasladado a dirigir una cárcel de Basora, y el hombre que lo ha reemplazado no está tan obsesionado ni con la porra ni con la electricidad. Alégrate, porque el primer hombre era tan malvado que creo que si lo mordiera la serpiente más venenosa de todas, el animal moriría.

En ese momento, Mayada sintió un latigazo de dolor en el brazo y en el pecho. Era la primera vez que sentía esa aflicción punzante, aunque sabía que esos dolores continuos eran los síntomas de un ataque al corazón. A continuación, empezaron a dormírsele los dedos. Se acercó a Samira.

—Creo que me está dando un ataque al corazón —le dijo.

Samira se levantó de un salto, cogió un cazo vacío de hierro y corrió hacia la puerta metálica.

—¡Necesitamos ayuda! —empezó a gritar, golpeando con el cazo.

Después de largo rato, alguien se acercó a la puerta y abrió una pequeña rendija.

—¿Qué ocurre?

—¡Creo que la nueva está teniendo un ataque al corazón! —gritó Samira.

Mayada se dio cuenta de que ninguna de las mujeres en la sombra sabía ni siquiera su nombre. Intentó levantarse apoyándose en los brazos para atraer su atención. Quería decir algo a las mujeres, para que así, en caso de que muriese, pudiera contar con cualquiera de ellas para que buscase a sus hijos y los librara de la angustia de no saber cómo había dejado esta tierra su pobre madre.

—Por favor, por favor, escuchad. Me llamo Mayada al-Askari y vivo en la plaza Wazihiya, mi número de teléfono es 425-7956. Si muero, o si no vuelvo, por favor que alguien llame a mi hija Fay y le diga qué me ha ocurrido —les pidió.

Una de las mujeres en la sombra se movió para encontrar un trozo de madera carbonizada que tenían para esas ocasiones.

—Repite la información —pidió Samira, cogiendo el carbón de manos de la mujer. Escribió los detalles en la pared—. No te preocupes, volverás con tus hijos —le dijo a Mayada—. Pero, por si algún motivo no vuelves, la primera de nosotras que consiga la libertad informará a tus hijos de que estuviste aquí.

El hombre se había ido sin decir qué podría hacer y Mayada tuvo la desesperante sensación de que la iban a dejar morir. Sin embargo, unos minutos después llegaron dos nuevos hombres; estaba claro que los habían interrumpido a media comida. Uno todavía masticaba y el otro se hurgaba los dientes con los dedos.

—¿Quién es la alborotadora? —tragó y preguntó el que masticaba.

—No es una broma —le advirtió Samira, señalando a Mayada—. Esa mujer tiene problemas cardíacos.

El hombre suspiró irritado y se dirigió hacia Mayada. Se quedó de pie y la miró a la cara durante un instante, luego le tocó el pecho con el dedo como si de esa forma pudiera determinar la gravedad de su estado. Le gritó a Mayada que se levantara y que lo siguiera. Samira y otra mujer en la sombra que era alta y fuerte se acercaron a Mayada y la levantaron. Lentamente, ambas mujeres se dirigieron hacia la puerta con Mayada antes de entregársela a los dos hombres.

El hospital estaba a solo un edificio de distancia, pero Mayada tuvo que reducir el paso debido a los dolores de pecho que iban en aumento. Uno de los dos hombres no paraba de refunfuñar porque se le estaba enfriando la cena y el otro se quejaba por la lentitud del paso de Mayada. Le preguntó por qué una mujer joven caminaba como una vieja. Puesto que Mayada creía que iba a caer muerta a causa de un ataque al corazón, expresó en voz alta su opinión sobre la conducta de los guardias, les dijo que deberían avergonzarse de tratar así a una mujer enferma. Sus atrevidas palabras le valieron un golpetazo en la cabeza de uno de los hombres y un grito del otro.

Mayada y sus guardias llegaron por fin al hospital. Aunque el exterior del edificio era nuevo y moderno, el interior estaba destartalado y sucio. Los dos hombres la dejaron en la sala de observación.

—Iré a buscar al doctor Hadi Hamid —dijo uno de los guardias antes de irse.

El otro guardia se quedó en la puerta, vigilándola.

El primero regresó deprisa con un médico de bata blanca que caminaba cabizbajo, mirándose los pies. A Mayada le dio la impresión de que era un hombre mayor por su forma de moverse. Pero cuando levantó la cabeza para mirarla, vio que era un joven de rostro hermoso y ojos oscuros. El médico sorprendió a Mayada al demostrar preocupación por su estado. A continuación tuvo la amabilidad de pedirle que se sentara en la mesa de observación, y procedió a tomarle la tensión. El médico miró a Mayada con preocupación en su amable mirada, y le dijo lo que ella ya sabía: que tenía la tensión arterial a un nivel peligrosamente alto. Mientras observaba su cara amable, Mayada se recordó que su experiencia carcelaria podría haber hecho que adoptase una visión irrazonablemente simple de la naturaleza humana. Debía recordar que muchos iraquíes habían sido obligados a afiliarse al Partido Baaz en contra de su voluntad. Esas mismas personas eran obligadas a aceptar trabajos gubernamentales que eran inconcebibles para cualquiera que tuviera un corazón compasivo. Le pareció que ese médico era una de esas personas.

El médico demostró que Mayada estaba en lo cierto cuando miró hacia atrás para ver si los dos hombres se habían ido.

—No le ocurre nada que la liberación no cure —le dijo el médico en voz baja—. Pero, puesto que su destino no está en mis manos, le daré unas pastillas que creo que harán que su corazón mejore. —Entonces abrió un cajón de un armario metálico y escogió un paquete de pequeñas píldoras de color rosa, se las entregó a Mayada y le indicó—: Póngase una debajo de la lengua y espere a que se disuelva. Siempre que sienta dolor en el pecho debe hacer lo mismo. —Pero le advirtió—: No tome más de una píldora cada pocos días si puede evitarlo. Su consumo causa agudas jaquecas.

Ya tenía la píldora en la boca, y asintió con la cabeza.

El médico se volvió y empezó a rellenar el informe de la visita.

Mientras la píldora se disolvía, Mayada echó un vistazo a la habitación. Notó que la mesa de observación estaba cubierta con un plástico negro, y que el plástico estaba cubierto con una gruesa capa de polvo de la tormenta de arena de la mañana. En ese instante, Mayada pensó que la arena podía serle de mucha ayuda. Los modales bondadosos del médico le habían dado una idea. Con la suficiente confianza como para correr el riesgo, utilizó un dedo para escribir en la arena el número de teléfono del abuelo de sus hijos (que había mantenido la amistad con ella y con los niños incluso después del divorcio). Mayada apeló entonces al buen corazón del médico.

—Doctor Hamid, por favor —le rogó—, llame a este número y dígale a quien conteste que se han llevado a Mayada a Baladiyat. Dígale que llamen a mi madre, Salwa, de Ammán. Ella sabrá qué hacer. —Mayada miró al joven médico.

El doctor Hamid miró a Mayada durante largo rato. Su expresión reflejaba con toda claridad la lucha interna librada entre su razón, que le advertía de las peligrosas consecuencias si lo descubrían, y su corazón, que se sentía abatido por la desesperación humana que se veía obligado a presenciar. El médico miró el número que Mayada había escrito en la arena. Ella miró sin hálito cómo el facultativo movía los labios; se dio cuenta de que estaba memorizándolo. Él miró hacia atrás una vez más, luego cogió un trapo para limpiar el polvo y borrar los números del plástico. No dio señal alguna que aclarase si había ganado el corazón o la razón. Aun así, Mayada sabía que, llamase o no llamase, deseaba tener el valor de hacerlo. Debía recordar que ambos, y todos los iraquíes, vivían tiempos terribles y que ese buen hombre podría ser torturado hasta la muerte por violar las normas de conducta del Partido Baaz.

Mayada abrió la boca para preguntar si podía confiar en su humanidad. Pero, en ese momento, los dos guardias regresaron, insistiendo en que debían llevarla de vuelta a la celda. Mayada se quedó paralizada, por temor a que el doctor Hamid pudiera sentirse tan desesperado por la seguridad de sus seres queridos que les hablase a esos hombres de la petición de ayuda de Mayada. Pero el médico no la delató.

—Se pondrá mejor —le dijo, mirándola directamente a los ojos—, así que vuelva e intente dormir un poco. —Sus palabras le dieron esperanza a Mayada de que haría la llamada que podría salvarle la vida.

Los hombres la llevaron a toda prisa de vuelta a la celda 52, aunque ella les pidió que caminaran despacio por sus dolores en el pecho. Sin embargo, ninguno de los dos le hizo caso. El ritmo rápido le aceleró el corazón y le sorprendió la sensación de alivio que sintió al volver a entrar en la celda 52.

Samira corrió a su encuentro y la ayudó a volver a recostarse en la litera, y varias mujeres en la sombra se reunieron a su alrededor para reconfortarla. Le dieron una manta enrollada para que hiciera las veces de almohada, y colocaron otra entre ella y la fría litera. Una tercera manta le cubría el cuerpo. Les habían servido la cena mientras Mayada estaba en el hospital. Como había prometido, Samira le había guardado un plato, pero Mayada no podía comer.

Las mujeres empezaron a hablar sobre sus vidas. Mayada se enteró de que una mujer llamada Rasha era una chií del sur. Otra mujer llamada Safana era kurda. Otra mujer anónima era suní de Bagdad. Le pidieron a Mayada que les contase todo lo que había visto mientras estaba fuera de la prisión. Mayada suspiró profundamente y les dijo que todavía no podía hablar, pero que a la mañana siguiente estaría encantada de responder a todas sus preguntas.

Una de las mujeres en la sombra habló y formuló la pregunta que Mayada había estado esperando desde que había pronunciado su apellido.

—Dinos, ¿eres pariente del gran bajá Yafar al-Askari?

Mayada pensó en la respuesta durante un instante. Se planteó negarlo, porque había personas que se habrían comportado como si ella se creyera superior a los demás, que no era su caso. Y otras personas, al oír cuál era su linaje, se convertirían en acérrimos enemigos sin razón alguna. Aunque otras podrían cambiar su comportamiento normal y la tratarían con reverencia, como si fuera un miembro de la familia real. Sin embargo, al mirar a los amables ojos de las sencillas mujeres con quienes compartía la celda, Mayada sintió la repentina y profunda convicción de que seguirían siendo las mismas mujeres consideradas sin importar cuál fuera su línea de sangre.

—Sí —admitió con una ligera sonrisa—, el bajá Yafar era mi abuelo, el padre de mi padre, Nizar al-Askari.

La mujer en la sombra se agachó y acarició a Mayada en la mejilla con decidida ternura.

—Mi abuelo conoció a tu abuelo cuando fue al sur a hacer campaña por el rey Faisal I —comentó—. Siempre dijo que Yafar al-Askari era un gran iraquí. Muchas veces le he oído decir: «Si tuviéramos todavía entre nosotros a hombres como el bajá Yafar, los iraquíes podríamos haber evitado esta pesadilla».

Como si esas palabras hubieran desatado las voces, el resto de mujeres en la sombra empezaron a intercambiar recuerdos de una época en la que los iraquíes albergaban la esperanza de un futuro mejor. Mayada pudo escuchar a muchas otras mujeres declarar calladamente que el bajá Yafar había contribuido a cambiar para bien la vida de sus familias.

—Corresponderemos a ese gran hombre cuidando bien de su nieta —dijo Samira, sonriendo y mirando a Mayada.

2

Las cuatro puertas negras

A lo largo de la historia ha habido grandes hombres que se han unido en momentos importantes. Durante y después de la Primera Guerra Mundial, Yafar al-Askari, Nuri al-Said, el rey Faisal I, Lawrence de Arabia y Sati al-Husri fueron de esa clase de hombres. Tres de ellos estaban estrechamente relacionados con Mayada y ella se sabía sus vidas al dedillo.

En 1918, al final de la Gran Guerra, habían terminado por fin cuatro siglos de dominación otomana. No existía gobierno alguno en Irak y los iraquíes se encontraron con una oportunidad para empezar desde cero. Los gobiernos británico y francés, que los habían ayudado a derrotar a los otomanos, prometieron libertad a todos los árabes. Y atraídos por este sueño, Yafar, Nuri, Lawrence de Arabia y Faisal arriesgaron sus vidas en numerosas ocasiones. Sin embargo, no hubo un hombre más osado que el abuelo de Mayada, Yafar al-Askari.

Tal vez fuera un capricho del destino que Yafar al-Askari naciera en la misma época en que el Imperio otomano moría. Llegó a este mundo el 13 de junio de 1885, y sus padres, Mustafa y Fatima, vivían en Bagdad, donde su padre era el gobernador militar de Irak y general de las tropas del Cuarto Ejército.

Yafar se parecía a su padre en todos los aspectos: con su pelo castaño y sus ojos marrones que brillaban como el oro, y una mente privilegiada que le permitió destacar en la estrategia militar, los idiomas y la política.

Como hijo de un general del ejército, Yafar recibió la mejor educación. Y como su padre era militar, ese aprendizaje se orientó hacia el arte y la práctica castrenses. Pero sobrevino la tragedia. Mustafa se descubrió una mancha roja en el hombro, una mancha que los turcos llaman «zarpa de león». Jamás ha quedado claro si la mancha era un melanoma cancerígeno o incluso un ántrax, pero Mustafa permaneció postrado en cama y no tardó en morir con una dolorosa agonía.

Aunque lloró la muerte de su padre, Yafar continuó completando su educación. Mientras estaba en la academia militar conoció al que sería su mejor amigo durante toda la vida, Nuri al-Said. Ambos crecieron estando tan unidos que hicieron un pacto para casarse cada uno con la hermana del otro, y lo cumplieron: Nuri se casó con la hermana pequeña de Yafar, Naima, y Yafar se casó con la hermana de Nuri, Fajriya.

Cuando estalló la Primera Guerra Mundial, Yafar luchó en el bando de los otomanos y los alemanes, y no tardó en convertirse en un general con importantes condecoraciones. Sin embargo, Yafar tenía un talento tan singular que los británicos hablaron con él para que se pasase a su bando. Yafar rechazó sus ofertas hasta que el sultán Mohamed Reza ordenó la ejecución de varios de sus amigos. Se desilusionó con la causa otomana y accedió a la petición de T. E. Lawrence (Lawrence de Arabia) y del príncipe Faisal de Hiyaz (que más tarde se convertiría en el rey Faisal de Siria e Irak) de que se uniera al ejército árabe. Durante la guerra, Yafar y el príncipe Faisal se hicieron amigos íntimos. Yafar al-Askari se convirtió en comandante de las fuerzas del Ejército Profesional Árabe. Fue el único hombre de la Primera Guerra Mundial que recibió la más alta condecoración tanto del bando alemán como del británico.

Cuando los británicos ocuparon Irak después de la guerra, tuvieron muchos problemas para evitar que los hombres de las tribus no atacasen a los soldados. Con objeto de apaciguar los ánimos de los iraquíes, los británicos asumieron un papel gubernamental indirecto en el país y establecieron una monarquía supervisada por el gobierno británico. Tras largas discusiones y alentado por los representantes británicos en Irak, Winston Churchill decidió que el príncipe Faisal, cuyo padre había gobernado en las ciudades de La Meca y Medina, sería el nuevo rey de los iraquíes, pese al hecho de que Faisal jamás había puesto un pie más allá de las fronteras de Irak.

Cuando Faisal llegó a Irak para gobernar el país, sus amigos íntimos y ex comandantes del ejército Yafar al-Askari y Nuri al-Said lo estaban esperando para ponerse a su servicio. Cientos de ingleses e iraquíes se reunieron en las riberas del Tigris para la coronación de Faisal. La proclamación se leyó en árabe, anunciaba que Faisal había ganado el favor del pueblo, y una banda tocó el himno británico, «Dios salve a la Reina», para gran desconcierto de los iraquíes presentes.

Yafar se convirtió en ministro de Defensa y Nuri en jefe del Estado Mayor. Desde ese primer día se produjeron numerosos enfrentamientos, pero los tres hombres juntos gobernaron el país a fuerza de determinación. Más tarde, en 1933, después de solo doce años de mandato, el rey Faisal cayó gravemente enfermo por problemas coronarios, se fue a Suiza y murió allí, a la sazón con cuarenta y ocho años. El príncipe Ghazi, único hijo del rey Faisal, se convirtió en el rey Ghazi I.

Yafar había vivido en Londres durante bastantes años, pero en 1934, su amigo y cuñado, Nuri, que era en ese momento el primer ministro iraquí, rogó a Yafar que regresase para ayudarle a ejercer el gobierno. Nuri le explicó a Yafar que estaba enfrentándose a tantos enemigos en Irak que necesitaba en su bando la fuerza que él encarnaba. Yafar adoraba Inglaterra, donde decía que lo único que necesitaba era llevar un bastón, a diferencia de Irak, donde necesitaba ir armado a todas horas. Sin embargo, la situación era cada vez más turbulenta, y Yafar accedió al final a la petición de Nuri, asumiendo una vez más el cargo de ministro de Defensa.

Dos años después, en octubre de 1936, Yafar ordenó al ejército la realización de una serie de ejercicios de rutina, pero se encontró con una sorpresa. Un hombre al que consideraba un amigo, el general Bakir Sidqi, comandante de la Segunda División del Ejército, decidió dar un golpe de Estado, el primero en el Irak moderno.

Tres aviones lanzaron bombas, y aunque una de ellas cayó sin causar daños en el Tigris, las otras dos impactaron en el Ministerio del Interior y en el edificio que albergaba el Consejo de Ministros. Otra bomba impactó en la sede central de la Oficina de Correos.

Yafar decidió reunirse con el ejército y evitar que los sublevados entraran en Bagdad. El embajador británico sir Clark Keer estaba presente cuando Yafar tomó posesión del cargo. Keer escribiría más tarde que la misión de Yafar fue un acto de gallardía sin par, un acto que demostraba una valentía que no poseía ningún otro hombre del gobierno. El rey Ghazi estaba preocupado por la seguridad de Yafar, pero él dijo que era su deber proteger al rey y al país. En el momento en que Yafar se iba, el rey Ghazi se estremeció por una premonición. Salió corriendo de palacio para detenerlo, pero era demasiado tarde; ya se había ido.

Yafar no podía saber que su amigo Sidqi había pedido a cinco de sus colegas que lo mataran. Los cuatro primeros de estos cinco respondieron que jamás matarían a un hombre tan noble como Yafar al-Askari. Sin embargo, el quinto hombre —el capitán Yamil, un hombre que no conocía a Yafar— accedió a ser el asesino.

Numerosos soldados de Sidqi fueron al encuentro de Yafar a las afueras de Bagdad y le dijeron que lo escoltarían hasta el lugar donde se encontraba Sidqi. Le pidieron que se sentase en el asiento delantero del vehículo, y él no tardó en darse cuenta de que algo marchaba mal. Se volvió para mirar a los hombres.

—Tengo la sensación de que me vais a matar —dijo—. Pero no me asusta la muerte. La muerte es el final natural de toda vida humana. Sin embargo, os diré que si empezáis a matar, seréis responsables de todas las penurias a las que someteréis a este país. Derramaréis la primera gota de un baño de sangre.

Cuando el coche se detuvo en el campamento de Sidqi y Yafar bajó del coche, el capitán Yamil le disparó por la espalda. Yafar vivió lo suficiente para volverse y gritar: «¡Nooo!». Cavaron una precipitada fosa en la arena y enterraron a Yafar. Bakir Sidqi hizo jurar a sus hombres que guardarían el secreto.

Yafar no consiguió volver a palacio y el país se sumió en el caos. Él había sido el vínculo que mantenía unido el gobierno. Sidqi tomó Bagdad y obligó al rey Ghazi a nombrar una nueva administración.

El mundo árabe se estremeció al saber que Yafar al-Askari había muerto. Por desgracia, su predicción de que Irak se sumiría en un baño de sangre resultó cierta. Sidqi no tardó en ser asesinado por los oficiales leales a Yafar. La familia real siguió encabezando numerosos gobiernos rotativos, a medida que los golpes de Estado se sucedían.

En 1958 la realeza invitó a los padres de Mayada a acompañarles a unas vacaciones antes de regresar para la boda del rey Faisal II, pero la madre de Mayada, Salwa, insistió en que Mayada llevara un vestido francés de Dior, pues iba a ser la portadora de las flores en la boda. Mayada solo tenía tres años, pero su madre había conseguido que le hicieran un vestido a medida en una tienda de Dior de Ginebra. La familia estaba en Europa cuando se enteraron de que el general Abdul Karim Qasim, un oficial del ejército, había ordenado que un grupo de soldados rodease el palacio real. Eran solo las ocho menos cuarto de la mañana, pero poco después, la puerta de la cocina de la parte trasera del palacio se abrió y los miembros de la familia real empezaron a salir. Los oficiales ordenaron a gritos a la familia que se dirigiese al pequeño jardín que estaba en uno de los laterales del palacio y se quedase junto a una enorme morera. La familia real formó una fila, junto con el servicio. El jovencísimo rey, confundido, no paraba de saludar a los oficiales.

Un capitán llamado Al-Obusi disparó al rey y le reventó la cabeza. Los demás abrieron fuego. Tras la matanza, los cuerpos de la familia fueron llevados a una furgoneta, y una multitud inició el saqueo del palacio. Cuando la furgoneta pasó por la puerta principal, un hombre que se encontraba allí saltó al interior del vehículo y acuchilló los cadáveres. La furgoneta fue detenida por un todoterreno militar, y los soldados que iban dentro cogieron los cuerpos del joven rey y del regente. Las multitudes habían empezado a congregarse, y para apaciguar a la turba enfurecida, el conductor les lanzó el cuerpo del rey Faisal, que no tardó en ser desnudado, arrastrado por Bagdad y colgado de uno de los balcones del hotel Al-Karhk. La multitud le cortó las manos, los brazos, los pies, las piernas y los genitales, le desgarraron la boca, luego arrastraron lo que quedaba de su cuerpo hasta el Ministerio de Defensa y lo colgaron allí. Un joven cogió una daga y lo abrió en canal por el vientre, y varios hombres de la turba se colgaron los intestinos del cuello a modo de collar, y bailaron por las calles. Por último, algunos se llevaron el cuerpo del regente, lo rociaron de gasolina y le prendieron fuego. Los restos fueron arrojados al río.

El joven rey fue llevado al hospital militar Al-Rashid, donde los médicos lo declararon muerto. Enterraron su cuerpo de forma temporal en el patio del hospital para evitar que la multitud lo descuartizase como ya habían hecho con los demás cadáveres. Otros miembros de la familia también fueron enterrados allí.

El primer ministro Nuri al-Said, el tío del padre de Mayada, se había dado a la fuga. Le habían llegado noticias de la matanza y supo que no podría hacer nada para salvarse. Por aquel entonces, Nuri era un hombre anciano, sin embargo, la multitud también quería verlo muerto. Un vecino, Um Abdul Amir al-Estarabadi, instó a Nuri a que huyera a las tribus de Umara, donde le darían refugio. Nuri se puso una chilaba de mujer para camuflarse. Por desgracia, Nuri y su vecino decidieron hacer una parada junto al río en Abu Nawas y alguien de entre la turba que pasaba por allí vio un zapato de hombre bajo una chilaba de mujer. Se dio cuenta de que algo no encajaba y entonces vio a Nuri. Lo ataron, lo amarraron a la parte trasera de un coche y lo arrastraron por las calles de Bagdad.

La turba arrojó el cuerpo sin vida de Nuri a la calle, donde los coches lo atropellaban por turnos una y otra vez. Otros utilizaron cuchillos para cortarle los dedos. Más adelante, una popular mujer de una buena familia bagdadí iba por las fiestas presumiendo de tener uno de los dedos de Nuri en una pitillera de plata. Bagdad estaba revolucionado.

Cuando la familia de Nuri se enteró de su asesinato, su hijo Sabah fue a pedir el cuerpo de su padre, para que la familia pudiera celebrar un funeral como es debido. Sabah también fue asesinado y arrastrado por las calles.

Y tal como Yafar había predicho, los golpes de Estado continuaron, lo que condujo finalmente a la aparición del Partido Baaz, dirigido por Ahmed Hasan al-Bakir y Sadam Husein. Sus objetivos eran socialistas, era un gobierno secular que aspiraba a la unidad panárabe y al mandato árabe para hacer frente a la dominación extranjera.

El Partido Baaz tomó el poder por primera vez en febrero de 1963, pero fue derrocado antes del final de ese mismo año. Un movimiento baazista más poderoso liderado por Sadam Husein regresó a Irak en 1968. Para Mayada, el Partido Baaz se había convertido en una pesadilla sin fin, la raíz de muchos males iraquíes.

Esa primera noche en la cárcel fue la más larga que había experimentado en su vida. La pasó en vela, pensando en su familia, en Fay y en Ali, y se culpó por no haberse marchado cuando su madre le advirtió de que Irak estaba acabado. Mayada reconstruyó la historia del Irak de Sadam mentalmente y se dio cuenta de que mientras los iraquíes se dejaban embelesar por la personalidad carismática de Sadam, él estaba levantando cuatro puertas negras para contener y eclipsar su maldad.

En 1980, Sadam solo llevaba un año como presidente de Irak, y muchos iraquíes seguían creyendo en su grandeza, aunque en realidad estaba planeando la primera de las dos guerras que arruinarían Irak.

Era un tranquilo día de septiembre. Bagdad todavía estaba envuelto por el frío de la mañana. Mayada y su marido, Salam, estaban desayunando a primera hora en la casa de su madre. Mayada observaba a su esposo comer e imaginaba cómo sería cuando envejeciera. Esperó no estar con él para ver cómo su pelo negro se encanecía y su cuerpo se engordaba por todos los huevos, tostadas, leche y azúcar que le gustaba comer.

Mayada se había dado cuenta en la luna de miel que había cometido un error al acceder a ser su esposa. En ese momento coqueteaba a menudo con la idea de dejarlo, aunque las mujeres de Oriente Próximo se plantean el divorcio con precaución extrema. Así que había aceptado convertirse en una de los muchos millones de mujeres que pertenecen sin quejarse a un matrimonio carente de amor.

Mayada tenía otro motivo para estar inquieta. Salam había sido llamado al servicio militar obligatorio; llevaba su incómodo atuendo militar. Se tiraba de las mangas y de la entrepierna de los pantalones, que solo se habían lavado una vez y todavía estaban tiesos. Iba vestido de guerrero, pero Mayada no podía relacionar la idea de la violencia con ese hombre que vivía de forma tan íntima con ella. Mientras le daba vueltas a estas ideas, la casa de su madre se estremeció y se oyó un fuerte zumbido, seguido por las explosiones que produjeron reverberaciones de menor intensidad. Los platos vibraron, las luces parpadearon y los tres pinzones de colorido plumaje revolotearon nerviosos de un lado para otro de la jaula. El miedo le recorrió el cuerpo y se le aposentó en el estómago.

—Salam, ¿son aviones israelíes?

El rostro de Salam se transformó por la sorpresa mientras pequeñas gotas de sudor asomaban en su piel. Su voz acelerada adquirió un extraño tono agudo.

—No. No. No puede ser.

A Mayada se le aceleraron las pulsaciones mientras esperaba los punzantes sonidos de las sirenas, pero la atmósfera que los rodeaba permanecía en silencio. Salam se movió con rapidez para encender la radio, pero los programas de siempre ocupaban las ondas. Mayada estaba trabajando en el periódico *Al-Yumburiya* de Bagdad, así que decidió llamar al despacho. Cuando su mano tocó el auricular, el teléfono la sorprendió con el timbre de una llamada entrante. Levantó el auricular y oyó la voz del doctor Fadil al-Barrak, un conocido reciente de su familia. El doctor Fadil era el director de la policía secreta, el hombre que según todos sabían solo respondía a las órdenes de Sadam Husein. Era poco frecuente que un caballero de voz dulce como el doctor Fadil ocupara un cargo que le otorgaba el mando de la seguridad interna del país, pero poco después de asumir todo el poder, Sadam había reformado las organizaciones de los servicios secretos. El presidente había dicho que un hombre ignorante era menos digno de confianza que un hombre inteligente, así que había otorgado cargos importantes a varios iraquíes con buena educación. El doctor Fadil era una persona muy poderosa en el país, supervisaba varios departamentos de seguridad, incluido los de Asuntos de Seguridad, Movimientos Islámicos, Secciones de Desertores del Ejército, Seguridad Económica, Grupos de Oposición, Narcotráfico y otros.

Pocas personas en Irak gozaban de la confianza de hombres de tan altas esferas, pero Mayada no era muy consciente de ello en aquella época, porque sus padres y abuelos siempre habían tenido relación con importantes líderes mundiales.

En realidad, el doctor Fadil había tenido una relación especial con su familia. Aunque se había convertido en su amigo, la madre de Mayada, Salwa, nunca lo había invitado a desempeñar ese papel. El doctor Fadil era escritor y había recurrido a su familia para pedir permiso para leer los libros y documentos que pertenecían al famoso abuelo materno de Mayada, Sati al-Husri. La familia de Mayada no se planteó mucho la petición, ya que los escritos de Sati sobre el nacionalismo árabe y los programas educativos árabes eran utilizados como referencia con bastante frecuencia por numerosos escritores árabes. Gracias a ese simple comienzo, el doctor Fadil se había convertido en un visitante cada vez más frecuente de su hogar.

Ese día fatal, el doctor Fadil se saltó las cortesías de costumbre.

—¿Salam sirve en Bagdad?

Mayada se sorprendió por la preocupación que demostraba por la seguridad de su esposo. El doctor Fadil desaprobó su unión desde el primer momento, porque Salam pertenecía a una conocidísima familia feudal. Su padre había tenido esclavos hasta 1960, y los baazistas revolucionarios como el doctor Fadil evitaban de forma deliberada a los poseedores de esclavos. Sin embargo, su cercanía con la familia no se había roto, e incluso le había regalado a Mayada una carísima joya el día de su boda.

—No, sirve en Al-Mahawil —respondió Mayada, refiriéndose a la base militar al sur de Irak.

Con la sensación de que ocurría algo fuera de lo normal, le preguntó a Fadil qué ocurría.

—Es por tu héroe del póster, nos ha declarado la guerra —susurró con prepotencia. Mayada supo de inmediato a qué se refería, y también entendió que los aviones de guerra no tenían nada que ver con las fricciones iraquíes internas, sino que estaban relacionados con las crecientes tensiones entre Irán e Irak. Pese a la gravedad del momento, estuvo a punto de reírse en voz alta cuando Fadil mencionó a su «héroe del póster», porque se dio cuenta de que un incidente tan tonto que no significaba nada, en realidad, había enfurecido mucho a ese hombre que se consideraba un leal partidario de su familia.

El incidente tuvo lugar durante su compromiso y estaba directamente relacionado con una reunión de estudiantes de 1979 en la Universidad Al-Mustansiriya de Bagdad. Varias bombas hicieron explosión durante esa reunión, murieron dos estudiantes y muchos otros fueron heridos. Una semana después del bombardeo hubo una multitudinaria marcha estudiantil desde la universidad hasta el cementerio Bab al-Muadam, donde los estudiantes caídos habían sido enterrados. La manifestación deambuló por la ciudad e incluso cruzó la calle principal próxima a la casa de la madre de Mayada. Dos ministros del gobierno encabezaban la marcha, así que había numerosos coches de policía y agentes del servicio secreto patrullando por toda la zona. Cuando la manifestación pasó por delante de la casa de su madre, dos granadas de mano fueron lanzadas a la procesión. La casa vecina a la de su madre albergaba el consulado iraní, así que la policía secreta iraquí supuso de inmediato que el ataque provenía de allí.

La casa familiar de Mayada era una hermosa construcción con grandes balcones. Su habitación tenía una amplia veranda que se extendía sobre el jardín y daba al consulado. Las fuerzas de seguridad tuvieron que pasar por allí para mirar por el balcón desde el que planeaban disparar a la casa del representante iraní.

Unas semanas antes, Mayada había recortado y pegado en la pared una vistosa foto del ayatolá Jomeini, donde el ceñudo clérigo lucía su negro turbante sobre un fondo de color fucsia.

Cuando los policías del servicio secreto irrumpieron en su habitación y vieron la imagen de su enemigo, se quedaron tan atónitos que olvidaron la caza de los peligrosos rebeldes y en lugar de realizarla corrieron a informar de la traición a las autoridades. Los iraníes se salvaron de una ráfaga de balas ese día gracias a que una joven Mayada al-Askari había pegado una foto del clérigo chií Jomeini en la pared de su cuarto. Una ofensa así era considerada una traición por la minoría suní del gobierno. Sin embargo, Mayada era demasiado joven y demasiado ingenua para creer que pudiera correr serio peligro por pegar una foto en la pared.

Cuando le contaron el incidente al doctor Fadil, él la llamó por teléfono. La calidez que acostumbraba a tener su voz se enfrió cuando le informó que pasaría por su casa a las diez en punto de esa noche y le pidió por favor que no paseara su joyero para que lo viera todo el mundo. Ella entendió el comentario de inmediato, porque en Irak cuando se quiere despreciar a una persona, dice lo contrario, así que aunque Fadil llamara a Jomeini «joyero», la traducción cultural significaba que su enemigo era en realidad un canalla.

El doctor Fadil era un hombre de palabra. Llegó puntual a las diez esa noche, y aunque tenía el rostro tranquilo, sus ademanes transmitían una clara frialdad. Se irguió cuan alto era, y era muy alto, mientras miraba a Mayada, y ella se dio cuenta de que tenía el ojo izquierdo más pequeño que el derecho. Por primera vez sintió que el doctor Fadil no era precisamente el hombre amable que fingía ser. Apretó los labios antes de pedirle a la madre de Mayada, Salwa, un vaso de whisky. Dio un buen sorbo antes de volver a volcar toda su atención en Mayada.

Un hombre tan próximo a Sadam poseía una gran fuerza en la jerarquía gubernamental iraquí y tenía la capacidad para haberla aplastado como una cucaracha, pero se relajó un poco cuando el whisky pasó por sus labios y empezó a sermonearla como un maestro de escuela sobre sus vecinos, los iraníes. Jugueteaba con las gafas mientras buscaba las palabras.

—Deberías haber visto a Jomeini cuando lo deportaron de Irán —dijo—. No tenía nada y nosotros le abrimos nuestro país. Vivió en Irak durante muchos años como refugiado bien recibido y cuando Sadam le pidió que hablase al pueblo chií contra el sha, él se negó. —El doctor Fadil de voz dulce sorprendió a Mayada y a su madre con un repentino arrebato—. ¡Ese hombre no es más que un persa con el cuerpo lleno de mierda! —A todas luces luchando para no perder el control de sus emociones, se aclaró la garganta y bajó la voz—. Tras esa apariencia piadosa está conspirando con los imperialistas.

En aquella época, Mayada todavía era ingenua, creía que nada malo podía interponerse en su camino; se esforzaba por contener la risa pero tenía la sensación de que el doctor Fadil había llegado a un punto decisivo de su sermón. La caída de sus párpados no podía ocultar la rabia que había en sus ojos, y su piel cetrina se había enrojecido por la pasión; aun así, Mayada tuvo el valor de decir:

—Creía que el Partido Baaz predica la democracia, y si es así, ¿por qué no puedo colgar la foto de mi enemigo en la pared? Debería tener derecho a poner la foto que se me antojase en mi habitación. —Cuando Fadil respiró profundamente, ella se dio cuenta de que se estaba poniendo incluso más serio, así que intentó quitar un poco de hierro al asunto con palabras más suaves—. El contraste de colores entre el rosa y el negro me resultó llamativo. —Se rió—. Fue por el color, no por el religioso.

El doctor Fadil se enfureció con las superficiales palabras, y se puso a hablar a gritos de su falta de lealtad árabe contra las bestias persas. Su madre era una mujer inteligente y conocía a los hombres.

—Me alegra que esté usted aquí para orientar a mi hija —dijo, rellenándole el vaso de whisky—. La pobre no tiene padre, ¿entiende?

Mayada sintió un ataque de rabia contra su madre, le estremeció la idea de que cualquier otro hombre pudiera considerarse un sustituto de su padre, Nizar al-Askari.

Amaba a su padre con una gran pasión. El día 2 de marzo de 1974 —el día en que su padre murió tras una larga lucha contra el cáncer de colon— fue el día más triste de su vida. Apenas podía pensar en su padre, y cualquier ocasión en la que recordaba su sufrimiento, la tristeza le recorría el cuerpo como una oscuridad imparable, y se sentía realmente mal. Sin embargo, ahora recordaba el amable amor masculino que envolvía a las tres mujeres que su padre más amaba: su esposa Salwa y sus dos hijas, Mayada y Abdiya. Durante la última conversación que mantuvo con sus niñas, se había desesperado al pensar en que iba a morir en breve y que dejaría a sus hijas sin la protección de un padre. Había temblado mientras le decía a Salwa que Mayada tenía que ir a la facultad de medicina de la Universidad Estadounidense de Beirut, que tenía ahorros en un banco de Líbano para ese fin y que Abdiya debía seguir los pasos de su hermana. Había mirado a Abdiya y la había llamado «mi gatita», y había hecho hincapié en que la educación debía ser su principal objetivo en la vida. La devoción de su padre por el aprendizaje era comprensible porque era un hombre de cultivada educación que había estudiado economía en el King's College de Cambridge, donde su tutor fue el conocido economista John Maynard Keynes.

Con las palabras de su madre todavía retumbándole en los oídos, Mayada sintió una repentina punzada de odio hacia el doctor Fadil, odio porque él estaba vivo mientras su propio padre había muerto; aunque sabía que eran pensamientos pecaminosos, solo Dios puede tomar esa clase de decisiones. Observaba la escena mientras su madre aplacaba al hombre con sus tranquilizadoras palabras, aunque pensaba que una persona no podía apaciguar la falta de piedad durante mucho tiempo. Por primera vez empezaba a sospechar que el doctor Fadil tenía algo de despiadado en su carácter que ni ella ni su madre habían visto hasta la fecha. Recordó la forma en que otros iraquíes reaccionaban al escuchar su nombre y el hecho de que ella lo conociera. Algunos bajaban la vista y desviaban la mirada, recordando de pronto asuntos pendientes desde hacía mucho que requerían su atención, mientras otros le dedicaban un respeto que no se había merecido y al minuto siguiente le pedían que intercediese en su nombre y que los ayudase a conseguir un trabajo o un terreno.

Deseaba preguntarle por qué los iraquíes reaccionaban ante su nombre con ese evidente temor, pero su madre le pellizcó el brazo con disimulo y la fulminó con la mirada.

Estaba claro que al doctor Fadil le gustó la idea de ser la mano conductora de la nieta del legendario Sati al-Husri. Sonrió y a continuación bebió un poco más de whisky. Bromeó con la madre de Mayada sobre las niñerías de los jóvenes. Antes de marcharse de la casa, le recordó a Mayada que sin su protección, el descubrimiento de su héroe del póster podría haber llevado a todos los habitantes de la casa de Mayada a la cárcel durante un largo período. Cuando el doctor Fadil por fin se marchó a medianoche, Mayada admitió a regañadientes que su madre era un genio a la hora de manejar esas situaciones tan violentas.

Y fue el mismo doctor Fadil, quien todavía recordaba ese incidente, el que en ese momento le informaba de que Irán e Irak estaban en guerra. Le dijo que los aviones iraníes habían entrado en el espacio aéreo iraquí y habían sobrevolado Bagdad, aunque afirmaba que los héroes iraquíes les habían dado caza al cruzar la frontera.

Cuando colgó el teléfono, informó a Salam de lo que sabía y luego vio cómo su marido andaba dando tumbos por la casa recogiendo un par de cosas para llevarse al frente. Sintió un sensación horrible cuando pensó que Salam bien podría convertirse en la primera baja en el campo de batalla. Aunque Mayada no deseaba estar casada con ese hombre, tampoco quería que muriese.

Las mujeres en Oriente Próximo suelen aceptar los rituales del matrimonio y la educación de los hijos sin rechistar. Mayada no era una excepción. A la edad de veintitrés años, había pensado en el matrimonio en más de una ocasión. Cuando un hombre atractivo llamado Salam al-Haimus entró en la oficina de su periódico para poner un anuncio, el tímido joven pronto se ganó la atención de Mayada. Cuando él la vio, mencionó que vivían puerta con puerta. Cautivada por su magnífico rostro, Mayada se preguntó cómo no lo había visto hasta entonces. Pero desde aquel día, fue cada vez más observadora. Cuando Mayada llegó a casa, Salam la estaba esperando en la puerta para saludarla. Pese al recelo de Salwa con respecto al matrimonio, Mayada y Salam habían conseguido la bendición de ambas parejas de progenitores en unos pocos meses.

En cuanto la ceremonia finalizó, la feliz pareja dejó Bagdad para disfrutar de una larga luna de miel en Europa. Mayada había recorrido el mundo con regularidad desde que era una niña, pero Salam jamás había salido de Irak. Una hora después de haber embarcado en el avión, Salam dejó claro que como jeque árabe que era, insistía en que su mujer ocultara lo que sabía a los demás.

—Yo me encargaré de todo. Soy el hombre —le explicó con una sonrisa.

En Italia, Salam quiso montar en todos los trenes. A Mayada le encantaban los museos. A Salam le gustaban los casinos. Mayada curioseó por las bibliotecas.

País tras país, el matrimonio se fue desintegrando.

En España, Mayada descubrió que Salam creía que Picasso, el pintor de fama mundial, era el nombre de un plato de comida. Y con eso, Mayada se dio cuenta de que había cometido el mayor error de su vida. Aun así, le aterraba la idea de que Salam pudiera morir en la guerra.

Esa mañana del mes de septiembre fue solo el principio de años de aplastantes pérdidas. La continuada guerra entre Sadam y Jomeini provocó la muerte de un millón y medio de hombres, mujeres y niños.

En realidad, el origen de las hostilidades se remontaba a la época en que Mayada era solo una niña. Durante la juventud de Mayada, Jomeini era un malhumorado aunque desconocido religioso. Convencido de que el gobierno secular del sha de Irán estaba arruinando la vida religiosa de la sociedad chií iraní, Jomeini fue categórico en sus críticas contra el sha. Entonces, un impaciente sha exilió a Jomeini, quien huyó cruzando la frontera hasta Irak, donde vivió durante quince años en An Nayaf, la ciudad santa chií. Jomeini continuó suscitando la disidencia contra cualquier dirigente que no acatara religiosamente los preceptos de la rama chií del islam, incluido el régimen de su anfitrión, Sadam Husein. En Oriente Próximo, los dictadores y los reyes se andan con cuidado con las declaraciones de los líderes religiosos, ya que muchos musulmanes están deseosos de dar la vida por estos hombres.

Un año antes del bombardeo de septiembre, Sadam había recibido una petición del sha para que exiliase a Jomeini de Irak. A cambio, el sha accedería a poner fin a la venta de armas a la población chií en Irak. Esa promesa fue bien recibida por el nuevo dictador iraquí, que era miembro de la minoría suní. Desconfiaba de la mayoría chií de Irak y consideró la sencilla petición como una forma fácil de contribuir a solidificar su mandato. Además, estaba furioso por la negación de Jomeini a criticar al sha en su nombre. El dictador actuó con rapidez para deportar de Irak al perjudicial religioso. Un año después, cuando Jomeini regresó de su exilio en París y asumió el control del gobierno iraní, demostró que en realidad era un enemigo acérrimo de Sadam Husein. Las tensiones siguieron su escalada y cuando los chiíes iraquíes formaron un grupo llamado Al-Dawa al-Islamiya, o La Llamada Islámica, que fue creado para protagonizar revueltas y exigir un gobierno fundamentalista inspirado en el modelo iraní, Sadam actuó contra la población chií de su propio país, llevando a cabo detenciones masivas en todos los pueblos chiíes y decretando sentencias de muerte de destacados líderes de esta secta. El Al-Dawa respondió con el intento de asesinato del ministro de Asuntos Exteriores iraquí, Tariq Aziz.

La histórica división entre dos contrincantes obstinados, Jomeini y el sha, había endurecido la animosidad entre los gobiernos de Irán e Irak. Al sentirse amenazado por un enemigo nuevo y cada vez más cascarrabias en la frontera, Sadam justificó un ataque militar al rechazar el Acuerdo de Argel de 1975 con Irán, que había otorgado a aquel país la soberanía de Shat al-Arab, un estrecho cauce de agua que era el único punto de acceso de Irak al golfo Pérsico. Durante siglos, ambos países habían discutido por los derechos de esta vía fluvial, así que la llaga era una herida conocida en la que Sadam metió el dedo.

La guerra fue una pesadilla que duró ocho años. Como muchos iraquíes e iraníes, Mayada y sus hijos pequeños vivían como animales asustados, refugiándose bajo la mesa del comedor o detrás del sofá mientras los pilotos de los bombarderos iraníes aparecían entre las nubes iraquíes, ansiosos por liquidar a todo iraquí en movimiento. Esa época aterradora jamás desaparecería de su memoria aunque viviera cien años. Jamás olvidaría esa vez en que las bombas y los cañonazos fueron tan intensos que corrió la voz en Bagdad de que los iraníes habían invadido la ciudad. Les había gritado aterrorizada a sus niños que se agacharan, que se escondieran debajo de la cama mientras ella iba corriendo de aquí para allá cerrando las puertas de la casa con llave y atrancando muebles pesados contra las ventadas, convencida de que en cualquier momento los niños y ella serían asesinados por los victoriosos iraníes.

La guerra llegó por fin a una cansada tregua el 20 de agosto de 1988, cuando Irán e Irak aceptaron la Resolución 598 del Consejo de Seguridad de la ONU, que exigía un alto el fuego. Los iraquíes se sintieron tan aliviados de ver el fin de una guerra tremendamente sangrienta que lo celebraron bailando en las calles durante más de treinta días.

Los iraquíes todavía estaban en el proceso de reconstrucción de su malograda infraestructura cuando una segunda puerta negra se abrió y Sadam envió a sus tropas a una misión en el desierto desde Bagdad, con órdenes de invadir a su pequeño vecino kuwaití. Esta invasión atrajo la furia de las naciones aliadas occidentales hacia Irak, lo que sumió al país en una nueva guerra e hizo creer a Mayada que los iraquíes pronto nadarían en ríos de sangre. No obstante, esta segunda guerra empezó y acabó tan deprisa por las grandes cantidades de bombas aliadas, que fueron lanzadas con precisión sobre sus objetivos militares y que en raras ocasiones se desviaban hasta zonas residenciales, que Mayada tuvo la sensación de que fue una mera escaramuza comparada con la guerra iraní. Sin embargo, en cuanto acabó el conflicto, aparecieron problemas de todas partes, con los alzamientos chiíes del sur y los levantamientos kurdos en el norte.

Mayada no sabía qué ocurriría a continuación. Su matrimonio había sido una farsa que al final había terminado en divorcio, y ahora, en plena guerra y caos, ella era la única protectora de dos niños pequeños. Se preparó para las riñas callejeras en Bagdad y corrió para reunir algunas provisiones de pan, huevos y agua. No obstante, para su sorpresa, los soldados aliados habían renunciado y simplemente se habían marchado tras su victoria sin entrar en Bagdad. Esto fue seguido por un breve período de idílica calma, que parecía raro y maravilloso tras el horror de dos guerras en solo diez años.

La tranquilidad no tardó en dejar paso a la desesperación, porque los bloqueos de la ONU amenazaban tras una tercera puerta negra. Para Mayada, los bloqueos resultaron más atroces que las guerras. El yugo diario de buscar tenderetes en el mercado con alimentos a precios razonables para preparar comida para sus dos hijos en edad de crecimiento era la labor más desmoralizante que había realizado en su vida. No hay dolor más atroz que el de mirar a tu hijo hambriento y no tener nada que ofrecerle. Se desesperó hasta tal punto que incluso vendió las reliquias de la familia, como las joyas de la medalla turca de su abuela, regaladas a Melek por el sultán. Mayada llevó mapas ancestrales y libros antiguos a vendedores ambulantes y se los vendió por una miseria en comparación con su valor real.

Hubo aún una cuarta puerta negra que esperaba a ser abierta, una que Mayada había sentido como una sombra que crecía desde el primer momento del reinado de Sadam. Oculto en silencio tras el ciclo aparentemente interminable de guerras y violencia estaba el aparato de seguridad interna del Partido Socialista Baaz: la policía secreta, que había sido creada por Sadam en 1968, cuando Mayada solo tenía trece años. El Estado policial creció a medida que ella se convertía en una joven adulta atormentando a cualquier iraquí que pasara por Baladiyat o cualquier otra cárcel, que provocaban las plegarias de millones de iraquíes: «*Ala Yostur*, que Dios nos libre y nos proteja».

Mientras permanecía tumbada en la oscura celda, Mayada se maldecía a sí misma por su falsa sensación de seguridad. La mayoría de los iraquíes vivían aterrorizados por el miedo a ser acusados de falsos crímenes en cualquier momento sin tener la oportunidad de ofrecer una explicación de su inocencia.

No obstante, esa primera noche en Baladiyat aclaró las ideas que Mayada tenía sobre Irak, y se prometió que si salía viva de la cárcel, no esperaría más tiempo del necesario para hacer las maletas y coger a sus niños. Se iría de su casa y de su país y no regresaría jamás, aunque tuviera que sentarse en las esquinas de Ammán y vender cigarrillos, tal como Samira había hecho.

El resto de las mujeres de la celda estaban durmiendo. Mayada empezó a oír pasos tras la puerta, y otras puertas empezaron a abrirse y a cerrarse. A medida que las voces se escuchaban mejor parecían más aceleradas; Mayada se preguntó si se habría declarado un incendio en la cárcel y esperó ver el humo colándose por debajo de una pequeña ranura que había en la puerta de su celda. Por cuarta vez en solo doce horas, temió que su tiempo en la tierra hubiera llegado a su fin. Sin embargo, no había señal alguna de fuego. En cuanto se relajó, Mayada oyó un grito que le puso los pelos de punta. Cuando el primer grito fue seguido por un segundo y luego por un tercero, se incorporó apoyándose en los codos.

Samira se acercó corriendo a su lado.

—No te preocupes —le susurró—. Traen a un grupo nuevo de torturadores por las noches. —En ese momento un alarido que encogía el corazón recorrió la cárcel. Samira posó la mano sobre el rostro de Mayada—. Sé que es difícil —le dijo—, pero intenta dormir si puedes. No sabes qué te depara el día de mañana, y estarás mejor preparada si estás descansada.

Sin embargo, Mayada no logró dormir y permaneció despierta durante el resto de la noche.

Incluso en la cárcel hay un muecín, y cuando llegó el alba, escuchó el canturreo familiar de la llamada a la oración, lo cual confortó su corazón musulmán:

—Alá es grande, no hay más dios que Alá, y Mahoma es su profeta. Acudid a la oración, acudid a la oración. Alá es grande, no hay más dios que Alá.

Mayada se levantó con esfuerzo de su litera de metal y se desequilibró al ponerse en pie intentando en vano huir del hedor del retrete. Se orientó hacia La Meca y oró a Alá. Mayada le pidió a Dios que resolviera su problema y que la sacara de Baladiyat lo antes posible.

Justo en el momento en que había finalizado sus oraciones, repartieron el desayuno. Observó con atención mientras las mujeres se encaramaban a la puerta para recibir pequeñas raciones de lentejas y pan, diminutas tazas de té y vasos de agua.

—Te conseguiré una bandeja —le dijo Samira.

Mayada respondió que no podía comer, pero le pidió a Samira que le guardara una cuchara de azúcar para recuperar energía. Sin embargo, se dio cuenta de que Samira apartaba una bandeja de lentejas coronadas con una hogaza de pan, con la clara esperanza de convencerla para que probase su reducida ración.

Después del desayuno, las diecisiete mujeres empezaron a hacer turnos para utilizar el único retrete. Por pudor, Mayada deseó que su cuerpo se cerrase, y decidió que un buen efecto secundario de su ayuno autoimpuesto sería la falta de necesidad de ir al retrete.

Se sentó en silencio al borde de la litera y observó al resto de las mujeres dando vueltas con prisa como si tuvieran un día ajetreado por delante. Unas cuantas reclusas hicieron una breve pausa lo bastante larga como para dedicarle a ella, su nueva compañera de celda, breves sonrisas de ánimo, y Mayada les correspondió.

De pronto se abrió desde fuera la pequeña ventanilla de la puerta y una voz ronca retumbó en la celda.

—Mayada Nizar Yafar Mustafa al-Askari.

El miedo le hizo flaquear tanto las piernas que no se podía poner de pie, pero Samira corrió hacia ella.

—¡Es un milagro! —le susurró—. Jamás llaman a una presa el primer día después de que la hayan encarcelado, sino que siempre dejan a la gente pudriéndose durante dos o tres semanas en este agujero antes del primer interrogatorio.

Mayada no tenía la sensación de que fuera un milagro, pero Samira intentó tranquilizarla.

—Nunca torturan a nadie a primera hora de la mañana. ¡Nunca! ¡Nunca! Te interrogarán, pero sin torturarte, ya verás.

Mayada sentía el cuerpo tan pesado que de no haber estado segura de que era imposible, habría jurado que le habían puesto plomo en los zapatos durante la noche. Samira tuvo que tirar de ella y después darle un pequeño empujón por detrás para llevarla hasta la puerta.

El hombre que estaba fuera le puso una venda en los ojos, lo que estuvo a punto de poner a Mayada histérica, pero tragó saliva tres o cuatro veces con rapidez y recordó las palabras de Samira; que no había sesiones de tortura por las mañanas. Una noche en vela combinada con el estómago vacío hacía que las piernas le temblaran. Chocaba todo el rato contra las paredes de los pasillos. Alguien situado detrás de ella la mantenía cogida por los hombros para que permaneciera orientada en la dirección correcta, incluso así le resultaba imposible caminar en línea recta. Al final, uno de los hombres blasfemó en voz alta, le arrancó la venda de los ojos y gesticuló enfadado para que avanzara y entrase en una habitación.

Uno de los guardias era bajito y regordete, aunque sus dedos no encajaban con el resto de su cuerpo. Eran alargados y huesudos, y los chasqueó con intensidad cuando le hizo a Mayada un gesto para que entrase. Ella siguió sus órdenes.

La habitación tenía el tamaño de un pequeño auditorio. Dentro había tres hombres sentados en una larga mesa. Llevaban uniformes del servicio de seguridad, todos tenían bigote, pelo negro y rasgos similares a los de un bulldog, eran tan parecidos entre sí que tuvo que morderse la lengua para no preguntar si eran parientes. Tuvo la inmediata intuición de que el hombre que se sentaba en el medio, con su mirada arrogante, era el jefe, y supo que estaba en lo cierto cuando ordenó al hombre sentado a su derecha que abriera una nueva página. La miró y le dijo que se sentara.

—¿Cómo te llamas? —le preguntó, como si no supiera a quién había llamado.

Mayada sintió pánico, creía que la iban a someter a un juicio sin la presencia de un abogado o sin ni siquiera darle a conocer los cargos que se le imputaban, pero les dijo que se llamaba Mayada Nizar Yafar Mustafa al-Askari, y el que tenía la misión de escribir tomó nota.

—La conocen con el nombre Um Ali —gritó el jefe— en los distritos de Al-Mutanabi y Al-Batawiyin —que eran los dos barrios de Bagdad donde estaban sus imprentas.

No le sorprendió que supiera que era la madre de Ali, pero le perturbó oír el nombre de su hijo en labios de aquel hombre.

De pronto el funcionario gritó tan alto que la hizo estremecerse.

—Escribe que es una suní ferviente seguidora de los chiíes. —Siguió mirándola—. Se suponía que hace dos años tendría que haber venido con nosotros, pero el doctor A. al-Hadithi la libró, todo porque su bisabuelo fue un hombre honorable en Irak.

Ella sabía que el doctor A. al-Hadithi ocupaba un puesto importante en el gobierno iraquí y que la tesis de su máster había tratado de los métodos educativos utilizados por su abuelo, Sati al-Husri.

—Lo que, por supuesto, fue una pena —añadió el interrogador con una sonrisa—, porque estábamos deseando poder interrogar a la nieta de ese bastardo de Nuri al-Said.

Procuró no mover ni un músculo de la cara. No le sorprendió oír cómo atacaba a Nuri, tío de su padre. Muchas personas le habían dicho que mientras su abuelo Yafar era querido por la mayoría de iraquíes de su época —que lo recordaban con mucho cariño, de hecho, y que sería difícil encontrar a alguien que le dedicase una mala palabra—, Nuri era harina de otro costal. Había sido un líder estricto y pragmático que hizo lo que creía que debía hacer para salvaguardar a Irak, país de reciente formación. Durante los varios años que había gobernado como primer ministro, se había ganado muchos enemigos.

El jefe se inclinó hacia delante y susurró algo bastante alto al oído del que escribía, Mayada aprovechó ese momento para mirar a derecha e izquierda. Se arrepintió de inmediato de haberlo hecho. Vio sillas con amarres, mesas abarrotadas de distintos instrumentos de tortura. Vio los cables eléctricos de los cargadores de baterías y un artilugio que parecía un arco con flechas. Pero el conjunto de instrumentos de tortura más aterrador era una serie de ganchos colgados del techo. Cuando Mayada miró hacia el suelo justo debajo de esos ganchos, vio salpicaduras de sangre, que supuso que eran restos de las sesiones de tortura que había escuchado durante la noche.

El jefe gritaba una pregunta tras otra.

—¿Tienes algún ordenador en casa? ¿Has impreso algún folleto que incite a derrocar a nuestro presidente? ¿Has contratado a rebeldes para que realicen tu sucio trabajo?

—No, no —respondía y repetía sin aliento, mientras decía—: Mi tienda trabaja con diseño gráfico comercial y mis empleados son ingenieros informáticos. Tienen una formación muy buena y jamás arriesgarían la vida por cometer actos ilegales como esos.

El jefe la descolocó por completo cuando cambió de tema de golpe y porrazo. Agravó de manera teatral su tono de voz y empezó a hacer preguntas sobre su madre. Quería saber dónde vivía Salwa y cuál fue el último cargo que ocupó en el gobierno, y si proyectaba volver y usar sus habilidades para luchar por la causa de Irak, y si Mayada había hablado con su madre últimamente y si era así, ¿cómo estaba la familia real de Jordania?

—Mientras fue directora general de Investigación y Estudios en la Oficina Internacional de Relaciones Públicas antes de jubilarse —respondió Mayada, farfullando—, todo el mundo sabe que mi madre vivía en Ammán. No estoy segura de si tiene planes de venir a visitarme a Irak, pero me encantaría llamarla y hacerle esa pregunta, si usted quiere...

—Veo que eres tan lista como tu tío paterno Nuri —le dijo el jefe, riendo con estridencia—. Ese hombre burló a todos sus enemigos hasta el día de su muerte. Pero su disfraz de cobarde cuando se vistió de mujer velada no lo libró de la muerte. —Sin hacer ni una pausa, le pidió una vez más que revelase la información ilegal contenida en sus ordenadores.

—Le estoy diciendo que no hay documentación ilegal en ninguno de mis ordenadores —respondió Mayada.

Él la miró a través de sus pobladas pestañas.

—Así es. Ya hemos examinado todos los archivos y discos de tus ordenadores. No hemos encontrado nada.

Mayada había permanecido sentada y aterrorizada; sabía que no había nada en sus archivos más que trabajos de impresión corrientes y molientes, aunque al escuchar las palabras del hombre se desinfló como un globo pinchado por una aguja afilada. Escuchar al interrogador decir algo así fue un alivio, un regalo tan precioso como un exclusivo diamante. Por primera vez, Mayada vio un pequeño rayo de esperanza de que podría vivir.

La frase del interrogador la llenó de valor.

—¿Cuándo me liberarán?

—¿Liberarte? —preguntó él, riendo—. ¿Quién ha dicho que íbamos a liberarte? —Mayada se embotó y miró a su interrogador con desesperación—. Pero puedes dar gracias a nuestro amado líder, Sadam —añadió el hombre—, de que nos haya ordenado que no usemos métodos violentos cuando hablemos con mujeres. Esas instrucciones han llegado esta mañana y te han salvado el pellejo.

El tercero de los hombres, que no había hablado hasta ese momento, de pronto se irguió en la silla y su voz sonó en un principio con decepción y después con indignación al conocer esa nueva información. Mayada se dio cuenta de que estaba tan airado que se imaginó que ocupaba el cargo de torturador jefe y que había estado durante todo el interrogatorio imaginando con avidez los diversos métodos que utilizaría para hacerla retorcer de dolor y desesperación.

—Muy pronto te freiré en una sartén —le gritó, incapaz de ocultar su frustración, esa amenaza común en Irak cuando alguien quiere decirte que te van a matar lentamente.

El jefe miró al tercer hombre y Mayada pensó por un momento que iban a discutir sobre su destino, pero el tercero se encogió ante la mirada fulminante del que estaba al mando.

—Vuelve a tu celda —ordenó el jefe—. No hemos terminado contigo y volveremos a llamarte mañana.

En ese momento, Mayada se sintió lo bastante valiente como para poner a prueba su conclusión.

—Si no han descubierto nada ilegal, ¿por qué estoy aquí?

—A lo mejor falta algo.

—Tengo unos hijos a los que crío sola —insistió ella—. Necesitan a su madre y tengo que ir a casa a atenderlos.

El jefe se removió en la silla y la miró directamente.

—Tu familia ha perdido su poder. Yafar está muerto. Nuri está muerto. Sati está muerto. Nizar está muerto. Salwa te ha abandonado. No hay nadie aquí que pueda defenderte.

Ella se quedó callada porque sabía que tenía razón. Desde que Sadam tomó el poder, Irak se había convertido en un lugar tal que sus carceleros podrían introducir falsa información en su ordenador y presentar esos datos a sus supervisores, esos hombres ascenderían poco a poco en la jerarquía de los mandos, convenciendo a los demás de que ella era en realidad culpable y que merecía sus torturas. Y ¿quién quedaba allí para ayudarla? Nadie; admitió para sí con tristeza que no había nadie a quien acudir.

La cara del presidente Sadam le vino a la mente, y especuló sobre cuál sería su respuesta si lo llamase al despacho de palacio y le pidiese con toda educación que intercediese por ella para obtener la libertad de la cárcel de Baladiyat. Había visto a Sadam en unas cinco o seis ocasiones, e incluso había recibido halagos y premios de sus manos por sus artículos. La habían seleccionado para traducir los textos de Nostradamus, una de las lecturas por placer de Sadam. Le interesaba mucho ese libro, puesto que creía que era uno de los personajes de fama mundial de los que se hablaba en las profecías del astrólogo. Mayada incluso había salvado otras vidas en el pasado rogando clemencia a Sadam. Sin embargo, no tardó en desechar la idea de hacer esa llamada, porque la libretita donde tenía su teléfono estaba oculta en un lugar secreto de su casa. Aunque hubiera tenido el número en el bolsillo y hubiera conseguido contactar con el despacho presidencial, supuso que Sadam no aceptaría su llamada, ya que no había hablado con él desde que el doctor Fadil había sido condenado y ejecutado por traición.

Miró durante un rato a los tres hombres que la interrogaban y se preguntó qué dirían si supieran que tenía el número de teléfono privado de Sadam. Aunque sabía muy en el fondo que no era una amiga íntima de la familia de Sadam a la que el presidente estuviera dispuesto a salvar. Además, era un paranoico que había traicionado e incluso asesinado a parientes cercanos de su familia. Si por casualidad oía que alguien le era desleal, aceptaba la acusación sin rechistar. Recordó cómo Sadam había confiado en el doctor Fadil durante más de veinte años, pero cuando se levantó una falsa acusación contra él, Sadam fue implacable.

—¡Venga! —le gritó el jefe—. ¡Apartadla de mi vista!

Mayada lo miró de forma deliberada durante un breve instante y se sintió tentada de preguntarle cómo era posible odiar a una mujer que no conocía, pero no se atrevió. Sacó fuerzas respirando hondo tres veces, luego se puso en pie y caminó poco a poco hacia la puerta, porque para ella era importante ocultar el miedo delante de aquellos hombres.

Los mismos guardias la esperaban en la puerta para llevarla de vuelta a la celda, y uno de los dos parecía dormido con la cabeza apoyada contra la pared. Mayada se aclaró la garganta y los dos hombres se sobresaltaron. Cuando ella atravesó la puerta, vio que otro preso estaba esperando para entrar en la sala de interrogatorios. Era en extremo delgado, casi fantasmal, y estaba acurrucado en el suelo. Cuando Mayada salió, él se puso en pie. Entonces ella pensó que más que un fantasma, parecía una palmera que se balanceaba. Tenía la cara cubierta de numerosos moratones y la mirada más triste que Mayada había visto jamás. Cuando un guardia lo empujó con violencia hacia la puerta de la habitación, ella acababa de salir. El guardia demostró una crueldad sin parangón, pues lo insultaba y le ordenaba que se moviera cuando estaba claro que el hombre no tenía fuerzas para mantenerse en pie. Mayada y el hombre delgado intercambiaron una mirada. Ella tuvo la intensa sensación de que aquel era el último día de la vida de ese hombre, pero sonrió, con la esperanza de que, de alguna forma, la sonrisa de una mujer le levantara el ánimo. Él debió de pensar lo mismo, porque se arriesgó tanto que se ganó un golpe en su amoratada cara cuando dijo:

—Póngase en contacto con mi familia. Soy profesor... —Pero sus palabras fueron interrumpidas. Lo levantaron por los pies y lo echaron a la sala de interrogatorios como un saco de paja seca.

De vuelta en la celda, había cierta atmósfera de emoción. Acababan de llegar dos presas nuevas, lo cual ascendía la cifra de reclusas a veinte. Cuando escuchó la noticia sobre las recién llegadas, Mayada buscó caras nuevas en la habitación. Pero Samira la llevó deprisa a la litera y le preguntó por todos los detalles del interrogatorio.

—Cuéntamelo todo —le pidió. Cuando Mayada se lo hubo contado, Samira se levantó y dedicó a Alá estas palabras—: Nuestra Mayada acaba de experimentar tres milagros. Yo llevo en Baladiyat cuatro meses y jamás he oído nada parecido. —Mayada sonrió. Samira era muy teatral. Se puso una mano en la cadera y gesticulaba con la otra—. Estos son los tres milagros. Número uno: los interrogadores han llamado a Mayada el día siguiente a su detención. Esto, como todas sabemos, nunca pasa. Esos crueles hombres siempre dejan a las nuevas presas sentadas en sus celdas para que sufran durante unos días. Número dos: Mayada no ha sido maltratada físicamente. Repito, esto nunca ocurre. Siempre te quieren torturar. Número tres: en realidad no le han hecho preguntas. El interrogador incluso ha admitido que el ordenador de Mayada está limpio. —Entonces Samira juntó las palmas de las manos—. Tres milagros. Esto quiere decir que Mayada no se quedará mucho tiempo en la celda 52. —Samira sonrió de oreja a oreja—. Pensemos todas las que estamos en la celda en los mensajes que queremos enviar a nuestras familias. Pronto liberarán a Mayada. En Baladiyat, los presos liberados son nuestro único medio para enviar mensajes al exterior.

Samira estaba tan entusiasmada que un pequeño destello de esperanza empezó a crecer en el corazón de Mayada, que sentía que su estancia en Baladiyat sería corta.

Pero justo en el momento en que empezaba a sentirse muy animada al pensar que pronto vería a Fay y a Ali, las mujeres oyeron la carrera de unas botas por el pasillo y a un policía del servicio secreto gritar:

—¡Se le ha parado el corazón!

Estaba prohibido, pero Mayada se puso de rodillas y abrió la rendija por donde metían el pie en la celda. Era el profesor. Estaba tendido en el suelo del pasillo. Mayada sintió el golpe de una intensa culpabilidad por no haber podido averiguar su nombre, para que alguien se hubiera encargado de dar la noticia a su familia.

—¿Por qué están tan disgustados? —se volvió, preguntándole a Samira—. Son ellos quienes lo han matado.

—Con algunos presos intentan obtener información adicional. Son expertos en mantener a los que están interrogando a un paso de la muerte. Para ellos es como un juego ver si pueden presionar a un ser humano haciéndolo bailar al borde de la tumba. Cuando un preso muere un segundo antes de lo que ellos quieren, lo consideran un error —le dijo Samira encogiéndose de hombros; era algo que Mayada ya había supuesto.

El trágico final del profesor cambió de inmediato el estado de ánimo de Mayada, que pasó de la dulce esperanza a la amarga tristeza. Volvió a la litera y se quedó tumbada en silencio. Había estado en la cárcel solo un día, pero ya le parecía toda una vida.

Los sonidos de las charlas de las otras diecinueve mujeres en la sombra se amontonaron en un diminuto espacio, y aumentaron hasta convertirse en un alto crescendo. Los hediondos olores del retrete trepaban por la ropa, la piel y el pelo de Mayada. Aunque el día no había hecho más que empezar, estaba cansada. Cerró los ojos. Se dejó llevar por la fuerza de sus recuerdos, pensó en el padre de su madre, su abuelo Sati, el hombre que se había convertido en una leyenda en el mundo árabe. Se preguntó qué habría dicho su Yido Sati, así era como lo llamaba, si hubiera sabido que su amada nietecita estaba encerrada en la conocida cárcel de Baladiyat.

3

Yido Sati

Tendida en silencio en su litera de metal, Mayada recordó la forma en que su abuelo materno, al que llamaba Yido Sati, cruzaba las manos por detrás de la espalda cuando se dirigía hacia su despacho o caminaba por el jardín. Recordaba cómo apoyaba el dedo índice en la cara mientras pensaba sentado en su mesa de escritorio; su mente volaba lejos en busca de soluciones para importantes problemas. Recordaba lo ordenado que era; todos los papeles que tenía en su enorme despacho estaban perfectamente clasificados, pese a su desbordante riqueza en libros y cuadernos. Recordaba lo mucho que le gustaba observarlo mientras ordenaba metódicamente los utensilios de oficina y sus plumas especiales cuando se preparaba para un día de trabajo.

Mayada cerró los ojos en Baladiyat y los abrió en el pueblo de Beit Meri, el tranquilo centro turístico en la montaña libanesa donde Yido Sati siempre llevaba a la familia de vacaciones a su casa de veraneo. De pronto era 1952, y Mayada vivía con sus padres y su hermana pequeña en Beirut. Era una niña, años antes de que la guerra civil de Líbano lo destruyera todo.

Era un determinado día de verano. Tenía siete años y Yido Sati era un anciano de ochenta y dos, e incluso a esa avanzada edad poseía el aspecto físico y la buena salud de un hombre veinte años más joven.

Yido Sati siempre fue conocido como el reloj despertador de la familia porque era el primero en levantarse todas las mañanas a las seis y media en punto. Ese día entró sigilosamente en la habitación donde Mayada estaba durmiendo con su hermana pequeña,

Abdiya. Cuando Yido Sati vio que Mayada parpadeaba al verlo, le susurró que no despertase a Abdiya y la invitó a acompañarlo en el desayuno. Halagada por esta invitación exclusiva, Mayada salió sin hacer ruido de la cama y se puso la pequeña y reluciente bata que su padre le había comprado en una tienda de ropa infantil en Ginebra.

El batín de seda de color rosa la hacía sentirse tan sofisticada como su elegante madre, Salwa, cuando se ponía un vestido de fiesta para algún deslumbrante acto social. Con esa imagen en la cabeza, Mayada hizo una gran entrada en la cocina, con el batín de seda arrastrándole por los suelos. Rió de felicidad cuando Yido Sati le retiró la silla e indicó que su princesita debía tomar asiento y acompañarlo en el desayuno. Por fin era mayor y se sintió orgullosa de sí misma por haber recordado beber el zumo de naranja sin sorber, y tragarse los huevos y las tostadas antes de hablar. Yido Sati desayunó tostadas, queso y té y habló de temas que sabía que interesaban a Mayada, como sus libros, sus dibujos y sus cuadros. Le prometió a Mayada que un día, cuando fuera mayor, la premiaría con un viaje de vacaciones especial a la ciudad llena de obras de arte que ella escogiera.

Después del desayuno, fueron sin ninguna prisa al balcón para admirar las vistas. Mayada miró la cara de su abuelo más que el paisaje y contempló sus ojos despejados de color miel que eran un manantial de bondad. Una vez había oído a una mujer insistir en que Yido Sati no era un hombre físicamente atractivo, pero que pocos lo notaban porque su increíble intelecto, sus inteligentes actos y sus ademanes afables proyectaban un aura de fuerza y honor llena de belleza. Mayada escuchó atentamente mientras Yido Sati le dio una breve lección de historia. Le dijo que el pequeño pueblo de Beit Meri había estado habitado desde la época de los fenicios y que había unas ruinas maravillosas de los períodos romano y bizantino, y que ella ya era lo bastante mayor para apreciarlas. Le prometió que visitarían las ruinas durante las vacaciones. Beit Meri estaba a 17 kilómetros del centro de Beirut y a 800 metros sobre el nivel del mar, y la casa de verano de Yido Sati se encontraba en una situación perfecta para tener una panorámica de la belleza natural de Beirut desde el balcón de la fachada. Otra vista maravillosa, la del profundo valle de Nanr el-Yamani, se extendía a los pies de la pequeña terraza de la parte trasera de la villa.

Era una mañana fresca, aunque el radiante sol brillaba sobre las sierras. Mayada permaneció de pie en silencio mientras Yido Sati contemplaba la encantadora ciudad de Beirut adentrarse en el Mediterráneo. La levantó en brazos para mostrarle algunos de los yates más grandes atracados en el puerto, que pertenecían a adinerados jeques de diversas naciones enriquecidas por el petróleo. Sati le contó que había estado en muchos de esos barcos en distintas reuniones de negocios. Según dijo, algún día llevaría a la familia a realizar un breve crucero por mar. Mayada disfrutó del rápido vistazo a los yates, porque sabía que Yido Sati jamás incumplía una promesa. Entonces intentó en vano encontrar su casa en Beirut, no pudo localizarla entre el amasijo de tejados de vivos colores que se extendía por la ciudad de crecimiento descontrolado.

Yido Sati siempre había insistido en realizar paseos matutinos, y después de analizar la belleza del escenario que los rodeaba, llamó a la niñera de Mayada, una mujer cristiana asiria llamada Anna. Le pidió que vistiera a su nieta para un corto paseo. Mayada recordaba la elegancia del cabello largo y negro añil de su niñera entre los dedos mientras Anna le metía por la cabeza a Mayada un sencillo vestido suelto de color azul. Se sentó y se quedó mirando los hermosos ojos verdes de Anna, enmarcados por las pestañas negras más largas que jamás había visto, mientras la mujer le ponía unos cómodos zapatos de paseo. Vestida para la ocasión, siguió feliz y contenta a Yido Sati desde el pueblo y por unas escaleras hasta salir a una calle curvilínea que los llevaría a Brumana, un pueblo cercano conocido por sus pintorescos y pequeños cafés, tiendas y restaurantes.

Sati y Mayada pasaron por delante de arriates de flores multicolores, y cuando ella se agachó a coger una flor abierta de color amarillo chillón, su abuelo le recordó con amabilidad que no estaba bien coger ni siquiera una flor diminuta sin pedirle antes permiso a su dueño. Pero le dijo que no se preocupara, que le compraría un ramo multicolor en Brumana y podría compartirlo con Abdiya. Sugirió que ambas niñas preparasen un bonito centro de mesa para la cena.

Mayada retiró a regañadientes la mano de la flor que había captado su atención y recordó una conversación que había oído entre sus padres. Su madre decía que su padre era el hombre más respetado en Oriente Próximo porque jamás había dicho una mentira en toda su vida. Se había mantenido tan fiel a sus principios sobre el nacionalismo árabe, que las autoridades británicas habían temido su influencia. Los gobernadores británicos le habían confiscado el pasaporte y lo habían escoltado junto con su esposa y sus hijos hasta la frontera de Irak con la estricta advertencia de que no regresara jamás a la tierra que amaba. Todos los líderes árabes le habían ofrecido la ciudadanía a Sati en sus respectivos países, pero él había rechazado la oferta con cortesía, argumentando que los árabes debían poder viajar de una tierra árabe a otra sin restricciones. Incluso sin pasaporte, Sati al-Husri fue bienvenido en todos los países árabes que no estaban controlados por los británicos.

Aunque ante la insistencia de Sati no había arrancado la colorida y perfumada flor, Mayada disfrutó muchísimo de su paseo. El camino estaba cubierto por una bóveda de pinos libaneses que daban una agradable sombra, aunque la cuesta era demasiado pronunciada para las cortas piernecitas de Mayada. Sin embargo, cuando Sati se dio cuenta de que su nieta avanzaba con cierta dificultad, aminoró la marcha y aprovechó el momento para preguntarle sobre sus asignaturas preferidas del colegio.

Mayada era una niña un tanto traviesa. Hacía muchos años, Yido Sati había sugerido a sus padres que su carácter alborotador mejoraría si la matriculaban en el parvulario y en la escuela primaria alemanes de Beirut, y los progenitores habían seguido su consejo. Aunque los instructores habían sido muy estrictos, ella había sacado provecho de la disciplina.

A Mayada le sorprendió tanto que Sati conociera tan bien sus clases y deberes, que empezó a preguntarse si se había metido a hurtadillas en las aulas. Dejó escapar un gritito de placer cuando le dijo que lo había impresionado tanto con sus dibujos que le había comprado un regalo consistente en pinceles y pinturas de artista, y que esperaba que celebrase una exposición formal. Mayada estaba tan emocionada con la idea que quiso dar media vuelta, volver a la villa para coger esos pinceles entre sus dedos y poder dar los primeros trazos magistrales en un lienzo. Sin embargo, su abuelo se rió y le dijo que para los artistas era importante tener ideas antes de meterse en la marabunta de la obra. Le dijo que le daba dos semanas para proyectar, pintar y organizarse antes de exponer su obra.

Su abuelo cumplió lo dicho; dos semanas después preparó con meticulosidad una exposición de los cuadros de Mayada. Tanto adultos como compañeros de clase acudieron a ver sus dibujos y muchas personas dijeron que llegaría a ser una pintora de fama internacional. No obstante, Yido Sati le advirtió que siempre fuera modesta con los cumplidos que recibía, y le recordó que nada importaba tanto como su satisfacción personal.

Siete años después, cuando Mayada estaba a punto de cumplir catorce años, Yido Sati falleció. Pasado poco tiempo desde su muerte, la madre de Mayada estaba revisando los importantes papeles del difunto y Mayada se conmovió hasta el llanto cuando descubrió, envueltos cuidadosamente en una caja de cartón con sus documentos más valiosos, sus dibujos infantiles.

Mayada todavía conservaba el recuerdo de esa mañana perfecta de verano en Beit Meri. Se sentía orgullosa de ser la única compañía de Yido Sati durante el paseo de aquel día, aunque cada vez que pasaban por un pueblo o se encontraban con alguien por el camino, los vecinos y la gente del pueblo inclinaban la cabeza y los saludaban con todos los honores. Todos los paseantes armaban un tremendo alboroto al ver a su abuelo. A ella no le sorprendía esa reacción, porque había sido así desde que tenía memoria.

Después de que los mismos británicos fueron obligados a dejar Irak, los iraquíes habían llamado a Sati al-Husri para que regresase al hogar. Él volvió exultante a las calles de Bagdad, que eran un hervidero de admiradores portadores de pancartas y escenario de una tremenda celebración que se propagó por todo el país. Siempre que Sati al-Husri viajaba a Bagdad para visitar a su hija, Salwa, estallaba un festival y su casa junto a la ribera del Tigris se llenaba desde primera hora de la mañana hasta última hora de la noche de visitantes, todos iban a brindarle respeto al hombre que cariñosamente llamaban «Padre del nacionalismo árabe».

Mayada prácticamente compartía cumpleaños con su abuelo. Sati al-Husri había nacido el 5 de agosto de 1879, y ella nació el 6 de agosto de 1955. La ambición de su madre era que su primogénito llegase el día del cumpleaños de su padre. Los padres de Mayada estaban de visita en Beirut cuando su madre salió de cuentas; Salwa estaba tan decidida a hacer coincidir las fechas de nacimiento que intentó provocar el parto caminando durante muchas horas por las calles de Beirut junto a su marido. Años antes, su padre le contó a Mayada que Salwa lo había obligado a recorrer toda la calle Bliss, que estaba cerca de la Universidad Estadounidense de Beirut, hacia el bar Uncle Sam, y luego de vuelta hasta la calle Sadat y Ain al-Miraisa. Pese a los esfuerzos de Salwa, no se puso de parto de Mayada hasta el día 6 de agosto.

Este vínculo especial entre sus cumpleaños era solo una parte de la relación ideal entre Yido Sati y Mayada. Yido Sati había estado comprometido de una forma extraordinaria con su nieta desde que ella podía recordar, fue una intimidad que fortalecía a Mayada, puesto que era el único abuelo que había conocido. Su abuelo paterno, el bajá Yafar al-Askari, había sido asesinado diecinueve años antes de su nacimiento. Aunque los estremecedores relatos sobre el bajá Yafar resultaban emocionantes, y aunque su padre, Nizar, al que le rendía una devoción ciega, se dedicaba en cuerpo y alma al recuerdo de su padre, esas historias no podían ser un sustituto de un abuelo como Sati, a quien podía ver en carne y hueso y que dedicaba un gran interés a todos los aspectos de su joven vida.

En 1879, cuando nació el abuelo de Mayada, Sati al-Husri, se estaba produciendo un enorme cambio en la región árabe. El sultán Abdul Hamid II era el soberano del vasto Imperio otomano, que tenía cerca de seis siglos de existencia a sus espaldas. Sin embargo, todo estaba listo para la disolución del imperio; los pueblos balcánicos estaban descubriendo su identidad nacional y se estaban liberando de los otomanos para forjar sus propias naciones. Mientras tanto, Rusia ejercía su presión en las fronteras otomanas hacia el este, al tiempo que Inglaterra avanzaba en dirección a Egipto.

El padre de Sati, Hilal, uno de los consejeros de confianza del sultán, era un hombre muy culto. Se había licenciado en Al-Azhar, una importante escuela teológica egipcia, y en el momento del nacimiento de Sati era juez supremo y presidente del Tribunal de Apelación en Yemen. El árbol genealógico de la influyente familia de Hilal al-Husri se remontaba hasta Al-Hasan ben Ali ben Abi Talib, el nieto del profeta Mahoma. Este indisoluble vínculo con la familia del Profeta había sido confirmado en Al-Azhar durante el siglo XVI.

Sati nació en la ciudad de Lahaj, en Yemen, donde su padre ocupaba un importante cargo gubernamental. Desde el día de su nacimiento, Sati había estado muy cerca de su adorada madre, pero su padre lo ofendía de forma constante al traer a otras mujeres a la casa de su madre. Cada vez que tenía lugar un nuevo matrimonio, Sati planeaba su particular venganza. Ponía cubos de agua en los balcones de las plantas superiores y esperaba hasta que las jóvenes novias pasaban por debajo para tirarles jarras de agua. Su madre era una mujer bondadosa y le rogaba a su hijo que pusiera fin a su mal comportamiento. Le aseguró que Alá le reservaba a ella mejores cosas en el cielo y que las pruebas en la tierra serían recompensadas con dignidad y gracia divinas.

El entusiasmo juvenil de Sati resultó ser tan perturbador que su padre lo envió a la escuela a una edad más temprana que la mayoría de los niños. Cuando tenía solo cinco años, su profesor de matemáticas había enseñado a la clase cómo resolver un problema concreto en cinco complicados pasos. Sati le dijo con discreción que podría resolverse solo con dos sencillos pasos. El profesor se molestó con el gran desparpajo del niño y le ordenó que saliera a la pizarra para ponerlo en ridículo y que se pudieran reír todos de él. En cambio, y para sorpresa de su maestro, Sati garabateó con rapidez su solución en dos partes. Sati era tan inteligente que solía matricularse en dos cursos a la vez cada año. Cuando finalizó con los máximos honores la escuela secundaria, fue el graduado más joven de toda la historia del Imperio otomano. A la temprana edad de trece años, Sati fue aceptado en la Real Escuela Shahani de Estambul, uno de los centros universitarios más exclusivos del imperio, donde consiguió su licenciatura en ciencias políticas en cuestión de un par de años. En esa época, su fama como intelectual había llegado a oídos del sultán. En cuanto se licenció, fue nombrado gobernador de Bayna en Yugoslavia, y mientras cumplía sus deberes como gobernador también presidía el sistema educativo del lugar.

El tiempo que pasó Sati lejos de Estambul y cerca de Europa fue la fase más inspiradora y enriquecedora de toda su vida académica. Viajó a los países europeos vecinos y frecuentó sus librerías. Visitó las bibliotecas de Roma y París y tomó parte en muchas conferencias sobre educación. Entabló amistad con importantes educadores europeos y asimiló sus teorías. El mayor interés de Sati era el estudio de las características nacionalistas de otros pueblos, para que los nacionalistas árabes estuvieran preparados para crear gobiernos e instituciones valiosas para su pueblo.

En 1908, Sati regresó a Estambul convertido en un hombre de 28 años, conocedor del mundo, pero entristecido al presenciar los postreros días del Imperio otomano. Durante los últimos años de los otomanos, justo cuando Yafar se empleaba en crear un mandato estable, Sati contribuyó a mejorar enormemente el sistema educativo. Tuvo tanto éxito en su cargo oficial que, tras la caída del imperio, el presidente Mustafa Kemal Ataturk, fundador de la moderna Turquía, dijo en repetidas ocasiones: «Mi único deseo es gobernar Turquía con la misma excelencia con la que Sati al-Husri dirige sus escuelas».

Las experiencias de Sati con sus numerosas madres adoptivas cuando era niño lo habían distanciado de la idea de contraer matrimonio siendo joven. Lo que más le importaba era su trabajo; sus únicas actividades sociales eran las audiciones de ópera y de sinfonías. Sin embargo, su profesión de educador lo condujo al amor, aunque el recorrido fue tortuoso. Sati era director de las *Yeni Mektebi* (las Nuevas Escuelas) en Estambul, donde topó con grandes dificultades a la hora de encontrar a profesores que hablaran inglés, francés y alemán con fluidez. Un día, uno de sus mejores amigos, Yalal Husain, mencionó que su única hermana, Yamila, era muy culta. Aunque Yamila era extraordinariamente rica, estaba harta y desesperanzada por su vida de lujos inútiles. Yalal creía que su hermana podría ser una profesora ideal para trabajar en el nuevo sistema escolar bajo la supervisión de su amigo de ideas progresistas, Sati al-Husri.

Sati se enamoró de Yamila Husain Pasha durante su primera reunión y hasta que ella accedió a casarse con él, todas sus energías se centraron en el cortejo de aquella extraordinaria mujer. El matrimonio de Sati con una hermosa mujer turca cuyo padre era ministro de la Marina y cuya madre era una sultana, o princesa, de la corte real del sultán, sorprendió a todo el mundo.

Yamila Husain Pasha era la única hija en una familia de seis hijos varones y era la favorita de su padre, Husain Husni Porsun, que era de Kosovo, localidad gobernada por los otomanos. Se convirtió en almirante de la Armada Otomana y su carrera de distinciones lo llevó al elevado cargo de ministro de la Marina de toda la flota otomana. La madre de Yamila, Melek, era otomana, y como primera prima del sultán por parte de madre, era miembro de la familia gobernante. Melek era una famosa belleza de piel tan blanca que la protegía con cuidado de los rayos del sol, y tenía unos ojos verdes tan brillantes que se decía que lanzaban deslumbrantes haces de luz cuando estaba enfadada. Melek era tan rica que sus riquezas la hicieron arrogante. Durante una hambruna terrible insistió en que seis caballos blancos recibieran un excelente cepillado y los mejores alimentos, aunque los ciudadanos otomanos estuvieran cayendo muertos de hambre por las calles. Incluso pasó haciendo cabriolas con los caballos por delante de la multitud hambrienta que empezaba a amontonarse en las murallas del palacio. Era conocida por quemar el dinero, pues disfrutaba al ver las caras de sorpresa de la gente que la observaba, y su casa era tan opulenta, con más de setenta habitaciones, que cuando murió la convirtieron en un enorme hotel.

Yamila tuvo suerte porque su padre no solo era un hombre culto, sino que era amable y le interesaba que su hija completase su educación al igual que habían hecho sus hijos. Sin embargo, en el mundo otomano, la educación de las mujeres era algo tan poco común que tuvo que disponerlo todo para que su hija fuera a estudiar a Estados Unidos. Cuando la extraordinaria noticia se propagó por el palacio, el sultán escuchó los rumores sobre la cuestión y mandó llamar a Husain a sus dependencias para decirle que no creía en la educación de las mujeres. El sultán afirmó que bastaba con echarle un vistazo a la propia esposa de Husain, Melek, para saber que la independencia de la mujer no podía traer más que desgracias a los hombres de la familia.

Husain no supo qué decir, porque sabía que el sultán y Melek se profesaban un odio mutuo, y le habían dado la suculenta información de que al despertarse por las mañanas, lo primero que preguntaba el sultán era: «¿Qué escandaloso acto ha realizado la prima Melek durante la noche?».

Sin embargo, una vez que el sultán expresó su deseo de que Yamila no saliera del país en busca de educación, Husain no podía contravenir su voluntad, porque eso hubiera supuesto la sentencia de muerte. Así que Husain contrató a tutores en secreto y su querida Yamila fue educada en casa. Se convirtió en una persona muy culta y hablaba con fluidez varias lenguas, sabía tanto como cualquier hombre sobre sociología, fisiología y psicología. Mayada sabía que esa era la mayor fuerza de atracción que sentía Sati por Yamila, porque era un hombre de tal brillantez intelectual que una mujer inculta hubiera sido incapaz incluso de atraer su atención, y por supuesto no podría haber logrado su amor y afecto eternos.

Yamila se dio cuenta enseguida de que Sati al-Husri era un hombre distinto a los demás, y correspondió a su amor y su respeto. La pareja se casó y tuvo dos retoños: una hija, la madre de Mayada, Salwa, y un hijo, el tío de Mayada, Jaldun.

Como única hija, Yamila heredó las posesiones de su madre, que llegaron a su hija, Salwa, quien entregó esos preciados tesoros a sus propias hijas. Mayada heredó algunas reliquias familiares valiosas y todavía poseía el «Decoro de la Perfección» que el sultán regaló a Melek. Esta proclamación, consistente en un documento con el sello del sultán, fue escrita con letras de oro y decía que en ocasión del decimoctavo cumpleaños de Melek sería obsequiada con diversos terrenos. El documento iba acompañado por un fajín y una medalla con incrustaciones de diamantes, perlas y rubíes, zafiros y esmeraldas. Mayada había heredado uno de los enormes diamantes y el documento, pero se vio obligada a vender la piedra preciosa en 1996 cuando vivía en la época de los bloqueos en Irak y estaba desesperada por alimentar a sus hijos. Aunque conservó el raro documento otomano con la esperanza de entregárselo como legado a su propia hija, Fay.

La desintegración del Imperio otomano produjo una ruptura tan abrupta con la tradición que muchas de las antiguas costumbres desaparecieron, pero esto también preparó el camino para que las nuevas ideas plantaran su semilla en un hombre como Sati al-Husri. Era tan inteligente que los reyes le pedían opinión y lo nombraban para ocupar cargos de poder.

La rememoración de Mayada sobre su abuelo Sati se vio interrumpida por el sonido de los llantos de una mujer. A Mayada le costó un par de minutos adaptarse a la luz del fluorescente que tenía encima, pero mientras se frotaba los ojos y miraba hacia la dirección de donde provenían los llantos, vio que la que lloraba era la más joven de dos mujeres que habían sido encarceladas a primera hora del día.

En ese momento, otras mujeres en la sombra se habían reunido alrededor de la joven, Aliya. Estaba tan apenada que nada que se hiciera o se dijera la consolaba lo más mínimo. Cuando Aliya empezó a gemir, Samira le cogió la cara con las dos manos y le susurró con tono autoritario:

—Tienes que controlarte, querida mía. Los guardias seguirán el rastro de tus lloros como los perros sabuesos siguen el rastro de un conejo. —Y añadió—: ¿Quieres que te lleven para hacer un poco de ejercicio de madrugada?

Mayada se estremeció con las palabras de Samira, pero sirvieron para enjugar el llanto de Aliya.

Cuando Mayada había regresado a la celda un par de horas antes, se había angustiado tanto por su situación personal que no había prestado mucha atención a las dos nuevas mujeres en la sombra. Sin embargo, en ese momento estudió a Aliya con curiosidad. Aliya había llegado con existencias suficientes para sobrevivir durante una larga temporada. Tenía mantas y almohadas, ropa de muda y ejemplares del sagrado Corán y otros libros de oración islámicos, e incluso raciones de buena comida, lo cual era muy poco frecuente en los intramuros de Baladiyat.

Mayada creía que no había mujer en la celda que pudiera ser más bella que Samira, pero Aliya era alta y esbelta, y tenía una cara encantadora. Su rasgo más llamativo eran sus ojos negros enormemente grandes y expresivos.

Aliya se acomodó en el suelo con las piernas cruzadas, al estilo iraquí, y el resto de las mujeres en la sombra se sentó junto a ella. Mayada se unió al grupo, aunque no estaba acostumbrada a sentarse en el suelo, porque su madre había insistido en que solo los sirvientes mal educados se sentaban así. Había enseñado a sus hijas a sentarse en sillas o sofás con las piernas colocadas de forma correcta.

Así que a Mayada no le sorprendió que, en cuestión de minutos, empezaran a dormírsele las piernas y empezara a cambiar el peso del cuerpo de un lado a otro. Aliya la miró con interés.

—¿Eres nueva aquí? —preguntó.

—No tan nueva. Llegué un día antes que tú —respondió Mayada.

Aliya asintió con la cabeza.

—Llevo detenida unos dos años —dijo—. Me han advertido que puedo esperar una sentencia de quince años.

Entonces Mayada entendió la profunda tristeza de Aliya, porque ella misma se sentía morir ante la idea de ser retenida en Baladiyat otro día con su noche. Tomó la decisión de que si le notificaban que iba a estar encarcelada durante quince años, se quitaría la vida mordiéndose la carne y clavándose los dientes en las venas, aunque el suicidio sea considerado un grave pecado en el islam.

Aliya hablaba con una voz dulce y callada.

—Soy de la Gobernación de Basora. Mi marido era un ingeniero con experiencia pero estuvo sin trabajo durante años. Tras el nacimiento de nuestro primer hijo, se sentía tan tenso por la desesperación que se fue de Basora y viajó a Jordania en busca de empleo. No encontró nada relacionado con su profesión y cuando encontró un trabajo de panadero lo consideró un milagro. Pasados dos años había ahorrado el dinero suficiente para alquilar una habitación en Ammán y en cuanto hubo amueblado la estancia con una cama, una mesa, dos sillas, una pequeña nevera y un hornillo me mandó a buscar a mí y a nuestra pequeña hija Suzan. Dijo que nos echaba tanto de menos que la añoranza afectaba a su productividad como panadero. Confesó que había quemado más de una docena de barras de pan mientras se lamentaba por el hecho de que su hija se estuviera haciendo mayor sin un padre que la guiara. Estaba seguro de que su tristeza lo haría quemar la panadería, así que se puso en contacto con mi hermano, que era general del ejército iraquí. Sé que no es normal que un chií sea general, aunque jamás le ofrecían comandancias importantes ni le concedían aumentos de sueldo, como hubieran hecho si fuera suní. Mi marido le pidió a mi hermano que nos preparase los papeles. Y lo hizo. Mi hermano es un hombre generoso y también le entregó 700.000 dinares iraquíes [350 dólares] para las tasas de nuestros pasaportes y me dio 100.000 dinares [50 dólares] para el viaje. Mi hermano accedió incluso a viajar conmigo como el *mahram* con el que estaba obligada a ir.

Después de las muertes de tantos maridos y padres, y de la debilidad económica en el interior de Irak relacionada con los bloqueos, algunas mujeres iraquíes habían huido a Jordania a través de la frontera para ejercer la prostitución y poder alimentar a sus hijos. Cuando Sadam descubrió que las mujeres iraquíes deshonraban a su país vendiendo sus cuerpos, ordenó que todas las mujeres viajaran con un *mahram*, que podía ser su marido o cualquier pariente masculino con el que la mujer musulmana no pudiera casarse, como su padre, un hermano, tío, sobrino, padre adoptivo, suegro o yerno.

Aliya prosiguió el relato de su historia.

—En la aduana iraquí en Trebil, se llevaron nuestros pasaportes para sellarlos y no tardaron en pedirme que me echase a un lado con mi hija y mi hermano. Empezó el caos más absoluto cuando dos miembros de la policía secreta empezaron a golpear a mi hermano con los puños. Se desmayó por la descarga cuando uno de los hombres lo atacó con una picana eléctrica. Mi hija de tres años empezó a chillar de miedo. Otros viajeros empezaron a gritar y se alejaron de nosotros. Al final, para restaurar el orden en la aduana, los guardias nos llevaron a un pequeño despacho. Chillaban y gritaban, exigían saber de dónde había sacado mi pasaporte. Yo me había quedado muda por el terror, pero, gracias a Alá, mi hermano ya había recuperado la conciencia en ese momento y les aseguró a los hombres que había pedido a una reputada oficina de Basora encargada de esos trámites que expendiera el pasaporte. Luego fue a recoger el documento y no había notado nada raro.

»Ese hombre horrible con la picana eléctrica gritó que yo viajaba con un pasaporte robado. Estaba tan furioso que nos dio una descarga a mi hermano y a mí. Los hombres no creyeron en nuestra inocencia y nos trasladaron a los tres al centro penitenciario de Al-Ramadi. Estuvimos encerrados tres semanas. Nadie nos interrogó ni nos torturó. Parecía que nos hubieran olvidado. Al final soltaron a mi hermano sin dar ninguna explicación, pero él no pudo hacer ni decir nada por mi caso, puesto que yo era la que tenía el pasaporte. Me tuvieron retenida en aquella primera cárcel durante seis meses. Mi hija estaba encarcelada conmigo. Mi pobre niña acudía conmigo a la sala de interrogatorios. La obligaban a mirar mientras me golpeaban. —El rostro de Aliya se llenó de tristeza con ese recuerdo—. Lo más difícil que he hecho en mi vida ha sido contener los gritos mientras me torturaban. Me golpeaban, pero yo me mordía la lengua hasta que sangraba. Quería ahorrarle a mi niña el terror de oír a su madre gritar. Uno de los guardias más malvados una vez ató a mi pequeña a una mesa, provocándome con la amenaza de que iban a torturar a Suzan. Me ataron a una silla para que no pudiera hacer nada mientras azotaban a la pequeña Suzan. Mi niña gritó hasta que el ombligo se le salió para afuera, y cuando los guardias lo vieron se pusieron a reír a carcajadas. Jamás había visto el ombligo de un niño salirse así. Pedí un médico, por supuesto, pero ellos se negaron. Así que le envolví el vientre con mi pañuelo. Pensé que el ombligo se le volvería a meter hacia dentro, pero no fue así. Lo peor llegó más tarde. Durante una de las sesiones de tortura, dos de los hombres amenazaron con violarnos a mí y a Suzan. Gracias a Dios no violaron a mi niña.

Aliya hizo una pausa y gesticuló en dirección a otra mujer en la sombra que estaba sentada a solas en un rincón.

—Rasha estuvo presente durante los peores momentos —dijo.

Mayada y las demás mujeres en la sombra miraron a Rasha.

Mayada pensó que era raro que esa mujer en la sombra en particular no se interesase por la situación de Aliya.

Aliya esperó a que Rasha confirmase su historia, pero Rahsa no hizo más que mirar a Aliya antes de volver a volcar su atención en su alfombra para la oración y dedicarle una reflexiva sacudida de cabeza, negándose a dar la confirmación deseada por Aliya.

Aliya suspiró.

—La pobre Rasha es tan inocente como yo —afirmó—. Éramos dos desconocidas. Ahora estamos unidas por algo que jamás podríamos haber imaginado. —Entonces Aliya se volvió hacia Rasha—. ¿Puedo contar también tu historia, Rasha? —Rasha se negó a hablar, pero gruñó. Aliya tomó aquel amargo sonido como un sí y continuó—: Un día estaba sentada en mi celda con la pequeña Suzan en brazos cuando la puerta se abrió de un golpetazo. Me encogí porque creía que me iban a llevar para pegarme más. En lugar de eso, alguien tiró al suelo a una mujer que había sido torturada casi hasta la muerte. Tenía la cara llena de profundos cortes y le habían abierto la cabeza. Le salía sangre por un agujero que tenía en la coronilla que al parecer había sido hecho con un taladro. Le habían arrancado tres uñas de la mano y le habían apagado tantos cigarrillos en las piernas que el olor a carne quemada no tardó en impregnar la celda. La mujer era Rasha. Todas las presas la atendieron para intentar salvarle la vida. Estuvo a punto de morir en dos o tres ocasiones, hasta que al final, una de las mujeres convenció a los guardias para que la llevaran al hospital. La trajeron de vuelta a la celda al día siguiente aunque no era muy lógico, y tuvimos que hacer uso de nuestros mejores conocimientos de enfermería para devolverla a la vida. Después de tres días, Rasha recuperó la conciencia. Desde el momento en que abrió los ojos, nuestra tristeza aumentó.

»Veréis, el misterio de mi pasaporte confiscado en Trebil era que en realidad el documento pertenecía a Rasha. Rasha había informado de la pérdida del pasaporte el año anterior. La habían encerrado desde ese día, y la policía secreta, convencida de que iba a desarticular una importante red de espionaje, intentó obligarnos a cualquiera de las dos a dar pruebas que inculpasen a la otra. —Aliya sacudió la cabeza de pena—. Los interrogatorios se volvieron más brutales. Cada día nos interrogaban por separado. Luego nos interrogaban juntas. Nuestros torturadores le arrancaban las uñas a Rasha mientras le exigían que les dijera a quién le había vendido el pasaporte. Luego me apagaban cigarrillos encendidos en las piernas desnudas, y me insistían en que admitiera pertenecer a una red de espionaje con Rasha. Puesto que nada de lo que decían era cierto, ninguna de las dos sabía qué nombre darles. La afirmación de que éramos inocentes no hacía más que acrecentar la rabia y las torturas.

Para demostrar cuánto había sufrido, Aliya se bajó el vestido hasta el codo y se levantó la falda hasta las rodillas. Muchas mujeres en la sombra lanzaron un grito ahogado. Aliya tenía los brazos y las piernas cubiertos con heridas profundas y en carne viva. Las peores cicatrices, sin embargo, le cruzaban el abdomen de lado a lado, los muslos y las nalgas, según les contó.

Mayada se dio cuenta con terror que los torturadores de Aliya la habían desnudado para humillarla mientras le infligían dolor, y se preguntó si la habrían violado, pero no formuló la pregunta, porque ninguna mujer musulmana admitiría jamás haber sido deshonrada de esa forma.

—Por algún motivo —dijo Aliya—, Rasha y yo hemos sido trasladadas de una prisión a otra. La peor cárcel estaba en mi ciudad natal, Basora. Estar cerca de casa y no poder ir es la peor tortura de todas. Sabía que mi familia estaba a solo unas calles de la cárcel mientras yo me consumía. —La cara de Aliya se empapó de lágrimas, pero siguió hablando—: Mientras estábamos encerradas en Basora se produjo un pequeño levantamiento en que la población exigió el derrocamiento de Sadam. El gobierno afirmó de inmediato que esa gente había iniciado un motín y detuvieron a miles de personas, se ordenó al ejército que echara abajo sus casas y encerrase a sus habitantes. Familias enteras fueron encarceladas. De pronto agruparon a hombres, mujeres y niños en celdas construidas para albergar a la mitad de personas. La gente empezó a morir por hacinamiento, hambre y enfermedades. Tuve que ver cómo agonizaban varios niños deshidratados lentamente hasta la muerte en mi propia celda. Intenté proteger a Suzan manteniendo su carita tapada con mi pañuelo, pero es imposible evitar que una niña de esa edad permanezca tranquila y quieta en los brazos de su madre día y noche. Así que cogió una terrible infección. Un día empezó a toser. Luego le salían mucosidades por la nariz. Se le cerraron los ojos por las legañas resecas. Poco después, mi niña lloraba sin parar. Desarrolló una grave tos y pronto dejó de reaccionar al oír mi voz. Pensé que iba a morir en cualquier momento. Pese a la enfermedad de mi hija, todavía me llevaban a torturar. Otras amables mujeres de la celda se ofrecieron voluntarias para cuidar a Suzan. Por primera vez no sentía el látigo del torturador. Solo quería que me azotaran deprisa para acabar con eso y poder volver con mi niña. Una vez entré en una sala de tortura y grité: «¡Azotadme! ¡Azotadme deprisa!», lo que sorprendió a mis verdugos. En realidad, esa fue la única vez que un hombre dejó su látigo y me dijo que regresase a la celda. Estaba obsesionada; solo podía pensar en mi hija.

»Gracias a Alá Suzan sobrevivió. Al año siguiente, nuestras vidas mejoraron un poco cuando mi hermano se puso en contacto con un hombre que conocía a uno de los guardaespaldas de Sadam. Ese hombre le dio a mi hermano información sobre dónde estábamos detenidas. Después de tres meses de pagar sobornos, mi hermano pudo venir a visitarme. —Hizo un gesto para indicar la pila de cosas que había traído—. Me trajo ropa y alfombrillas para rezar, mantas y comida especial. Incluso recibió una autorización para sacar a la pequeña Suzan de la cárcel, y ahora mi niña vive con mi hermano y con su mujer. Aunque jamás olvidaré cómo mi pequeña gritaba cuando mi hermano la cogió de mis brazos y se fue, es una gran bendición que ella esté a salvo.

Aliya empezó a sollozar y Samira le dio una palmadita en la espalda mientras terminaba la historia por ella.

—Nuestra Aliya es una mujer culta; es bioquímica. Incluso le han concedido varios títulos. Le prohibieron dar clases en instituciones públicas porque no era miembro del Partido Baaz, y daba clases particulares.

Entonces, Aliya empezó a llorar a conciencia.

—Mi marido es ingeniero. Ahora trabaja de panadero. Yo soy profesora y ahora me estoy pudriendo en la cárcel. Mi hija ya será una mujer cuando yo salga de aquí. Y jamás he hecho nada contra el gobierno.

Todos los ojos de la celda se anegaron en lágrimas de comprensión por Aliya.

A través de la pared, escucharon a Ahmed, el piadoso joven wahabí converso, que empezaba sus oraciones nocturnas. De pronto, sus oraciones se tornaron en gritos.

Mayada se puso tan nerviosa esta vez que se levantó de un salto y cogió del brazo a Samira.

—¡Lo van a matar! ¡Lo van a matar! —gritó.

—No —respondió Samira en voz baja—. Pero lo que le van a hacer es incluso peor, sobre todo para un musulmán devoto.

Mayada no lo entendió hasta que oyó cómo arrastraban a Ahmed hasta el pasillo, donde se detuvieron delante de la puerta de su celda. Los guardias violaron a Ahmed por turnos. Mayada estaba horrorizada. La brutal violación siguió hasta bien pasada la hora, hasta que Mayada oyó que uno de los guardias se reía como una hiena mientras le decía a Ahmed:

—Relájate. Ahora eres la esposa de tres hombres y tienes que complacernos a todos.

4

Sadam Husein

Con la cabeza todavía abotargada por los gritos de Ahmed, Mayada se sentó en silencio y observó cómo, una a una, las mujeres en la sombra se apartaban del lugar en que se encontraba Aliya. La joven permanecía sentada en el suelo sin decir nada, pese a la sugerencia de Samira de que organizaran su ropa de cama y sus víveres, que llenaban la diminuta celda. Aliya se miraba con tanta intensidad las manos, cerradas en un puño con fuerza y dobladas sobre su regazo, que Mayada se preguntó si estaría pensando en su hija y en que jamás volvería a tener la oportunidad de abrazarla y protegerla, porque Suzan sería una mujer y madre antes de que Aliya fuera liberada de Baladiyat.

Durante un breve instante, Mayada envidió el aislamiento de Rasha, con el convencimiento de que mientras escuchaba las historias del resto de las mujeres en la sombra, el peso de sus penas se mezclaba con el de las demás.

No obstante, incluso mientras pensaba aquello, Mayada sabía que jamás podría apartarse de esas mujeres en la sombra, porque no había tardado en aflorar en ella un verdadero afecto por sus compañeras. En ese preciso momento, Samira la sorprendió con un pequeño cubo de agua para lavarse la cara y las manos. Mayada sintió que su apesadumbrado ánimo se levantaba un poco. Aunque sabía que los presos no podían tener objetos cortantes, había descubierto que Samira era una obradora de milagros, y le preguntó si había alguna forma de encontrar un espejito de mano.

Samira miró a las demás mujeres en la sombra, luego asintió antes de volverse y rebuscar entre las pertenencias que había envuelto entre los pliegues de una áspera manta militar. Samira lanzó un gemido de satisfacción y se volvió con orgullo con un pequeño espejito roto en la mano, que agitó con entusiasmo.

—Hasta hace una semana —susurró Samira—, hubo una hermosa mujer encerrada aquí. Uno de los guardias se interesó por ella. Él le dio este espejo con la promesa de que no lo compartiera con las demás compañeras de celda. Cuando ese guardia fue trasladado a Basora, dio órdenes para que la trasladasen a ella también. La muchacha dejó el espejito.

Mayada pensó en el excesivo precio que había tenido que pagar esa pobre mujer por el especial interés del guardia, pero apartó ese pensamiento de su mente. Sabía que la violación era una forma de tortura utilizada tanto con mujeres como con hombres en las cárceles iraquíes, aunque las presas más atractivas eran violadas en repetidas ocasiones por muchos hombres. Por primera vez en su vida, Mayada se alegró de no ser una gran belleza.

Con un triste suspiro cogió el espejo de manos de Samira y contempló el reflejo de su imagen. Se estremeció sobresaltada; sin creer lo que había visto, le dio la vuelta al espejo varias veces, primero miró el reverso de plomo y luego el lado de cristal antes de reunir el valor suficiente para mirar su reflejo por segunda vez. Sí, la desconocida del espejo era en realidad la hija mayor de Nizar y Salwa, y la madre de Fay y de Ali.

Se tocó la cara con las yemas de los dedos. Se maravilló de que solo hubieran pasado veinticuatro horas desde su detención, porque tenía la piel suelta y caída, en forma de pequeños pliegues. Unas sombras que jamás había visto formaban un círculo en torno a sus ojos color avellana.

Mientras estaba sumida en esa visión, Mayada oyó a una de las mujeres en la sombra exclamar que incluso los perros en Irak recibían mejor trato que los presos, y oyó su propia voz gritar:

—¡No hay duda de que algunos perros reciben mejor trato que nosotros, pero no Mujtar, el dóberman de nuestro presidente!

Algunas mujeres en la sombra estaban ocupadas arreglando sus objetos personales, mientras otras se hacían trenzas en el pelo y otras se colocaban el pañuelo, pero al oír las palabras de Mayada, todas las mujeres a excepción de Aliya dejaron lo que estaban haciendo y se volvieron en dirección a Mayada.

Samira la miró.

—Mayada, pero ¿de qué tonterías hablas? —le preguntó con una vocecita cantarina.

—¿Un perro llamado Mujtar? —preguntó, con un tono que denotaba incredulidad, Rula, la mujer en la sombra más religiosa de la celda 52.

El escepticismo de Rula era comprensible, ya que Mujtar significa «el Elegido», y es solo uno de los muchos nombres que da Alá al profeta Mahoma en el Corán. Llamar a un perro Mujtar es el mayor insulto al gran profeta del islam.

Sin tomar en consideración las consecuencias de hablar sobre Sadam Husein, Mayada empezó a contar a las mujeres en la sombra lo que sabía.

—Sí —les dijo—, es cierto. Durante la época inicial, cuando Sadam todavía le tenía cariño a la madre de sus hijos, le había regalado a Sayida un dóberman llamado Mujtar. Y Sadam en persona lo había condenado a muerte. —Mayada prosiguió—: Creedme, preferiríais duplicar el tiempo de vuestra sentencia en prisión antes que sufrir lo que sufrió ese pobre perro.

—Cuidado con lo que dices —le advirtió Samira—. Si están escuchando —y agachó la cabeza hacia la puerta de metal—, te cortarán la lengua y te dejarán desangrarte hasta la muerte. No podremos hacer nada.

Todos los iraquíes sabían que criticar al presidente Sadam o a un miembro de su familia suponía la sentencia automática de cortar la lengua al culpable antes de morir, así que Mayada entendió lo que decía Samira. Se alejó de la puerta y se dirigió hacia la pared del fondo de la celda. Una vez allí, volvió a sentarse en el suelo y bajó el tono de voz hasta convertirlo en un susurro. Las mujeres en la sombra tenían curiosidad por escuchar su historia y empezaron a reunirse en círculo a su alrededor por segunda vez aquella mañana.

Mayada continuó hablando en voz baja.

—Esto ocurrió en 1979, durante los primeros días del gobierno de Sadam. Sayida y Sadam todavía no se odiaban, y por su nueva posición política, él se preocupaba por la seguridad de sus hijos. Sadam le compró a Sayida un cachorro de dóberman llamado Mujtar, solo Alá sabe por qué le puso ese nombre, y lo adiestró para que atacase a la orden de «¡Vamos, Mujtar!». Un día, Sayida estaba nadando, y cuando salió del agua para coger la toalla, el perro estaba en el borde de la piscina mirándola. Sayida es una mujer cruel que maltrata a sus sirvientes, así que no es la clase de persona a la que preocupen los sentimientos de los animales. No quería que el perro estuviera por allí y sin pensarlo, sacudió la toalla y dijo: «¡Vamos, Mujtar!».

»Sayida reconoció más tarde ante el doctor, un médico que atendía a mi familia en la misma época en la que atendía a la familia de Sadam, que sus palabras confundieron al perro y que Mujtar había mirado por todas partes, y al ver que no había nadie a quien detener, la atacó a ella. Sayida enrolló la toalla a toda prisa y se la metió en la boca al perro, pero en ese momento, los guardias de seguridad ya habían oído sus gritos y acudieron para llevarse a Mujtar. Así que ella no sufrió daño alguno.

Una mujer en la sombra joven y soltera llamada Sara soltó un gritito y se tapó la boca con la mano.

Mayada sonrió a la joven antes de contar el resto de la estrambótica historia.

—Cuando Sadam fue informado del incidente se puso tan furioso con el perro que celebró un pequeño juicio fingido. Me contaron que se sentó en su mesa con el perro enfrente mientras uno de sus guardias lo sujetaba con fuerza sobre una silla. Sadam era el juez y jurado y sentenció a Mujtar a morir de hambre y de sed, aunque el animal había actuado impecablemente tal como lo habían adiestrado. Antes de que el perro fuera sacado de la habitación para su ejecución, Sadam cogió una picana eléctrica y se la clavó al animal tres o cuatro veces con ensañamiento.

»Aunque lo peor era que Sadam no solo quería que el perro muriese, sino que afirmó que el delito de haber atacado a un miembro de la familia gobernante exigía un tormento prolongado antes de la muerte, así que condenó a Mujtar a sufrir durante el máximo tiempo posible. Sadam dio órdenes a sus guardias de seguridad de que encadenaran al animal a un poste metálico que estaba clavado junto a la piscina. Los guardias contaron más tarde que Sadam había dicho que sería divertido que el perro muriese de sed mientras estaba encadenado a un metro de una piscina llena de agua.

»Esa pobre bestia estaba encadenada con tanta fuerza al poste que tenía el cuello casi pegado a la barra, así que no podía ni sentarse ni tumbarse. Y allí se quedó, un día tras otro, bajo el sol abrasador, mientras Sadam lo observaba y se reía de los lastimeros aullidos del animal. Una o dos veces al día, Sadam y su hijo mayor, Udai, de quien todos los iraquíes saben que es incluso más cruel que su padre, propinaban descargas eléctricas al perro con la picana.

»Todos los habitantes de aquella despiadada casa tenían un corazón de piedra, salvo la hija pequeña, Hala, aunque los padecimientos del perro eran tan intensos que incluso Sayida se sentía molesta ante aquella visión. Sin embargo, claro está, nadie tenía el valor de quejarse a Sadam por el perro. —Mayada finalizó la triste historia—. Cuando el médico regresó a palacio para hacerle otra revisión a Sayida por un problema distinto, vio al agonizante Mujtar en esas penosas condiciones y le preguntó a uno de los guardias qué estaba ocurriendo. Cuando le contaron que Sadam lo había condenado a muerte, el médico reunió el valor necesario y volvió a la casa para decirle a Sadam que necesitaba un perro guardián y le pidió si podía quedarse con el animal. Por algún motivo, Sadam estaba de otro humor en ese momento, así que se encogió de hombros y le dijo al médico que se lo llevase. El médico fue hacia Mujtar e hizo que uno de los guardias le ayudase a cortar la cadena que estaba asfixiando al pobre animal. El médico me contó que en toda su carrera no había presenciado un sufrimiento tan intenso, y tuvo que contener las lágrimas cuando vio en qué condiciones se encontraba Mujtar. Como resultado de los esfuerzos del perro para liberarse, la cadena se le había clavado en la piel. El médico dijo que pensó que ya estaba muerto, pero cogió con la mano un poco de agua de la piscina y se la echó a la cara, entonces vio el parpadeo de un ojo. Levantó a Mujtar en brazos, lo metió en su coche y lo llevó a su casa, donde cuidó del dóberman hasta que este recobró la salud por completo. Aproximadamente un año después, cuando visité la casa del médico en Mosul, me alegró muchísimo ver al perro feliz. El médico me contó lleno de orgullo que el dóberman, que ahora tenía un nombre más adecuado, era una maravillosa mascota familiar. —Mayada rió—. ¡Si hasta tengo la foto del perro, sentado en el comedor con toda la familia!

Las mujeres en la sombra permanecieron sentadas en silencio. Aunque todas estaban sufriendo en manos de las fuerzas de seguridad de Sadam, albergaban la esperanza de que al conocer los detalles de sus vidas, el dictador intercedería y las liberaría. Sin embargo, con esa nueva información, comprendieron por primera vez que su presidente estaba totalmente desquiciado y que tal vez él era la causa de toda la brutalidad que tenía lugar en Baladiyat y en el resto de las cárceles de Irak.

Una pequeña mujer en la sombra con el pelo negro azabache y ojos azules, una joven llamada Eman, se dirigió a Mayada por primera vez aquel día. Aunque le asustaba mucho hacer una pregunta sobre Sadam, quería saber cómo se llamaba el médico que había salvado a Mujtar.

—Será mejor que no lo diga. Todavía es uno de los médicos de Sadam.

Eman asintió comprensiva. Cualquier iraquí que no fuera empleado del vasto equipo de seguridad de Sadam procuraba proteger a los demás con el único método que conocía, mantenerlos en el anonimato.

Su círculo fue interrumpido por los gritos de un hombre. Rogaba clemencia mientras lo arrastraban por el pasillo. Cuando pasó por delante de la celda 52, logró escaparse por un momento de las garras de sus carceleros. Lo oyeron llegar dando tumbos hasta la puerta metálica, y lleno de pánico, la golpeó desesperado con los puños, rogando que le dejaran entrar en la celda como si creyera que por ahí podría escapar. Pero los guardias se abalanzaron sobre él y quedó claro por los ruidos de los puñetazos que le estaban golpeando en la cara y el cuerpo. Después de una lluvia de insultos y golpes, se llevaron al sollozante preso.

La mirada de Mayada se cruzó con la de Samira durante un breve instante antes de que le preguntara por qué había tantas torturas esa mañana, puesto que le había dicho que no se torturaba a primera hora del día.

Samira se ruborizó, se encogió de hombros y levantó sus delicadas manos blancas en el aire.

—Hay veces en las que hacen una excepción.

Mayada sintió una sacudida de afecto, porque sabía que Samira había mentido para no preocuparla.

—Pero es cierto que llevan a cabo gran parte de las torturas por la noche —añadió Samira.

Rula murmuró que Samira decía la verdad.

Todas se quedaron sentadas en silencio y escucharon los gritos mientras se acallaban poco a poco, antes de que una mujer en la sombra de más edad que llevaba gafas de gruesos cristales dijera:

—Jamás había pensado antes en la crueldad de Sayida. Sentí pena por ella cuando Sadam tomó a Samira Shabendar como esposa más joven, y decidí entonces que me gustaba Sayida.

—Iman, ahora sabemos que has desperdiciado tu compasión —dijo Samira con un suspiro.

—Tenía una imagen equivocada —asintió Iman.

Mayada quería que el mundo entero supiese toda la verdad sobre la familia de Sadam.

—Es incluso más tonta que cruel, y puede estar agradecida a Sadam por no haberse divorciado de ella —susurró Mayada—. Sadam la odia y ella odia a Sadam. Lo único que tienen en común son sus hijos, y aunque todavía siguen casados legalmente, rara vez se ven.

—¿En serio? —preguntó Samira.

—Lo que digo es cierto.

—Cuéntanos toda la verdad sobre esa mujer —imploró Iman.

—¿Conoces a Sadam? —preguntó una de las mujeres en la sombra más jóvenes que se llamaba Muna.

Mayada no respondió, pero Samira rió en voz baja y juntó las manos.

—¡Pues claro que lo conoce! —susurró.

Incluso Aliya empezó a escuchar esa vez, y en silencio se unió al círculo.

—¿Nos hablarás de él? —preguntó Aliya, mirando a Mayada.

Mayada asintió sin dudarlo. Sí, hablaría. Para ella todo había cambiado en las últimas veinticuatro horas y había olvidado su habitual precaución de negarse a revelar lo que sabía sobre Sadam y su familia o sobre su círculo más íntimo de funcionarios. Había cambiado de forma tan radical desde la mañana de su detención que solo se lamentaba de tener un público tan reducido. Si podía conseguirlo, su público empezaría a multiplicarse hasta que el mundo entero pudiera escuchar lo que sabía sobre Sadam Husein.

—Pero habla en voz baja —suplicó una vez más Samira.

—Os lo contaré todo, desde el principio. —Luego le sonrió a Samira—. Y lo contaré entre susurros.

Era comprensible que Samira estuviera nerviosa por el tema.

—Tenemos que estar preparadas, así que si se abre la puerta, yo fingiré que estoy hablando sobre mis platos favoritos y Anwar —hizo un gesto hacia una mujer en la sombra de más edad de pelo rubio que Mayada todavía no conocía—, tú discutirás conmigo y me dirás que no sé qué es buena comida. El resto de vosotras empezaréis a hablar de cualquier cosa para que no se entienda lo que estamos diciendo. —Miró a Mayada y le dedicó una amplia sonrisa—. Esos hombres creen que somos un atajo de tontas.

Anwar asumió entre risas su papel en la farsa, y luego todas miraron expectantes a Mayada y le pidieron que continuase.

Mayada les contó que su madre conoció a Sadam en 1969, solo un año después del impopular golpe militar baazista por el que Ahmed Hasan al-Bakir se convirtió en presidente. Les recordó que el Partido Baaz no contaba con la aceptación de los intelectuales iraquíes, y que sus padres jamás habían sido miembros del partido. En realidad, cuando el Partido Baaz se hizo con el poder, se produjo una confusión política en Irak, y muchos antiguos funcionarios del gobierno esperaban a que las verdaderas caras de esos nuevos gobernantes se mostrasen antes de decidir si quedarse en Irak o huir a algún país árabe vecino.

—Habían invitado a mis padres a una embajada extranjera donde se celebraba una pequeña fiesta y, como era verano, se sirvió una cena bufet en el jardín. Mi padre, Nizar, estaba manteniendo una conversación con uno de los embajadores extranjeros invitados, y mi madre estaba llenando su plato mientras charlaba con la mujer del embajador libanés. Era un acto social normal y corriente, con invitadas que hablaban sobre los acontecimientos sociales de la temporada siguiente e invitados que hablaban de política, aunque todos se mostraban más precavidos que nunca porque se rumoreaba por Bagdad que los líderes baazistas eran muy contrarios a cualquier crítica. Mi padre me contó que los baazistas no tenían mucha paciencia con las discusiones políticas amistosas, que, como ya sabéis, son una inocente forma de entretenimiento frecuente en el mundo árabe; los hombres son famosos por sentarse durante horas en los cafés mientras se divierten con acaloradas discusiones sobre el partido gobernante del momento.

»Había mesas redondas cubiertas con manteles blancos y decoradas con arreglos florales repartidas por el jardín. La mujer libanesa sugirió a mi madre que buscasen un lugar para sentarse, y cuando vieron una mesa con dos sillas libres, se dirigieron hacia allá. Ya había dos hombres ocupándola, y ambos estaban comiendo. Mi madre me describió a uno de ellos, de quien dijo que era joven y atractivo. Comía con unos modales pausados y excelentes. Se fijó en eso porque la mayoría de los hombres iraquíes tienen unas horribles costumbres en la mesa, y los modales de ese joven lo hacían destacar. Mi madre dijo que el joven alzó la vista, le sonrió y la saludó sin presentarse. Más tarde, mi madre recordó que los ojos del muchacho eran de color negro azabache, tremendamente redondos y que tenían un brillo poco común que le recordaba por alguna razón a los ojos de un animal.

»Mi madre siguió hablando con la mujer libanesa, y después de un rato, la esposa del embajador de Kuwait pasó por la mesa, le pellizcó el brazo y le susurró al oído: "No sabía que lo conocías. Llámame mañana y me lo cuentas todo". Confundida, sin saber qué había querido decir la mujer kuwaití, mi madre no dijo nada y volvió a comer. Unos minutos después, el joven de ojos grandes se acercó a ella y le preguntó: "¿Qué tal, Ustatha [profesora] Salwa?". Ella respondió que estaba bien y le correspondió con la misma pregunta. "Bueno, es una pesada carga", fue su críptica respuesta. Mi madre contó que no tenía ni idea de a qué carga se refería, pero supuso que su comentario tenía que ver con problemas relativos a una familia numerosa o a algún asunto familiar. Entonces, el joven hizo un par de comentarios en los que ella no reparó mucho, porque había escuchado hacer los mismos comentarios sobre su padre a todos los iraquíes. "Soy un gran admirador de Sati al-Husri —le dijo—. Solía ir a visitar a su padre, Sati, casi todos los viernes cuando era un pobre estudiante de derecho en El Cairo. Le hacía muchas preguntas, pero ese gran hombre jamás me dejó plantado ni se cansó de contestarme." Mi madre le agradeció sus palabras antes de olvidar la tristeza que en ella evocaban; su padre, Sati, había fallecido el año anterior, solo cuatro meses después de que el Partido Baaz subiera al poder. Su ausencia le había dejado un vacío en el corazón. Quería preguntarle al joven su nombre, pero al pensar que sería de mala educación puesto que él había supuesto que lo conocía, no dijo nada. A esas alturas seguían los comentarios sobre su padre. "Siempre he dicho que Sati al-Husri podría haber sido el hombre más rico de Oriente Próximo si hubiera cobrado unas pocas monedas por los libros de texto que había escrito. Pero en lugar de cobrar por sus obras, se ganó el corazón de millones de personas."

Era un hecho bien sabido que los libros de Sati se utilizaban en todas las escuelas árabes y que él se había negado a recibir derechos de autor, argumentando que el conocimiento era como el aire y que debía ser gratuito, así que dio su permiso a todas las escuelas para imprimir y utilizar tantos libros como necesitasen sin cobrar nada. Aunque aceptaba los derechos de autor de libros vendidos en sitios tradicionales como las librerías, jamás aceptó cobrar los derechos de los libros que se utilizaban en la enseñanza.

—Mi madre se sentía avergonzada a esas alturas y puesto que creía que ese hombre tenía problemas de negocios, decidió que mi padre podría ayudarlo, y al final invitó al joven a que acudiera con su esposa a su villa. Ofreció la ayuda de mi padre para sus problemas. Mi madre dijo que los ojos del joven se iluminaron de inmediato de alegría, antes de bajar los párpados y sonreír. Más tarde, cuando mi madre descubrió que había estado hablando con Sadam Husein, el hombre conocido como «el Segundo», se dio cuenta de que justo en ese momento él se había percatado de que ella no lo había reconocido como el hombre que ocupaba el segundo cargo más importante del país.

Numerosas mujeres en la sombra rieron disimuladamente, casi incapaces de imaginar la sorprendente vida que había tenido la familia de Mayada, e incapaces de concebir que una madre hubiera estado tan segura de despreciar a los arribistas baazistas por ser una panda que sería derrocada con tanta rapidez que no consideraba necesario saber qué aspecto tenía el poderoso vicepresidente.

Por supuesto, al principio, Sadam había preferido no ser reconocido, y había evitado ser visto en público. El Partido Baaz tomó el poder en 1963, pero llegó y se fue con tanta rapidez que cuando regresó en 1968, la mayoría de la gente no lo tomó en serio, convencidos de que su segundo escarceo con el poder sería tan breve como el primero.

Sin embargo, todo el mundo subestimó a Sadam.

Aunque el futuro presidente solo tenía treinta y un años en

aquella época de la segunda toma del poder baazista, había aprendido de los errores de 1963, y era lo bastante inteligente como para permanecer en un segundo plano hasta que el futuro del partido estuviera asegurado. En la actualidad, todos los iraquíes saben que forjó la base de su poder en el partido a través del servicio secreto. Desde el principio, la Mujabarat —la organización de terror e intimidación del gobierno— había informado a Sadam, pero aunque él era el único arquitecto del terror y hubiera preferido aniquilar con sus propias manos a muchos iraquíes, hizo un esfuerzo coordinado por presentarse como un caballero refinado de modales exquisitos.

Mayada les contó que su primer encuentro con Sadam llegó en el momento más triste de su vida, por eso había borrado de forma deliberada cualquier recuerdo de ese episodio hasta entonces.

—Mi padre murió de cáncer de colon en 1974, y antes del funeral recibimos una llamada telefónica de Sadam, que todavía era vicepresidente. Nos expresó sus condolencias y dijo que esperaba poder acudir a la *fatiha* [el luto guardado por los hombres].

Cuando una familia está de luto en Irak, las puertas de su casa permanecen abiertas durante siete días. La gente entra y sale sin tocar el timbre ni golpear la puerta; ese día, un poco después de la llamada, un enviado del palacio presidencial entró en la casa de la madre de Mayada y entregó un sobre de Sadam. Cuando mi madre miró lo que había en su interior, vio que contenía 3.000 dinares iraquíes [10.900 dólares].* Con ese dinero podría haber comprado una casa, aunque afortunadamente ya teníamos un hogar. Mi madre insistió en que llamásemos a Sadam para darle las gracias, pero yo le recordé que en Irak no se reacciona así ante un acto de amabilidad. Aunque los iraquíes no agradecen los regalos hasta que ha pasado un tiempo, y lo hacen devolviendo un favor y no dando las gracias verbalmente, mi madre se mostró categórica al afirmar que sería de muy mala educación no agradecerle al vicepresidente iraquí su amable gesto. Dijo que le daba igual lo que hiciesen o dejasen de hacer los iraquíes. Mi madre se tomaba muy a pecho los prin-

* En 1974 el dinar iraquí era una moneda fuerte. Tras la guerra del Golfo, su valor se depreció enormemente. De ahí la gran diferencia en el cambio respecto a dólares. *(N. del E.)*

cipios de su padre, Sati, sobre el nacionalismo árabe y siempre decía que ella no era iraquí, ni siria, ni libanesa, sino que era árabe, simple y llanamente. Ella tendría buenos modales aunque yo no los tuviese.

»Puesto que mi madre no tiene hijos varones, era mi responsabilidad como hija mayor representar a la familia. Yo no quería hacer esa llamada. Desde mi primer día de vida recibí la influencia de mi padre. A él no le gustaba el régimen baazista, por eso a mí tampoco me gustaba. Aunque muchos de mis compañeros de facultad eran miembros del partido, yo jamás pertenecí a él. Como todas sabemos, los baazistas obligaban a todos los matriculados en la universidad a unirse a sus filas, pero los hijos y nietos de Sati al-Husri estaban exentos de esa norma. Aunque no éramos baazistas, gozábamos de prioridades en muchas cosas. Yo no quería hablar con Sadam Husein, un hombre del que mi padre desconfiaba. Pero no era fácil llevarle la contraria a mi madre, y por eso tuve que acatar sus órdenes. Yo solo tenía dieciocho años, pero llamé al vicepresidente a su línea privada. Noté que tenía una voz nasal, aunque era en extremo educado. Quería colgar el teléfono cuanto antes, así que le agradecí su amable gesto y luego esperé a que él se despidiera. Me dijo que lo sentía mucho pero que no podría acudir a la *fatiha*, y pidió que mi familia lo perdonase por ello. Se mostró tan humilde durante aquella conversación que me conquistó —admitió Mayada ante las mujeres en la sombra—. Me avergüenza reconocer que al colgar el teléfono me sentía partidaria de Sadam Husein.

Samira asintió comprensiva como otras muchas mujeres en la sombra. Al principio de su mandato, muchos iraquíes eran partidarios de Sadam Husein. Llegó al poder con ideas ambiciosas para mejorar el país y no tardó en hacer cambios que beneficiaron a la mayoría de los iraquíes. Había recibido la influencia de la creencia de Sati en la educación para todos los iraquíes, y emprendió un programa de construcción de escuelas en todos los pueblos para los jóvenes y adjudicación de profesores particulares para los ciudadanos de más edad. Más adelante se centró en la sanidad; construyó hospitales y clínicas. En unos pocos años permitió que las mujeres tuvieran acceso a todas las profesiones, creando una atmósfera de igualdad de oportunidades para las mujeres iraquíes desconocida en cualquier otro lugar de Oriente Próximo. Durante un corto período de tiempo, parecía que llegaban buenas cosas a Irak. Y, por supuesto, Sadam había tenido tanto cuidado a la hora de crear una organización de seguridad interna que los ciudadanos de a pie ni se imaginaban la clase de pesadilla de seguridad que asomaba por el horizonte.

—Mi madre era considerada una de las mujeres más chic en Irak, y viajaba a París con frecuencia para asistir a desfiles de moda, donde seleccionaba su vestuario de otoño o primavera. Sadam lo sabía, así que poco después de conocer a mi madre en aquella cena, ella recibió un catálogo de moda masculina remitido desde palacio, junto con una nota de Sadam donde le pedía que por favor hojease el catálogo y marcase cualquier conjunto de día adecuado para un hombre de su posición.

»Quienes lo conocían sabían que era un hombre a quien le encantaba la ropa; se cambiaba de traje cinco veces al día. Mi madre me dijo que sentía simpatía por un muchacho de campo que en su vida anterior había sido pobre, pero que ahora tenía la posición necesaria para comprar una casa de moda, si lo deseaba. Así que hojeó el catálogo y la ropa que Sadam había señalado porque le gustaba y se quedó sorprendida al ver que se inclinaba por las chaquetas de terciopelo que llevan los crupieres de las ruletas en las salas de juego y casinos, donde las chaquetas no tienen bolsillos por razones evidentes. Mi madre había estado en compañía de líderes mundiales durante toda su vida, así que no tenía reparos en decirle a Sadam que su elección no era la adecuada y que nunca, jamás, comprase un traje de terciopelo sin bolsillos. De todos modos, después de escribirle una nota sobre los trajes de terciopelo que ella consideraba de mal gusto, buscó en el catálogo, realizó una serie de selecciones más apropiadas e hizo que el chófer de la familia llevase el catálogo de vuelta a palacio. Más tarde, cuando Sadam salía por televisión en cualquier acto gubernamental, mi madre y yo lo veíamos llevar una serie de las prendas seleccionadas por ella.

Las mujeres en la sombra estaban anonadadas y le rogaron a Mayada que continuase.

—Tiempo después, en 1980, mi madre era la jefa de un comité que estaba compilando un exclusivo libro de fotografías de Irak. El libro era una producción muy cara con imágenes a todo color, y cuando estuvo terminado, Sadam, que había derrocado a Bakir en 1979 y se había autoproclamado presidente, recibió un ejemplar especial entregado personalmente desde el despacho de mi madre.

El libro le gustó mucho y le pidió a mi madre que acudiera a su despacho y llevara consigo a sus dos hijas. En ese época, Abdiya acababa de casarse y vivía en Túnez, así que fui yo sola con mi madre.

»Nos condujeron hasta el despacho de Sadam en cuanto llegamos a palacio. La guerra contra Irán todavía no había empezado, así que Sadam llevaba atuendo civil. Vestía traje blanco con una camisa negra y corbata blanca, y mi madre me dio un codazo en el costado. Yo casi me pongo a reír cuando la miré a la cara y vi que me lanzaba una mueca con los ojos bizcos porque el presidente de Irak parecía la versión juvenil del mafioso Al Capone con aquel traje. Más tarde, mi madre me dijo que Sadam Husein era un hombre al que nunca deberían permitir elegir su vestimenta. Sin embargo, su atuendo no tardó en dejar de ser un problema, porque guardó la ropa civil en cuanto estalló la guerra contra Irán. Jamás se le veía sin su uniforme militar, y mi madre dijo una vez que ese es el único beneficio de una guerra terrible.

»En junio de 1981, publicaba una columna de fin de semana en el periódico *Al-Yumburiya* titulada «Itlatat» [Perspectivas] y había escrito un artículo sobre el concepto del tiempo —comparándolo con el tiempo de Alá, que es infinito— y hablé de la teoría de Einstein y del tiempo inverso, y de lo mucho que me gustaría que el día tuviera cuarenta y ocho horas en lugar de las veinticuatro que tiene.

»Todos los miembros del periódico alabaron el artículo, y luego recibí una llamada inesperada de mi madre que decía que tenía que ir corriendo a casa. Alguien de palacio había llamado y volvería a llamar pronto. Colgué con algo de miedo. Me asustaba que mi artículo pudiera haber disgustado al presidente, que se había vuelto cada vez más irritable desde que había estallado la guerra, así que estaba intranquila. En cuestión de minutos, en cuanto regresé a casa, el teléfono sonó y quien llamaba era un tal Amyed. Era educado y se presentó como el secretario personal de Sadam. Dijo que el presidente quería verme a las cinco en punto de la tarde del día siguiente. Me dijeron que fuera a Al-Qasr al-Yumhuri, o el Palacio Republicano de Karada, a orillas del Tigris.

»Estaba cada vez más inquieta y no creía que pudiera soportar toda una noche preguntándome por qué me convocaba Sadam, así que le pregunté sin rodeos al secretario si pasaba algo. Amyed se rió y dijo: "No, no, qué va, es algo bueno, querida hermana, porque el presidente la ha elogiado por su trabajo". Sus palabras me tranquilizaron así que llamé a mi editor del periódico, Sahib Husain al-Samawi, y le conté lo que ocurría. Por supuesto, se sorprendió, y me dijo que en cuanto saliera de palacio fuera a su despacho y le informase de todo lo ocurrido.

»En esa época estaba casada, pero me iba mal con Salam. Aunque él estaba encantado con la situación y me dijo que pediría un pase en su campamento militar para ir conmigo a conocer al presidente. Su comandante le permitió tomarse el día libre para la ocasión. Así que a las once y media de la mañana siguiente, vino a casa, tomó un baño, se cambió de ropa y me aseguró que volvería a las cuatro de la tarde para llevarme a palacio.

»Mi matrimonio iba mal porque Salam tenía muchas amantes y cuando todavía no había vuelto a las cuatro y media, supe que había mentido una vez más. Corrí a coger un taxi que me llevara a palacio porque mi madre, creyendo que podía confiar en Salam, había usado el coche de la familia y el chófer la había llevado a una función de tarde.

»Llegué a palacio despeinada y sin aliento, cinco minutos antes de la hora acordada, aunque conseguí recomponerme. Me acompañó un joven secretario desde una gran habitación a otra hasta que al final llegamos a un enorme comedor, que estaba lleno de otros iraquíes que esperaban reunirse con Sadam. Pese a la guerra contra Irán, en palacio había abundancia de todo. A los invitados se les ofrecía zumo y una gran variedad de refrescos, servidos en vasos alargados de cristal, que costaban más de lo que un iraquí ganaba a la semana. Pasados unos minutos, todos fuimos conducidos a una segunda habitación, que estaba preparada para comer con una mesa de bufet dispuesta con todo tipo de comida. Había incluso un enorme montón del caviar Beluga más caro en el centro de la mesa, pero la mayoría de los presentes eran iraquíes pobres y jamás habían visto caviar Beluga, y se negaron a comer esas pequeñas huevas brillantes de pescado, incluso después de que yo les asegurase que era algo comestible, tremendamente caro y considerado una delicia en el mundo entero. Había una segunda mesa llena de dulces y toda clase de frutas: piña, mango y cerezas. Yo estaba demasiado nerviosa para comer, pero los demás engullían con entusiasmo. Una mujer con el pelo de color naranja chillón se acercó a mí. Hizo un intento de entablar amistad conmigo y me contó que estaba ansiosa por conocer a Sadam y que le había escrito una carta sobre la pérdida de una herencia y que estaba segura de que conseguiría recuperar su primogenitura. Me desveló que se había enamorado del presidente, y eso me hizo recelar, así que me fui al otro extremo de la habitación donde inicié una conversación con una mujer de más edad. Sin embargo, esa pobre señora estaba tan nerviosa que apenas pudo susurrar su nombre, y le temblaban tanto las manos que tiró dos vasos de zumo sobre la alfombra del presidente. Así que también me alejé de ella.

»Después de la comida, el grupo fue acompañado nuevamente al comedor, donde se sirvió el té. Nos sentamos y esperamos, y justo cuando estaba pensando que nos habían olvidado, un hombre vestido con uniforme militar entró en la sala y pronunció mi nombre. Al salir de la habitación, sentí las miradas de envidia clavadas en la espalda.

»Me llevaron a otro comedor, más pequeño pero más elegante que el grande. Pronto escuché una gran conmoción y militares que corrían y gritaban, y comprendí que Sadam había llegado a palacio. En cuestión de una hora, un segundo militar entró en la sala y me pidió que lo siguiese. A esas alturas ya estaba agotada pero hice lo que se me dijo. Me llevaron a una nueva habitación, que tenía una gran mesa de escritorio de madera en el centro con numerosas sillas tapizadas de color azul, decoradas con hojas doradas.

»El segundo militar me estrechó la mano y me felicitó, luego me dio instrucciones sobre cómo comportarme cuando me encontrase con el presidente. Su firmeza me asustó cuando me dijo que no tenía que hablar antes que él, ni tenderle la mano, sino que tenía que esperar a que él me la tendiera primero. Me sorprendió, porque Sadam se había mostrado tan asequible y sencillo la última vez que lo había visto… Pensé que la nueva cara de Sadam empezaba a salir a la luz.

—Tal vez esa era su verdadera cara y la otra era la falsa —dijo Samira riendo con disimulo.

Mayada asintió antes de finalizar su relato.

—Dos enormes puertas de madera fueron abiertas por un ujier militar. Sadam estaba sentado tras un escritorio en otra habitación.

Llevaba unas gafas de montura enorme que ya le había visto antes y estaba vestido con su uniforme militar, aunque su aspecto era bastante parecido al de la última vez que lo había visto. Era un hombre de tez morena con el pelo muy rizado y una pronunciada mandíbula masculina, y todavía tenía ese pequeño tatuaje de color verde botella en la punta de la nariz, el que se quitaría algunos años más tarde.

»Entonces Sadam me sorprendió con una sonrisa y me tendió la mano, que yo estreché siguiendo las instrucciones que había recibido. Me preguntó: "¿Cómo le va a nuestra escritora creativa?". Le contesté a la manera iraquí, diciendo que mientras él estuviera sano y fuerte, todos los iraquíes estarían bien y tendrían éxito. Entonces me preguntó por todos los del periódico y yo le informé que me habían pedido que le transmitiese su afecto y respeto. Sonrió de oreja a oreja antes de decir: "He leído tu artículo sobre el tiempo en el periódico y es excepcional. Eres la digna nieta de Sati al-Husri. Estaría orgulloso de ti. —Entonces me dio una palmadita en el hombro y añadió—: Quiero que me prometas que, pase lo que pase, tu pluma seguirá escribiendo en nombre de nuestra gran revolución. Escribe lo que te dicte tu integridad e irás por buen camino".

»Le agradecí sus palabras y luego me preguntó si me encontraba a gusto en mi casa. Le contesté que sí y pareció contento. Dijo: "Eres la hija de Salwa. No necesitas nada ni a nadie", lo que me pareció un comentario extraño, pero después de pensar en lo que había dicho y en la forma en que lo había dicho, entendí que me estaba haciendo un cumplido, porque mi abuelo Sati había educado a su hija para ser una mujer fuerte con opiniones propias e insistió en que aspirase a una educación de interés, que le diera independencia, y una mujer con todas esas cualidades era una rareza en Irak.

»Sadam llamó a alguien por teléfono y entró un fotógrafo en la habitación que sacó varias fotos. Sadam me sorprendió cuando me besó en la frente y me pidió que siguiese siendo un orgullo para Sati al-Husri. Entonces, en el último momento, me dijo: "El simple hecho de pensar en tu abuelo, Sati al-Husri, y en lo que defendía, me hace sentir orgulloso de ser árabe". Luego me estrechó la mano por última vez y me acompañó a la puerta.

»Cuando entré en la habitación contigua, el hombre llamado

Amyed, que había sido mi primer contacto relacionado con esa visita a Sadam, me entregó un sobre y dos cajas de piel. Me indicó que había un coche esperándome para llevarme a donde yo quisiera. Le dije que me llevase al edificio del *Al-Yumburiya*, donde me reuniría con mi jefe, Sahib Hussein al-Samawi, tal como le había prometido.

»Cuando llegué a casa abrí el sobre y, una vez más, había exactamente 3.000 dinares iraquíes. En el interior de las dos cajas de piel había dos relojes. Uno era un carísimo Patek Philipe con diamantes incrustados en oro blanco y el nombre de Sadam escrito en su interior, y el otro era un reloj Omega de oro con la foto de Sadam en la esfera. Le gasté una pequeña broma a mi madre. Cuando llegó a casa, yo llevaba puesto un reloj en cada muñeca. Mi madre se partió de risa. Llevé uno de los relojes durante semanas, pero pronto guardé los dos en un cajón porque no podía soportar ver la cara de Sadam o su nombre cada pocos minutos.

»Un par de días después, un enviado de palacio fue al periódico y me entregó una carpeta de piel con un ribete de pan de oro. Dentro había dos fotos de Sadam conmigo. Sahib enmarcó una para el periódico y la puso sobre mi escritorio, y mi madre enmarcó la otra y la colocó en una librería de la sala de estar.

Mayada hizo una pausa y miró las caras de las mujeres en la sombra. Ellas la estaban mirando, esperando a que contase más historias. Samira dijo que no debía parar, que no les había contado los detalles de su encuentro con Sadam. Mayada rió y dijo que no tardaría en quedarse sin voz, pero que compartiría con ellas los momentos más importantes de otros dos o tres encuentros.

—En 1982 —prosiguió—, escribí un relato para la revista *Fonun* titulado «Este hermoso silencio», que estaba relacionado con la guerra pero que era ante todo un relato romántico sobre una mujer que le contaba a un hombre que no necesitaba palabras para expresar lo que sentía por él, porque su amor era como una larga poesía. Mohamed al-Yazaeri, que era el editor jefe de la revista en la que apareció el artículo, me había llamado el día en que se publicó el relato. Me dijo emocionado que el ministro de Información, Latif Nusaif Yasim, iba a entregarme una carta, una gran cantidad de dinero y una televisión. Tenía que presentarme en el ministerio a la mañana siguiente a las diez en punto.

»Esa noche la pasé en vela —comentó Mayada—. Me sorprendía que el relato romántico hubiera interesado a Sadam.

—¿Por qué te sorprendió tanto? —preguntó Iman—. Todos los iraquíes saben que Sadam es un hombre romántico.

—Eso es verdad —afirmó Aliya—. Mi hermano el general conoce a uno de sus guardias y dice que Sadam es un forofo de las historias de amor entre una hermosa mujer y un valiente guerrero. Debe de haberse visto reflejado en el artículo.

—Bueno, a lo mejor —asintió Mayada—. En cualquier caso, a la mañana siguiente me presenté a las diez en el ministerio. El ministro de Información fue muy complaciente y dijo: «Sus relatos siempre hacen que Abu Udai [padre de Udai, es decir, Sadam], nuestro gran líder, que Alá lo proteja, se sienta feliz con su lectura». El ministro Yasim me informó de que me transmitía las palabras exactas del presidente y que él le había pedido que me dijera: «Leer sus textos es como un soplo de aire fresco mientras [Sadam] está realizando sus tareas nacionales (refiriéndose a la guerra contra Irán)». El presidente se disculpaba por no haber podido estar presente durante la felicitación, porque se encontraba en el frente dirigiendo a los héroes iraquíes.

Mayada no les contó el resto de la historia, que había tenido un doloroso final para ella. Ese artículo fue publicado por segunda vez a la semana siguiente con una referencia al premio de Sadam, o *takrim* como lo llaman en Irak. La presentaban como la autora y habían incluido su foto y en consecuencia recibió sacas de cartas de soldados del frente. Jamás olvidó una de las cartas escrita por un soldado anónimo. Le confesaba que siempre había buscado sus artículos pero que no volvería a hacerlo nunca, porque ahora sabía que ella era «uno de ellos» —refiriéndose a los partidarios de Sadam— y que solo escribía lo que le indicaban. La carta la hirió mucho porque sabía que jamás le habían ordenado que escribiese algo en concreto. Mayada no escribía sobre opiniones políticas, que siempre tenían que seguir la línea del partido; simplemente escribía lo que sentía sobre la vida y el amor, y lo único que ocurría es que Sadam se había interesado por sus textos.

—Me entregaron un tercer *takrim* en 1983 —les dijo a las mujeres en la sombra— cuando regresé de un largo viaje gubernamental a Sudán y escribí un artículo titulado «Rayos de sol verticales», refiriéndome al intenso calor de Sudán, y en él hablaba de la pobreza del país. Estar en esa tierra me recordó lo mucho que amaba Irak.

»Una vez más, el Ministerio de Información me comunicó que iba a recibir un *takrim* del presidente y que debía presentarme en palacio a las cinco menos cuarto del día siguiente. Aunque ya estábamos a finales de noviembre, todavía hacía calor. Al llegar me sorprendió ver la entrada de palacio abarrotada de una multitud de hombres, mujeres y niños, y pensé por un momento que se estaba celebrando una feria o cualquier otra clase de actividad abierta al público. Sin embargo, al echar un segundo vistazo, me di cuenta de que la multitud no estaba contenta: todos parecían tristes. Las mujeres iban vestidas de luto por sus hijos o esposos mártires caídos en el frente. Pensé que el palacio parecía tan miserable como los pobres iraquíes desperdigados por el césped y luego recordé que todos los beneficios de las ventas del petróleo se destinaban a la guerra, así que no debería de haberme sorprendido. De repente me di cuenta de que la multitud estaba allí para recoger dinero. Sabía por las noticias que todas las viudas, o cualquier familia que perdiese un hijo, recibía 5.000 dinares iraquíes [15.500 dólares] por su sacrificio. Estos pagos se consideraban *diya*, o compensaciones por la muerte. Conocía el procedimiento. Sadam recibía a todas esas personas, de cinco en cinco. Cada una de ellas le entregaba una carta al presidente, donde se explicaba cómo había muerto el padre o el hijo. Sadam leía la carta y luego escribía unas instrucciones en ella, indicando la cantidad que debía recibir cada uno. Acto seguido, la persona de luto llevaba la carta al Departamento de Contabilidad del palacio donde le abonaban la cantidad.

»Aunque el gobierno hizo los pagos al principio, el dinero no tardó en acabarse. Había demasiados soldados muertos. Más tarde me contaron que los gobiernos saudí y kuwaití eran quienes se encargaban de poner los fondos para las indemnizaciones. Irán se había convertido en el matón del barrio, y la familia Al-Sabah de Kuwait y los Al-Saud de Arabia Saudí recompensaban a los iraquíes por protegerlos de Irán.

»Cuando entré en palacio, el secretario me condujo al despacho de Husain Kamil, un hombre que era funcionario adjunto en ese momento pero que un día contraería matrimonio con la hija mayor de Sadam, Raghad, y en consecuencia se convertía en uno de los asesinos en quien más confiaba Sadam. Pero en cuanto esas bondades se presentaron en el camino de Kamil, todo acabó cuando Udai, el hijo mayor de Sadam, se puso celoso por las enormes sumas de dinero que Kamil se embolsaba gracias a diversos proyectos gubernamentales. Udai se convirtió en enemigo acérrimo de su cuñado. Convencido que Udai, cuya locura era conocida por todos, acabaría asesinándolo, Kamil huyó a Jordania y humilló a Sadam con su deslealtad cuando empezó a informar a los enemigos de Irak de todo lo que sabía sobre el programa armamentístico de su país. Cuando Sadam lo engatusó para que regresase a Irak asegurándole que estaría a salvo e incluso jurando sobre el Corán que no le haría daño al padre de sus nietos, Kamil cometió el error de volver y, por supuesto, fue asesinado pocos días después.

»Aunque ese día, cuando lo conocí, Kamil todavía no se había ganado el favor presidencial... ni podría haberse ganado los favores de nadie. —Empezó a reír y se tapó la boca con la mano—. Reconozco que sentí un rechazo inmediato hacia Husain. No tenía nada que ver con el hecho de que era un hombre feo, bajito, con una enorme nariz ganchuda que se curvaba sobre un tremendo y poblado bigote. Sentí mucho asco al mirarle a los ojos. Tenían la mirada llena de desprecio hacia todos los que lo rodeaban, incluyéndome a mí.

»Sin embargo, cumplió su deber con diligencia. Yo estaba allí con un poeta y un músico, que habían sido invitados para recibir galardones culturales. Ambos eran peculiares. El músico era un hombre alto y moreno con una mirada que irradiaba alegría. Había compuesto una canción patriótica popular que era bastante pegadiza, y Sadam había ordenado que se tocase en todos los toques de retreta militares. La letra decía: "Oh, tierra, tu suelo es mi *kafur* [la sustancia que los musulmanes esparcen alrededor del sudario de un muerto antes de enterrarlo]". ¿Os acordáis de la canción? —Varias mujeres en la sombra empezaron a hacer gestos de asentimiento y Samira inclinó la cabeza mientras tarareaba algunas notas.

»El poeta era el opuesto físico al músico, era bajito, enjuto y de piel amarillenta. Había compuesto un poema que elogiaba la grandeza de Sadam, una oda al amor que los iraquíes sentían por su presidente. Pronto los tres fuimos conducidos a otra habitación. Me llamaron para ver a Sadam antes que al poeta y que al músico. Cuando los dejé, estaban tan atolondrados por su primer encuentro con Sadam que el músico se puso en pie y empezó a cantar su canción, mientras el poeta empezó a recitar su poema. —Samira rompió a reír y Mayada también rió—. Me alivió dejarlos a ambos atrás. Sin embargo, seguí escuchando sus voces resonar hasta llegar al final del pasillo. —Todas las mujeres en la sombra se unieron a las risas. Mayada se dispuso para hablar y continuó—: Ese encuentro fue diferente a todos los demás. Cuando vi a Sadam, parecía preocupado. Entendía la razón de su malhumor. Durante aquellos días, la guerra contra Irán no iba muy bien. Sadam había subestimado a Jomeini. Todavía me estremezco al recordar que Jomeini utilizó a niños pequeños como dragaminas. ¿Cómo iba a vencer Irak a un enemigo así?

»Sadam me felicitó por mi artículo y dijo que le encantaba que tuviera unas opiniones tan libres. Dijo que no esperaba menos de la nieta de Sati al-Husri. Empezó a hablar con prisas cuando me contó que sin importar qué pensaran los demás, él quería que hubiese diversidad entre los escritores. Afirmó que eso era lo que yo le daba a la gente. Dijo que lo complacía y que lo último que deseaba era que un periodista llevase uniforme. Jamás olvidaré que dijo que el pueblo necesitaba pensar en algo que no fuera la guerra. Añadió que el amor de una mujer fiel era el sueño de todo hombre. Me quedé tan de piedra con su discurso sobre la "libertad" que fui prácticamente incapaz de contestarle. A continuación me sonrió y dijo: "Vamos a hacernos una foto". Noté que tenía mucha prisa por cumplir con sus visitas, así que le dije que ya era la orgullosa propietaria de una foto con Su Excelencia. En realidad no quería quitarle mucho tiempo, teniendo en cuenta la guerra que estaba en marcha. Cuando dije aquello, se rió por primera vez. Dijo: "Pues vamos a hacer más fotos y, si sigues escribiendo con ese talento, tendrás un álbum en el futuro". Después de sacarnos la foto, me preguntó si necesitaba algo en particular, porque quería hacerme un regalo especial. Estaba de tan buen humor que le confesé lo que en realidad quería. Le dije que deseaba ir a visitar a mi madre a Londres con mi pequeña Fay. Salwa estaba convaleciente tras una operación. Me preguntó si quería que Salam fuese con nosotras, pero yo le respondí que mi marido estaba combatiendo en el frente y que no pensaba apartarlo de ese deber tan importante. Y entonces, así de fácil, con un chasquido de sus dedos, Sadam me dijo que mi deseo estaba concedido. Jamás me han sorprendido tanto. Como todas sabemos, los iraquíes tienen prohibida la salida del país durante la guerra, a menos que sea por cuestiones gubernamentales. Me quedé allí de pie, sin habla, mientras él llamaba a su secretario y daba órdenes para que comprasen los billetes de mi niña y el mío. Nos íbamos a Londres. A continuación, Sadam me impresionó incluso más con la orden de que me dieran 5.250 dinares iraquíes [16.275 dólares] para el viaje. Jamás olvidaré la mirada del secretario. Yo no era miembro del círculo de allegados del presidente, así que se quedó sorprendido de que fuera merecedora de esa excepción.

»Aunque mi estilo literario interesase a Sadam, sabía que mi relación con Sati era una importante razón de que tuviera tantos privilegios. Cuando me fui de palacio pensé en que el respeto y la admiración que se había granjeado mi abuelo, Yido Sati, de todos los iraquíes, incluido Sadam Husein, influía en ese momento de mi vida de una forma muy positiva. Se lo agradecí a mi Yido y deseé que me hubiera oído.

»Desde ese momento, me llegaron noticias de que Sadam seguía mis artículos. En 1984, la Agencia de Noticias iraquí de Londres llamó a mi madre cuando estábamos de visita en Inglaterra, para informarle de que los artículos de su hija habían sido nombrados los mejores textos de 1983 por el presidente Sadam Husein. Me sorprendió que los artículos que más interesaban a Sadam fueran varios textos que había escrito sobre la predicción del futuro. Fue en los días más aciagos de la guerra, y la adivinación estaba adquiriendo una gran popularidad en Irak. Los iraquíes buscaban soluciones por diversas vías poco ortodoxas. También había escrito un artículo relacionado con la parapsicología. Formaba parte de un programa exclusivo para Sadam, que estaba supervisado por la Dirección de Vigilancia de Publicaciones, organismo perteneciente al Ministerio de Información, aunque, en realidad, funcionaba como un departamento aislado.

»Un día recibí una llamada telefónica de palacio para comunicarme que Sadam quería hacerme unas preguntas sobre esa investigación. Acudí a palacio con la esperanza de que estuviera de buen humor. Sin embargo, todavía se sentía alicaído por la marcha de la guerra contra Irán. Sadam fue directo al grano. Me contó que estaba muy interesado en algo llamado PES (Percepción Extrasensorial), y quería que realizase una investigación especial para él de las experiencias extracorporales. Entonces me contó que los rusos estaban realizando un trabajo excelente en ese campo. Trabajé cuanto pude en la investigación y la presenté al comité. Pero no recibí ninguna noticia de Sadam y olvidé el asunto. Más tarde, en 1986, recibí un mensaje de la Federación de Periodistas. Me contaron que el presidente Sadam Husein se había quedado tan impresionado por esa investigación en particular que me había regalado dos parcelas de tierra. Esos terrenos estaban en una localidad llamada Saidiya, en Bagdad. Y ese fue uno de mis últimos encuentros privados con Sadam.

Samira no quería que la mañana de cuentos llegase a su fin.

—¿Y la mujer de Sadam? Has prometido que nos contarías más sobre ella —le recordó.

Mayada asintió y accedió, pero antes de que pudiera contar esas anécdotas, uno de los guardias apareció de pronto por la puerta. El hombre lucía una sonrisa maliciosa, y cuando pronunció el nombre de Samira, ella rompió a llorar porque sabía que se la llevaban para torturarla.

Cuando Samira salió de la habitación, las mujeres ya no estaban de humor para chismorreos. Mayada se levantó del suelo y se arrastró en silencio hasta su litera, y las demás mujeres en la sombra volvieron poco a poco a sus camas. Todas se sentaron a esperar, porque sabían que cuando Samira regresase necesitaría su apoyo. Saber lo que le estaba ocurriendo a Samira entristeció tanto a Mayada que no pudo hacer otra cosa que desesperarse. Unas horas después, la puerta se abrió y tiraron a Samira al interior de la celda, donde cayó sobre un montón de cosas que había en el suelo. Su ahogado llanto atrajo a las mujeres a sus pies, y todas se reunieron en torno a su cuerpo roto. Con una rápida mirada, Mayada vio que Samira sangraba por la nariz y los oídos, y que tenía los brazos cubiertos de quemaduras de cigarrillos.

A Mayada empezaron a correrle las lágrimas, entonces se agachó y ayudó a Samira a ponerse de pie. Por algún motivo vio de pronto la cara de su amable padre. Él le había enseñado a ser amable, diciéndole que si no discutía, nadie en el mundo podría discutir con ella, pero mientras estaba allí mirando a Samira, tuvo la gran certeza de que su padre se había equivocado.

5

La esposa de Sadam, «la señora» Sayida

Ansiosas por ayudar a Samira, dos o tres mujeres en la sombra intentaron levantarla, pero Samira se les resbalaba y volvía a caer al suelo. También Mayada se alargaba para alcanzar a Samira, pero para su sorpresa, se le nubló la vista y al principio le pareció que el brazo de Samira se volvía pequeño y distante y luego enorme y muy cercano. Temblando, Mayada se acercó hacia la pared de la celda y se quedó allí en silencio. Aunque sentía el frío del grueso cemento en la cara y el cuerpo, la oscuridad que la rodeaba era casi total, y las mujeres en la sombra parecían figuras neblinosas, como humo que asciende en espiral y se dispersa con rapidez.

El ángulo de visión de Mayada disminuyó aún más y se volvió hacia la pared en busca de comodidad. El cemento estaba quebrado y Mayada notó por primera vez las hendiduras del muro, delgadas muescas hechas con las uñas. Retrocedió alarmada. Sabía que las marcas de esas garras pertenecían a otros iraquíes locos por huir del infierno en el que su vida se había convertido de forma inesperada. Mayada consiguió colocar sus propias manos sobre el cemento surcado y descubrió, con horror, que sus dedos encajaban a la perfección. Deseó gritar y salir corriendo, pero no había ningún sitio al que escapar. Era una presa en una celda diminuta junto a otras mujeres. Se dejó caer sobre el muro y luchó por recobrar la compostura. Aunque no podía hacer nada, logró escuchar cómo las demás se esforzaban por ayudar a Samira.

Los recuerdos de un día que ahora quedaba ya muy lejano se empezaron a agolpar en el horrendo presente. Corría el año 1982, y el doctor Fadil pasó por casa de Mayada para una breve visita, con objeto de devolver dos libros que había cogido prestados de la completa biblioteca de su madre. Poco tiempo después de que se fuera, Mayada oyó el timbre de la entrada. Su madre estaba sentada en el jardín trasero leyendo un libro, así que Mayada se levantó para ir a abrir la puerta. Vio, con cierta sorpresa, que su visitante era Um Sami, la madre de una familia del barrio.

Aunque ambas familias eran vecinas, no tenían una relación íntima; sus encuentros anteriores se habían limitado a una breve reunión seguida por los corteses saludos de turno al cruzarse por la calle. Sin embargo, últimamente, Mayada y su madre habían encontrado ocasión para hablar con Um Sami, ya que cuando la conocieron era una mujer con sobrepeso, pero en cuestión de semanas su obesidad había desaparecido y ahora estaba delgada como un junco. Lo más destacable era que Um Sami había sido vista más de una vez paseando por su jardín mientras se mesaba los cabellos y se tiraba de la ropa, claras señales de que estaba de luto. De hecho, solo una semana antes de su inesperada aparición en la casa de la familia Al-Askari, Mayada se había acercado a preguntar si algún pariente había fallecido. No obstante, Um Sami le había hecho un gesto de que se marchase y ella había obedecido.

En ese momento tuvo la esperanza de descubrir la causa del llanto de la pobre mujer.

Um Sami se quedó durante un rato en el umbral antes de hablar.

—¿Ese que he visto era el doctor Fadil? ¿El jefe de la policía secreta? —preguntó con ansiedad.

Mayada asintió, consciente de que cualquier iraquí reconocería al doctor Fadil, porque su foto salía a menudo en los periódicos o en las noticias. Algo terrible debía de haberle ocurrido a ella o a su familia.

—Sí —musitó Mayada—. Ese era el doctor Fadil —confirmó.

—¡Tengo que saber qué ha sido de mis dos hijos! —exclamó Um Sami al tiempo que se lanzaba en brazos de Mayada—. Tengo gemelos, Omar y Hasan. Solo tienen catorce años. Fueron al mercado a comprarse una pelota de fútbol nueva y no han vuelto.

Mayada tuvo la amabilidad de invitarla a sentarse en la sala.

—Venga, siéntese —la apremió.

—Hemos buscado por todo Bagdad —dijo Um Sami, gimoteando—. Hemos ido a los hospitales. A las comisarías. A los cementerios. No hemos encontrado nada, nada, ¡nada! Mis niños bonitos han desaparecido.

Mayada le sirvió con rapidez un vaso de agua, luego se sentó enfrente de su angustiada vecina. Mayada perdió la mirada en la cara de la mujer, la cogió por los hombros caídos y de las manos, que le temblaban de forma descontrolada. Um Sami dio unos sorbos y con cuidado colocó el vaso sobre la mesita redonda que estaba junto a ella. Se aclaró la voz antes de proseguir con su historia.

—Esta mañana, mi marido ha recibido una llamada de teléfono anónima. El que llamaba era un hombre que decía ser un antiguo prisionero de la policía secreta. Había estado en una celda con nuestros hijos. Dijo que nuestros niños le habían dado el número de teléfono. Por lo que hemos podido averiguar sobre lo ocurrido, iban caminando por la calle cuando dos hombres los atacaron y empezaron a golpearlos y abofetearlos, acusándolos de que estaban mirándolos. Eran miembros de la Mujabarat. —Se volvió hacia Mayada con mirada de desconcierto—. ¿Mirar? ¿Desde cuándo mirar es delito?

—Continúe —dijo Mayada, juntando las manos.

—Mis hijos todavía son unos niños. —Um Sami empezó a abofetearse la cara y a gritar—. ¡Todavía son estudiantes! ¡Jamás se han metido en líos!

Mayada sintió náuseas al recordar haber visto a Omar y Hasan jugando al fútbol en la calle. Ambos niños eran educados y guapos, siempre estaban sonriendo. Los gemelos dejaban de jugar en cuanto escuchaban a Mayada poner en marcha el coche para salir a la calle. ¿Esos niños estaban en la cárcel? ¿Por el «delito» de mirar? Esa era una ofensa que le constaba que no estaba escrita.

—¿Qué puedo hacer yo? —murmuró. Um Sami tenía una mirada indecisa, incierta cuando le tocó la mejilla a Mayada con una mano—. Sé que el doctor Fadil puede ayudarnos. Por favor, llámelo por mí. Pregúntele si me puede ayudar a encontrar a mis hijos. —Con un largo y pálido dedo empezó a golpearse de forma mecánica la mejilla—. Sé que están en la cárcel. La persona que llamó los describió a la perfección. Altos, delgados, con el pelo castaño. Cada uno con una peca en la mejilla. ¿Cuántos gemelos hay que correspondan con esa descripción en Bagdad? —Su voz era dulce, luego volvió a insistir—. El que llamó dijo que los estaban torturando.

¡Torturando! Tengo que encontrar a mis hijos. —Con esas palabras, Um Sami empezó a abofetearse la cara una vez más hasta que Mayada la cogió por las manos y se las retuvo con fuerza.

Mayada sabía que lo más prudente era no hacer nada, pero le resultaba imposible ignorar la pena de Um Sami. La pobre mujer se sentía tan abatida que Mayada le hizo una promesa a regañadientes.

—Me pondré en contacto con el doctor Fadil. Mañana. Le pediré que averigüe dónde están sus hijos. Si están en la cárcel y puede encontrarlos, él hará que los suelten.

Um Sami se levantó de un salto y empezó a besar a Mayada sin parar en ambas mejillas.

—Sabía que me ayudaría.

En ese momento, la atención de ambas mujeres fue atraída por el ruido de un televisor que se había encendido. Habían empezado las noticias de la noche. En la pantalla de la televisión apareció la figura sonriente de un hombre mientras las imágenes de soldados y fuegos artificiales le servían de fondo. Empezó a cantar una canción de Sadam, una melodía que tocaban antes de cada informativo:

Oh, Sadam, nuestras victorias.
Oh, Sadam, nuestros seres queridos.
Tienes el amanecer de la nación
entre los ojos.
Oh, Sadam, todo va bien
contigo.
¡Alá! ¡Alá! Somos felices,
porque Sadam ilumina nuestros días.

La imagen de Sadam Husein apareció de repente en la pantalla. Primero lo mostraban dando palmaditas en la cabeza a colegialas ataviadas con vestidos de blanco prístino. Luego lo mostraban saliendo con aire resuelto a un balcón para saludar a sus seguidores que se encontraban debajo. Reapareció la imagen del presentador del telediario y continuó cantando alabanzas a la grandeza de Sadam.

Mayada y Um Sami contemplaron la imagen del presidente en la pantalla del televisor, y luego se miraron. Ninguna de las dos dijo lo que pensaba, pero Mayada tuvo la sensación de que Um Sami pensaba que Sadam era malvado.

Con los años, los iraquíes habían sufrido un ciclo de esperanza y desesperanza tras incontables golpes de Estado e intentonas golpistas, lo que produjo que el ciudadano de a pie perdiera el contacto con su gobierno. En 1968, cuando el Partido Baaz conquistó el poder del gobierno de la época, los iraquíes tuvieron la esperanza de que el nuevo partido no sería simplemente otro tirano que reemplazase al anterior. Y al principio, Sadam había cautivado al pueblo y se había hecho querer por él. Pero en ese momento, el velo que ocultaba a Sadam del escrutinio popular se estaba levantando y el pueblo empezaba a entrever al tirano que se ocultaba debajo.

Um Sami hizo un intento de sonreír, pero lo único que consiguió fue una mueca de dolor al tiempo que se dirigía a la puerta.

—Se lo dije a mi marido —iba repitiendo—, sabía que usted podía ayudarme. Sabía que podía ayudarme.

A la mañana siguiente, Mayada se levantó temprano. Se vistió y fue a trabajar una hora antes de lo habitual para poder llamar al doctor Fadil a su despacho y explicarle el problema.

Al principio, el doctor Fadil se mostró simpático, pero se irritó de inmediato.

—Mayada, preferiría que te preocupases de tus asuntos —dijo con voz fría e indiferente.

—En este caso no puedo —insistió Mayada, y dijo—: Um Sami se está volviendo loca de pena. Esos chicos solo tienen catorce años. He visto su inocencia con mis propios ojos. Sé que usted tiene el poder para ayudarlos. Por favor.

El doctor Fadil permaneció en silencio. Mayada podía imaginarlo mascando chicle, que le hacía un bulto en la mejilla, mientras rumiaba qué hacer. Al final habló.

—Que Um Sami se presente en el cuartel general de la policía del parque Al-Sadun. Dile que esté allí a las diez mañana. —Luego añadió—: Mayada, por favor, no lo conviertas en una costumbre. A lo mejor esos chicos son asesinos o ladrones. Todos los niños parecen inocentes a ojos de sus madres, ya sabes.

Mayada colgó el teléfono sin responder y se fue del trabajo a toda prisa para darle a Um Sami la maravillosa noticia: el doctor Fadil iba a ayudarla a encontrar a sus hijos.

Pasaron unos días mientras Mayada esperaba las buenas nuevas sobre los chicos. Cuando el doctor Fadil pasó rápidamente para hacerle a Salwa un par de preguntas sobre uno de los libros de Sati, Mayada le preguntó sobre la acusación por «mirar». Sin embargo, el doctor Fadil se mostró muy frío.

—¿Crees que los criminales dicen la verdad? —le preguntó a Mayada, y se apresuró a añadir—: Preferiría no hablar de esto fuera de mi despacho. —El doctor Fadil preguntó entonces por la madre de Mayada y se volvió para examinar unos libros de Sati que estaban en una mesa próxima a él. Su indiferencia desanimó a Mayada a hacer más preguntas. Se sintió tan decepcionada por su falta de humanidad que salió de la habitación tan pronto como lo permitía el decoro.

No obstante, más tarde, ya en su habitación, se permitió imaginar el feliz momento en que Um Sami apareciese en su puerta con sus hijos. Una vez más, Omar y Hasan volverían a jugar al fútbol en la calle, y los saludaría cuando fuera al trabajo. Mayada se sintió tan vital pensando en los gemelos a salvo que decidió hacer un pastel para obsequiárselo a los chicos cuando regresaran a casa, así podrían celebrar una pequeña fiesta con sus compañeros de juego.

Al no saber nada varios días después, e impaciente por ver a los chicos sanos y salvos en casa y con sus padres, decidió ir a visitar a su vecina. Um Sami abrió la puerta y al ver la cara expectante de Mayada, se puso un dedo en la boca para indicar que no era seguro hablar dentro de la casa y condujo a Mayada al jardín.

Mientras Mayada seguía a Um Sami, se dio cuenta de que la pobre mujer tenía un aspecto de extrema dejadez. Llevaba la ropa muy arrugada, como si hubiera dormido con ella puesta. Tenía el pelo desaliñado, y llevaba unos zapatos viejos y muy ajados.

Mayada suspiró y volcó su atención en el jardín. Era primavera y los árboles y los arbustos estaban en flor. El acogedor perfume llenaba el aire. Mayada acarició las flores blancas que colgaban de una rama baja y contempló cómo caían los pétalos al suelo, moteando el estrecho y serpenteante camino.

Cuando llegaron al fondo del jardín trasero, Um Sami miró con ansiedad a su alrededor.

—Además de los gemelos —le susurró a Mayada— tengo otros dos hijos. Están casados y viven con sus familias. Han recibido amenazas si hablo con alguien, incluso con usted, de alguien que conoce al doctor Fadil.

En un tenso silencio, Mayada permaneció junto a Um Sami, deseando no haber ido a preguntar. Se obligó a permanecer donde estaba cuando lo que más deseaba era marcharse corriendo al santuario de su habitación. No deseaba otra cosa que estar en un lugar conocido con algún libro querido y olvidar la crueldad del mundo en el que vivía. Pero se humedeció los labios con la lengua y se fortaleció para escuchar.

—Fui a la zona de recepción, como me habían indicado —empezó a relatar Um Sami—. Cientos de personas esperaban en la puerta, pero nuestros nombres estaban en una lista, así que nos dejaron entrar. Los guardias nos trataron con respeto a regañadientes. El doctor Fadil había intercedido en nuestro caso. Nos llevaron a una habitación cuadrada. Al fondo de la sala había una gran puerta que llevaba a un enorme congelador, lo suficientemente grande como para almacenar decenas de cuerpos. Estaba en estado de shock, porque había ido al parque Al-Sadun con la esperanza de encontrar a mis hijos en una celda y llevarlos a casa conmigo. Pero se me empezó a revolver el estómago cuando nos pasaron una lista de nombres que estaba colgada en la pared junto al congelador. Nos dijeron que buscáramos los nombres de los chicos. Los leímos uno a uno, pero mis hijos no estaban en la lista. Nos llevaron a otra habitación donde nos asaltó una hediondez terrible, pero me tapé la boca con el velo y me obligué a seguir. En su interior había muchísimos cadáveres, pero yo vi a mis hijos a la primera. Al igual que estuvieron unidos en vida, lo estaban en la muerte. Estaban allí, en ese lugar asqueroso, uno junto a otro, sentados. —Le temblaron los labios en el momento en que dejó fluir un torrente de palabras—. Habían torturado de forma horrible a mis preciosos hijos. Tenían la cara, las manos y los pies cubiertos de sangre ennegrecida. Se veían las marcas de cigarrillos en la piel. Grité, pero un guardia tiró de mí con crueldad y me ordenó: «¡Tú! ¡Nada de gritos!», así que tuve que meterme el velo en la boca para silenciar mi llanto.

»Mientras mi marido identificaba a nuestros hijos, no pude evitar echarle un vistazo a la habitación. ¿Ese era el lugar donde mis pobres niños habían exhalado su último aliento? Vi cosas que una madre jamás debería ver. Vi a un joven que tenía en el pecho la clara marca de una picana eléctrica. Vi otro con el tórax abierto, lo habían rajado desde el cuello hasta el estómago. Vi a un tercer joven al que le habían cortado las piernas. Vi a un cuarto al que le habían sacado los ojos, las órbitas colgaban de su cara flácida.

»Nos dijeron que teníamos suerte. ¡Suerte! ¿Se lo puede imaginar? Dijeron que habían recibido una orden especial para que pudiéramos llevarnos los cuerpos de nuestros hijos. El doctor Fadil fue quien dio esa orden. Esos hombres se negaron a decirnos por qué los habían detenido, aunque no me pude contener y les pregunté si a partir de ahora mirar era un delito condenado con la muerte. Me mandaron callar, y nos ordenaron que enterrásemos a nuestros niños en silencio y que nos abstuviéramos de hablar de cómo habían muerto. —Con una especie de espasmo, Um Sami agarró a Mayada—. Sin su ayuda, todavía estaría buscando. Se lo agradezco.

—Cuando se volvió y estudió las sombras del jardín, como si creyera que un miembro de la Mujabarat pudiera estar mirando desde detrás de un perfumado árbol, Um Sami le dijo a Mayada con vehemencia—: Váyase de Irak si puede. Si se llevaron a mis inocentes hijos, nadie está a salvo.

Mayada tendió los brazos y abrazó a Um Sami, luego se fue sin decir nada. Se quedó tan impresionada por la imagen de la muerte de los chicos que los árboles de flores blancas que la habían alegrado ahora la pusieron en tensión. Los hermosos árboles parecían pilares adustos, cuyas pesadas hojas se apilaban para impedir el paso de los purificadores rayos del sol. El aire que respiraba disminuía a causa de la pena, y apretó el paso por el camino que ahora parecía alejarla del lugar más triste de la tierra.

Mayada se había sentido tan apenada por la triste historia de Um Sami que no le habló a nadie sobre lo que había oído, ni siquiera a su madre, con quien por lo general lo compartía todo.

Poco después, Um Sami y su marido vendieron la casa y dejaron el barrio. Su ausencia permitió a Mayada reprimir con éxito los recuerdos del episodio, hasta que regresaron a su memoria aquel día en esa fría celda.

Otros recuerdos siguieron al primero, las imágenes que antes eran inconexas empezaron a relacionarse para formar una pauta clara de encarcelamientos injustos y muerte.

Corría el año 1970, y una compañera de clase de Mayada, Sahar Sirri, estaba llorando. La amiga de Mayada pertenecía a una importante familia iraquí y su padre, el general Mithat al-Haj Sirri, era oficial en jefe del ejército iraquí. Era un comandante conocido, y Sadam, que era el verdadero gobernante de Irak pese al cargo de presidente de Bakri, había decidido que suponía una amenaza, así que lo había detenido y lo había torturado. El padre de Sahar apareció en la televisión nacional, confesando que era un espía de Israel, una mentira reconocida por todos. No obstante, lo habían colgado por las manos y lo habían azotado durante días, luego le habían inyectado toda clase de drogas. Después de confesar, lo ahorcaron. La amiga de Mayada, Sahar, ya no tenía padre. Desde ese momento, toda la familia de Sahar fue perseguida, incluso les prohibieron viajar y, de vez en cuando, los detenían y los interrogaban. Incluso Sahar era interrogada en alguna ocasión y volvía a la facultad con los ojos enrojecidos por el llanto.

Un compañero del periódico le había explicado una vez a Mayada que el personal de seguridad de Sadam era premiado con dinero en metálico por detener iraquíes, y que los ascendían en el partido si demostraban un celo especial en las sesiones de tortura. Después de recibir el dinero por las detenciones, esos mismos hombres extorsionaban a las familias de los presos, con la promesa de que sus seres queridos recibirían un trato indulgente. Las pobres familias iraquíes vendían sus casas y sus coches y se arruinaban con la esperanza de poder salvar a su ser querido. El compañero de trabajo le habló a Mayada de una familia que había vendido su casa y sus coches para salvar a su hijo inocente de una condena de quince años en prisión. A cambio, lo habían condenado a ocho años de cárcel.

En ese momento, Mayada observó los rostros de las mujeres con las que compartía la hacinada y sucia celda que llamaban hogar. Desde el primer día de su encierro, a Mayada le había impactado la alegría con la que los guardias de la cárcel aterrorizaban a las mujeres inocentes. ¿Podía la codicia por el dinero y el ascenso por sí sola explicar la devota crueldad de los torturadores? Era demasiado tremendo para pensarlo. A Mayada empezó a darle vueltas todo con el ruido de las voces. Las mujeres en la sombra hablaban al unísono, todas sugerían qué hacer para ayudar a Samira.

Mayada miró por encima de una de las mujeres en la sombra y en dirección a la silueta de Samira. Tenía las piernas de lado y dobladas contra el pecho. Mayada se acercó un poco y estudió su rostro. Tenía los ojos cerrados y la delgada cara todavía arrugada por el dolor. Tenía la boca abierta y jadeaba para respirar. Mayada se dio cuenta de que Samira seguramente moriría en Baladiyat, rodeada por mujeres que no sabían nada de su vida hasta unos meses antes. Y sobrecogida por la bondad de Samira, se preguntó si alguien podría mutilar deliberadamente el dulce y hermoso rostro de una mujer cuyo corazón rebosaba amabilidad.

Todas las mujeres en la sombra permanecieron amontonadas en torno a Samira. Juntas, todas las manos acariciaban con suavidad el cuerpo herido de la mujer, la espalda, los hombros y la cintura. Las mujeres levantaron con cuidado a Samira y la llevaron hacia la escasa comodidad de su cama. Los pies y las piernas le arrastraban por los suelos. Samira gimió con suavidad mientras las mujeres la dejaban sobre su litera.

Una mujer a la que llamaban doctora Sabah, de quien Mayada sabía solo que tenía una licenciatura en ingeniería, corrió a la única pila de la celda y mojó la tela de su largo vestido azul. Regresó para humedecerle a Samira la frente y los labios con la tela húmeda. La amable voz de la mujer no encajaba mucho con el ánimo que se reflejaba en su mirada.

—*Habibi* [querida mía], intenta pensar, ¿crees que tienes alguna lesión interna?

La pobre Samira gimió sin contestar.

Mayada quería ayudar pero no estaba segura de qué podía hacer, así que dio un paso adelante y le acarició la mejilla a Samira con la mano. Se moría por mitigar la desesperación y el dolor de su amiga.

—Samira —susurró—. Samira.

La doctora Sabah miró a Mayada y sacudió la cabeza con tristeza.

—A esta pobre chiquilla la han torturado demasiadas veces, más que a todas nosotras juntas —dijo entre susurros. La doctora Sabah le cogió la cabeza a Samira y alzó la voz. Le limpió la saliva de los labios y de la mejilla—. Samira, ¿me escuchas?

La joven de rostro delicado llamada Muna le dio un golpecito en la mano a Samira.

—Dinos qué podemos hacer, *habibi*. Dínoslo, cariño, queremos ayudarte.

Mayada se quedó de pie en silencio, con el corazón roto. La deprimente verdad era que todos los prisioneros de Baladiyat eran torturados físicamente tarde o temprano. Mayada tembló, sabía que su hora de ganchos en el techo, golpes en los pies y descargas eléctricas no tardaría en llegar. Pero en ese momento no podía pensar en nada parecido, así que volvió a concentrarse en Samira y en las mujeres en la sombra que estaban junto a ella. Como individuos, esas mujeres se encontraban indefensas frente a los crueles hombres que dirigían Baladiyat, pero juntas demostraban ser una gran fuerza de consuelo, cuyo amor y cuidados reunidos eran tan poderosos que lograban animarse entre sí cuando regresaban por la puerta negra que conducía a la muerte.

Samira gimió levemente y le soltó la mano a Muna. Se la puso sobre el vientre y el pecho.

—El guardia más grueso que lleva esas botas tan grandes me ha pateado —murmuró—. He sentido como si se me soltara algo de dentro.

La doctora Sabah y Muna intercambiaron una mirada inquieta.

—Conozco a ese guardia —murmuró Muna—. Es una bestia.

Mayada sabía lo suficiente sobre cuidados médicos para darse cuenta de que podía aliviar el dolor de la heridas externas con masajes en las articulaciones doloridas o calmar el dolor por las quemaduras de cigarrillos con agua fría, pero no tenían forma de tratar dolencias internas.

—¿No deberíamos llamar a los guardias? —preguntó Mayada—. La pueden llevar al hospital. —Mayada recordó al compasivo doctor Hamid de su primera noche en Baladiyat. Sabía que el amable médico ayudaría a Samira, si podía.

La doctora Sabah cerró los ojos y sacudió la cabeza.

—Aún no. Los llamaremos solo si creemos que alguien está a unos pasos de la muerte. Si nos acostumbramos a llamarlos después de cada tortura, nos golpearán a todas.

Mayada asintió comprensiva; hasta entonces no había vislumbrado ni la más mínima señal de paciencia en ningún guardia. La doctora Sabah y Muna le soltaron la ropa a Samira para buscar signos de las lesiones. Mayada se quedó de pie, en silencio y observando.

Samira gemía y Mayada escudriñó su piel clara y su pelo despeinado, luego miró los ojos de la mujer, que estaban oscuros y quietos. Mayada sintió el dolor de su compañera con la misma claridad que si hubiera sido su cuerpo el que había soportado las quemaduras de cigarrillos, las patadas en el estómago y las descargas eléctricas. Mientras contemplaba el rostro angustiado de Samira, unos fragmentos de un poema que había olvidado hacía tiempo, escrito por el inglés Thomas Gray, regresaron desde su pasado académico:

> *Para cada uno de sus sufrimientos, están todos los hombres*
> *condenados por igual modo al gemido,*
> *la presencia del dolor de otro,*
> *la insensibilidad del dolor propio.*
> *¿Por qué no deben conocer su sino*
> *ya que la pena nunca llega demasiado tarde*
> *y la felicidad se esfuma con tanta rapidez?*

Vio que la doctora Sabah volvía sus ojos negros y de mirada profunda en dirección a ella. A Mayada se le quedó la mente en blanco. Se preguntó qué habría hecho para merecer un escrutinio tan sagaz de la doctora Sabah.

Muna sonrió al ver la mirada sorprendida de Mayada.

—Has recitado un poema —le dijo—, te has puesto a recitar unos versos en inglés y otros en árabe. Pero lo que he escuchado resultaba cautivador. ¿Quién lo escribió?

—Ni siquiera recuerdo haber hablado —admitió Mayada con un tono de confusión, convencida de que la falta de oxígeno en la pequeña celda estaba afectando a su capacidad para pensar con claridad. Sonrió con timidez—. Este aire cargado me está afectando al cerebro. Olvido lo ocurrido de una forma inexplicable.

—Creo que has retrocedido en el tiempo. —Muna se encogió de hombros mientras la tristeza invadía su rostro—. Has dicho que la felicidad se esfuma con demasiada rapidez. La felicidad es un estado que ya no recuerdo.

—Esta vez he creído que me mataban. —Samira susurró con voz ronca al tiempo que gemía.

Mayada se volvió para pedir a las mujeres que trajeran un vaso de agua. Varias mujeres se movieron como una sola, Aliya cogió una taza mientras Iman se acercaba al grifo.

—Bebe. —Mayada posó el pequeño recipiente sobre los labios de Samira.

—Gracias, querida hermana. —Samira posó una mano temblorosa sobre la taza mientras bebía.

Aliviadas por el hecho de que Samira estuviera hablando, las mujeres en la sombra se volvieron a reunir a su alrededor.

—Te he hecho un reconocimiento a fondo —anunció la doctora Sabah—. No veo que haya ninguna lesión mortal. Pero debemos seguir vigilándote de cerca. —Le tocó el hombro a Samira—. Nos has asustado. Tendrás que quedarte en cama durante unos días.

—Si ellos lo permiten —susurró Samira—. Cada vez lo hacen con más ganas. —Miró a Mayada y asintió—. He oído la poesía. —Hizo una pausa y luego dijo—: Yo también me sé un poema.

—Ahorra fuerzas —le dijo Mayada inclinándose sobre ella.

—Aunque no pueda caminar, puedo hablar. —Con una sonrisa cerró los ojos y susurró—: En la última cárcel en la que estuve, había un poema escrito en la pared. Alguna pobre mujer anónima que sufría murió allí. Con el deseo de conservar una pequeña parte de ella con vida, memoricé el poema. A diario lo recito para mí.

—Recítanoslo luego —sugirió la doctora Sabah.

—No. Dejadme que os lo recite ahora, por favor.

Mayada miró a la doctora Sabah.

—Está bien —asintió la doctora—. Pero no te canses.

A Samira se le retorcieron cuerpo y cara mientras compartía con voz entrecortada los versos que había memorizado con tanto cuidado:

Me sacaron de mi casa.
Me abofetearon cuando llamaba a mis hijos.
Me encarcelaron.
Me acusaron de delitos que no había cometido.
Me interrogaron con dolorosas acusaciones.
Me torturaron con sus crueles manos.
Me apagaron cigarrillos en la piel.
Me cortaron la lengua.
Me violaron.
Me cortaron los pechos.
Lloré a solas, dolorida y asustada.
Me condenaron a muerte.
Me clavaron a la pared.

Pedí clemencia.
Me pegaron un tiro entre los ojos.
Tiraron mi cuerpo a una fosa mal cavada.
Me enterraron sin mortaja.
Después de muerta, descubrieron mi inocencia.

Mientras permanecía de pie junto al resto de las mujeres en la sombra, Mayada se dijo que estaba viviendo un momento maravilloso en su vida y que jamás olvidaría ni una sola de las palabras que habían salido de labios de Samira. Cada sacudida de los movimientos de esa mujer formaría parte de ella hasta el día de su muerte.

Lloró en silencio y las mujeres en la sombra no tardaron en ponerse a llorar juntas. Mayada miró a su alrededor y sus palabras rompieron la tristeza que las oprimía a todas.

—Somos camaradas de lágrimas —dijo. Varias mujeres en la sombra se rieron con melancolía.

Samira se levantó para tocarle el brazo a Mayada.

—¿Y la mujer de Sadam? Nos habías prometido contarnos más cosas.

—En otra ocasión —sugirió Mayada. Ya no estaba de humor para contar historias, sobre todo de Sadam Husein.

—La espera, el miedo, el silencio de este lugar genera un tedio interminable. Mayada, tus historias son como un baúl lleno de interesantes y curiosas fotografías —dijo la doctora Sabah al tiempo que sonreía.

—La doctora Sabah tiene razón —dijo Samira con decisión—. Nuestra vida es aburridísima. Además, ahora me arde la piel. Con tus historias podré pensar en otra cosa.

Mayada accedió solo porque no podía negar nada a Samira.

Las mujeres en la sombra empezaron a acomodarse en distintos rincones de la pequeña celda. La mujer llamada Wafae toqueteaba su rosario de fabricación casera mientras otras miraban a Mayada con expectación.

Mayada tiró de una manta que le habían dado y la dobló en forma de cuadrado. Puso el improvisado asiento en el suelo delante de la litera de Samira, utilizándolo como una especie de cojín; jamás se acostumbraría a sentarse sobre el suelo de cemento, por eso se sentó sobre la manta y cruzó las piernas. Su voz se cubrió de una pátina ensoñadora cuando empezó a hablar.

—Mi madre jamás habría conocido a la mujer de Sadam si mis padres hubieran huido en 1968. A todos les sorprendió mucho que nos quedásemos en Bagdad una vez que el Partido Baaz tomó el poder ese año. Puesto que recordaban cómo los baazistas habían convertido en su principal blanco a la intelectualidad durante su breve mandato en 1963, todos nuestros parientes Al-Askari y Al-Husri habían huido en busca de seguridad en 1968, cuando por segunda vez el Baaz regresó al poder. Pero la lucha de mi padre contra el cáncer nos mantenía retenidos en Bagdad. Recibía tratamiento médico. Cuando murió en 1974, mis parientes animaron a mi madre a que se fuera del país, pero ella no lo hizo. Creo que se quedó muy traumatizada por la muerte de mi padre, e insistió en que no era el momento de tomar una decisión importante. En esa época era directiva en el Ministerio de Información. Le encantaba nuestra casa. Tenía buenos amigos en el país. Mi hermana y yo íbamos a la facultad en Bagdad. Y mi madre siempre confió en poder vivir pacíficamente en Irak, pese al hecho de que los funcionarios del Baaz no viesen con buenos ojos a la intelectualidad. A mi madre le llegaron noticias de más de un funcionario baazista de que Sadam le rendía tal devoción a Sati que su hija y sus nietas siempre estarían a salvo durante su gobierno. Así que se quedó, creyendo que sería lo mejor. Y consiguió llevar una buena vida, sobre todo durante esos primeros años.

»Permanecí con ella hasta que me llegó la hora de ir a la universidad. Cumplí los deseos de mi padre y viajé a Líbano para asistir a la Universidad Estadounidense de Beirut. Así que no estaba en Bagdad cuando mi madre conoció a la primera esposa de Sadam, Sayida, la madre de los cinco hijos del presidente.

»Supimos más tarde que Sadam había animado a Sayida a entablar amistad con mi madre, para que la aconsejara sobre temas sociales. Por eso Salwa recibía tantas invitaciones para asistir a los actos de palacio. Aunque siempre estaba demasiado ocupada para molestarse en ir. —Mayada rió en silencio—. Menos mal que eso fue antes de la época en que rechazar una invitación así sería causa de tortura y encarcelamiento. —Mientras Mayada echaba un vistazo a la habitación en la que estaba relatando las anécdotas de los éxitos en sociedad de su madre, se le llenó la voz de emoción—. Solo de respirar la peste de nuestra celda, Salwa al-Husri caería muerta.

»Bueno, en cualquier caso, mi madre me había visitado en Beirut después de recibir una nueva invitación de palacio. Sayida la había invitado a reunirse con un grupo de esposas de embajadores. Mi madre dijo que la invitación era para un día que estaba libre, así que aceptó. Yo sentía curiosidad por la mujer de Sadam y le pedí que me contase todos los detalles. —Mayada sonrió sin darse cuenta—. No hay dos mujeres que pudieran ser más distintas que mi madre y Sayida Jairallah Tilfah. Su encuentro estaba malhadado desde el principio.

»Como ya sabéis, mi madre llevaba una vida poco corriente para una mujer árabe. Tenía un doctorado en ciencias políticas. Incluso asistió a la Universidad de Oxford en Inglaterra para proseguir sus estudios. Su abuela era sultana, o princesa, de la familia real otomana. Su padre, Sati, era uno de los hombres más reconocidos en el mundo árabe, una persona que valoraba el conocimiento y la educación por encima de todo. Yido Sati tenía casas en varios países árabes, así que su familia y él viajaban constantemente. Desde la época en que era una niña sentada en las rodillas de su padre, mi madre charlaba con despreocupación con reyes y primeros ministros. El rey Gazhi, hijo del rey Faisal I, la tenía en tan alta estima que había colocado una fotografía suya sobre el escritorio, junto a la foto de su propio hijo.

»La esposa de Sadam era hija de un campesino, Jairallah Tilfah. Se crió en la casa de su padre, en la ribera occidental del Tigris, en un barrio de clase baja de Tikrit. Tenía poca cultura en comparación con mi madre y no sabía nada del mundo más allá de Bagdad y Tikrit. Sayida se casó joven con el sobrino de su padre, Sadam Husein. No tardó en tener cinco hijos con él. Cuando Sadam tomó el poder, ella estaba tristemente mal preparada para ocupar su nuevo cargo como esposa del presidente de Irak. —Mayada tiró de la manta y se tapó los tobillos desnudos—. Mi madre me contó más adelante que odiaba a Sayida Tilfah. No me sorprendió cuando me dijo que el odio era mutuo. Le pregunté cómo era Sayida en persona. Aunque había visto un par de fotos suyas, creo que es difícil adivinar la apariencia real de alguien a través de las fotos oficiales. Mi madre me contó que su primera impresión fue que tenía pinta de payaso. Tenía la cara cubierta con una gruesa capa de maquillaje blanco. A primera vista, según mi madre, parecía que alguien le hubiera tirado harina en la cara. Sayida era una mujer cetrina que podría haber resultado atractiva, pero ella aspiraba a parecer una mujer de piel clara. Además, se había teñido varias veces el pelo, hasta que le había quedado débil y de un color amarillo chillón.

»Mi madre confesó que sintió lástima por Sayida durante unos cinco minutos, pero que cuando escuchó a la mujer maltratar a sus criados a gritos, la compasión se evaporó. Después del almuerzo, Sayida le contó a mi madre que quería comprar unos objetos antiguos de plata y que su marido Sadam le había dicho que Salwa sería capaz de reconocer las mejores piezas. Animó a Sayida a que invitase a mi madre a acompañarla a ir de tiendas. Pensando que se trataba de una mujer que necesitaba orientación en la vida social, mi madre accedió a acompañarla. Admitió que no tardó en arrepentirse de haber aceptado. En cuanto las mujeres estuvieron a solas y juntas, Sayida tiró del abrigo de pieles de mi madre y le preguntó si eran pieles auténticas. Luego Sayida le cogió la mano y se puso el anillo de esmeraldas de mi madre. Tuvo el descaro de preguntar si era de imitación. Mi madre farfulló de rabia, exasperada. No es una mujer que se pondría pieles falsas o bisutería, así que se sintió ofendida y enojada. Intentó pensar en una razón creíble para poner fin a su día de compras, pero sabía que estaba acorralada. Así que fue a la tienda de antigüedades con Sayida, aunque dijo que le avergonzaba estar en compañía de una mujer tan zafia. Me contó que no sabía por qué la habían invitado, ya que la estúpida mujer no le pidió consejo, se limitó a corretear por la tienda, mientras agarraba todos los objetos chabacanos que estaban al alcance de la mano. Luego humilló a mi madre al marcharse sin pagar, le dijo al preocupado tendero que alguien de palacio acudiría en breve a arreglar cuentas. Más tarde le contaron a mi madre que todas las tiendas en Bagdad temían la llegada de Sayida. De hecho, si los tenderos recibían el soplo de que Sayida estaba de camino, en su mayoría bajaban la persiana, echaban la llave y ponían como excusa una emergencia familiar. Era un hecho bien sabido por todos que, pese a su gran cantidad de riquezas, que habían sido robadas al pueblo iraquí, Sayida jamás pagaba lo que correspondía; se sabía que muchos tenderos habían tenido que cerrar tras estas visitas. Pero ¿quién podía quejarse? Los matarían si sugiriesen que la esposa de Sadam era una vulgar ladrona.

»Mi madre me contó que en cuanto subieron al coche para regresar a palacio, Sayida empezó a hablarle a voz en grito de un problema que tenía con una mujer iraquí llamada Sara perteneciente a una familia cristiana aristocrática de Irak. Sara se había ido a vivir a París, y Sayida se hospedaba en su casa siempre que viajaba a la capital francesa. Sayida le contó que le había pedido un "simple favor" para su hermana, la mujer que estaba casada con el hermanastro de Sadam, Barzan al-Tikriti. La hermana de Sayida iba a realizar un viaje de seis días a París. Durante su estancia necesitaba algo de ayuda, según dijo Sayida. Su hermana quería alargarse las pestañas un centímetro y reducir cinco centímetros de cadera. También quería visitar De Brees para comprar un par de diamantes perfectos a buen precio. Sayida no creyó a Sara cuando esta le contó que jamás había oído hablar de ningún método para alargar las pestañas. Y le dijo que la única manera de quitarse cinco centímetros de cadera era la cirugía y que tardaría más de seis días en recuperarse. Por último, Sara le explicó a Sayida que De Brees era un mayorista que no vendía al por menor. Sayida pensó que Sara mentía, que la mujer iraquí instalada en París no quería ayudarla. Sayida sabía que una persona que vivía en Francia podía conseguir todo lo que quisiera. Lo único que necesitaba era el dinero suficiente. Y su hermana contaba con las riquezas de Irak, según le explicó a mi madre sin venir a cuento.

»Sayida le contó a mi madre que iba a engañar a Sara para que visitase Irak. Cuando llegase, la enviaría a la cárcel. Mi madre se quedó estupefacta. Al igual que Sati, opinaba que la gente estúpida era peligrosa. Pensó en una respuesta al escuchar la historia de Sayida, dijo que no tenía ni idea de lo que era capaz de conseguir la medicina moderna, así que no era la persona más apropiada a quien preguntar. A todas luces, su respuesta enfureció a Sayida, que se desplazó a un rincón de la parte trasera del coche y se negó a hablar.

»Mi madre conocía a Sara, así que la telefoneó de inmediato y le advirtió que no visitase Irak —dijo Mayada a las embelesadas mujeres de su celda.

—Vaya, no tenía ni idea de que Sayida fuera tan desagradable —murmuró la doctora Sabah.

—Desde luego que lo es —explicó Mayada. Otros recuerdos sobre Sayida siguieron al primero—. En realidad es una ladrona —enfatizó Mayada—. ¿Alguna de vosotras recuerda lo que ocurrió en 1983, cuando Sadam dijo que todas las familias iraquíes debían donar su oro para financiar al ejército iraquí en la guerra contra Irán?

Mayada vio cómo varias mujeres asentían.

—Yo no tenía nada de oro —exclamó una mujer de edad avanzada—. Mi marido estaba en el frente y no había manera de conseguir dinero suficiente para comprar baratijas para donar, así que me obligaron a vender mi cocina. Desde ese día, cociné en una hoguera en el exterior de la casa.

Al oír sus palabras, una sombra de tristeza eclipsó el corazón de Mayada. Sabía que las donaciones habían sido una farsa y que la mayoría del oro jamás llegó a su supuesto destino.

—Permitid que os cuente la historia real de esa proclamación. Sobre la esposa de un ministro del gobierno que era amigo íntimo de nuestra familia. Era la doctora Lamya, esposa del doctor Sadun Hamadi. Él fue primer ministro durante un breve período en 1991, pero pronto lo destituyeron porque era demasiado honesto para prosperar en el gobierno corrupto de Sadam. De cualquier manera, la doctora Lamya no era una mujer codiciosa. En realidad tenía solo un conjunto de valiosas joyas: una hermosa colección de oro y zafiros, que incluía un collar, pendientes, una pulsera y un anillo. Fue el regalo de bodas de su marido, aunque su esposo la obligó a donarlo para la causa. Nos contó que había llorado durante una semana después de haber sido obligada a separarse de esas joyas. Bueno, un año después, la doctora Lamya fue invitada a una función a la que también acudió Sayida. No podía dar crédito cuando la mujer del presidente entró en la sala llevando su conjunto de hermosas joyas. Las mismas joyas que había donado para la causa de los jóvenes iraquíes en guerra envolvían el cuello y una de las muñecas de Sayida. La sorpresa la dejó de piedra. No se lo podía creer, y se quedó allí de pie y mirando. La esposa del presidente se percató de su intensa mirada. Se sintió molesta y envió a uno de sus hombres de seguridad a que le gritase. Este le ordenó a la doctora Lamya que apartase la mirada de «la señora», como Sayida insistía en que la llamaran.

—Menuda señora —dijo con severidad la doctora Sabah.

—Bueno, ahora que sabía que su sacrificio no había servido para nada, la doctora Lamya se fue corriendo a casa a quejarse a su marido. El doctor Hamadi le aconsejó que no dijera nada, porque una queja no le devolvería sus joyas, pero sí que los llevaría a ambos a la cárcel. Luego afirmó que todo el mundo sabía que Sayida Tilfah era tan codiciosa que no se sentiría satisfecha hasta que los viera bajo tierra.

»Eso no es todo. La glotonería de Sayida por poseer objetos es tan insaciable que dio orden de que las joyas robadas en Kuwait durante la guerra del Golfo le fuesen enviadas a palacio. Baúles llenos de alhajas fueron transportados directamente hasta sus manos. Todos esos miembros de la realeza kuwaití pueden encontrar sus preciadas joyas en el palacio de Sayida.

»Hay una anécdota divertida que jamás olvidaré. Los sirvientes de palacio informaron de que Sayida había discutido con su segundo hijo, Qusai, por esos tesoros kuwaitíes. Qusai admiraba uno de los conjuntos de diamantes en particular y cuando le dijo a su madre que iba a regalarle las joyas a su mujer, Sayida le ordenó que saliera de su casa; lo quería todo para ella. —Mayada sonrió de oreja a oreja—. Algunos de sus sirvientes declararon más tarde que la visión de Sayida paseando a hurtadillas por el palacio con cuencos a rebosar de joyas era una de las cosas más ridículas que habían visto en la vida. Esa codiciosa mujer escondía todos los conjuntos de caras piedras preciosas por el palacio y advertía a los sirvientes que les cortaría la lengua si desvelaban el lugar del escondite a cualquiera de sus hijos.

—¡Qué asco! —exclamó Iman con un ronco gruñido—. Nosotros los iraquíes muriendo de hambre mientras ella iba tirando diamantes y perlas. —Iman hizo una exagerada reverencia y empezó a fingir que era una mujer elegante abanicándose. Iman ya no sería jamás una fiel partidaria de la esposa de Sadam, Sayida.

Una risa apagada estalló en la celda.

Montones de recuerdos grabados en la memoria de Mayada salían a flote.

—Me costaba menos aceptar su condición de ladrona que su crueldad —confesó Mayada—. Es increíblemente mala con sus sirvientes.

—Eso no me sorprende, la codicia suele ser ir de la mano de la crueldad —afirmó la religiosa Rula, volviendo la mirada hacia Mayada.

Mayada estuvo de acuerdo.

—Me obsesiona una historia en particular. Sobre una pobre chica cristiana llamada Rosa. Era pariente de la niñera de Hala —explicó Mayada—. Hala, como sabéis, es la hija pequeña de Sayida y Sadam. Es la única de sus hijos que no nació con el corazón de piedra. Se sabe que se escapa de palacio e intenta ayudar a los pobres desafortunados que despiertan la furia de su madre. Hala se preocupa de verdad por los iraquíes, a diferencia del resto de la familia Husein. Se sabe que ha robado dinero a sus padres para repartirlo entre los pobres. De cualquier forma, la familia de Rosa pensó que sería una buena compañera para Hala, que siempre se quejaba de que estaba sola en palacio. Mientras Hala estaba en el colegio, Rosa se encargaba de las tareas del hogar. Un día le dijeron que fuese a la habitación de Sayida y aspirase el suelo. En plena tarea escuchó un sonido metálico en el interior del tubo de la aspiradora, así que apagó la máquina y miró en la bolsa. Para su sorpresa, encontró un magnífico anillo de diamantes entre el polvo. Rosa entregó el anillo al ama de llaves, esta se lo llevó a Sayida, quien confesó sentirse tan feliz que le iba a regalar la joya a Rosa como recompensa. Sería una lección útil para el resto de la casa, que según ella estaba llena de ladrones. Rosa se sentía pletórica por su buena suerte. Corrió a casa después del trabajo y le dio el anillo a sus padres. Sus padres acudieron a un joyero y lo vendieron. La familia se quedó con el dinero, fueron al mercado y compraron comida de buena calidad, luego pagaron algunas deudas pendientes e incluso compraron ropa nueva y unos cuantos muebles baratos para la casa. Con el resto del dinero de la venta del anillo, pagaron unas reparaciones del hogar, que estaba en condiciones precarias. Bueno, unas semanas después, Sayida llamó a Rosa y le preguntó por el anillo. La esposa del presidente dijo que había creído que se trataba de un anillo de cristal y que por eso se lo había dado a Rosa. Pero había descubierto que era un raro diamante blanquiazul y, airada, le ordenó a su sirvienta que le devolviese la joya de inmediato. La chica estuvo a punto de desmayarse. Tartamudeando le dijo a su señora que nadie en su familia necesitaba un anillo así y que lo habían vendido ese mismo día. Sayida empezó a gritar y a maldecir, amenazando con echar abajo la casa de Rosa si el anillo no era devuelto al día siguiente. La muchacha corrió a casa y le contó a sus padres el horrible giro de los acontecimientos. Fueron al joyero e intentaron recuperar el anillo. El hombre les contó que una señora lo había comprado el mismo día que llegó. Había pagado en metálico y no había dejado nombre ni dirección.

»La pobre Rosa se enfrentó a Sayida al día siguiente y le dijo que el anillo había desaparecido para siempre, y que su familia, insistió, no tenía forma de sustituirlo por un anillo de valor similar. Sayida se puso de pie de un salto y golpeó, pateó e insultó a la chica. La esposa del presidente había olvidado la miseria de su juventud y no tenía ni idea de la pobreza de sus sirvientes iraquíes, así que no creía que la familia hubiera vendido el anillo para comprar comida y ropa. Acusó a Rosa de querer quedarse con la joya. Así que llamó a los guardias. Sayida seguía caminando impaciente por la habitación y blasfemando. Entonces tiró a Rosa de su largo pelo negro, su más preciado rasgo, y ordenó a los guardias que le afeitasen la cabeza. La pobre chica se puso histérica. A continuación, como Rosa protestaba y se resistía a los guardias que la estaban rapando, Sayida les ordenó que la fustigaran con un látigo. Los guardias cumplieron la orden y azotaron a Rosa hasta que le hicieron ampollas. A esas alturas, Sayida ya estaba totalmente fuera de sí y ordenó a una de sus doncellas que trajera una plancha. Enchufaron el electrodoméstico y Sayida hizo que sus guardias retuvieran a Rosa sujetándola por las manos al suelo. La esposa de Sadam ordenó a los guardias que le plancharan las manos. Los gritos de Rosa enfurecieron más a Sayida, así que ordenó a sus esbirros que hicieran más fuerza con la plancha sobre las manos y los dedos de Rosa. Las manos de la pobre muchacha quedaron quemadas de una forma espantosa. Sayida reía y le dijo a Rosa que ahora podría devolverle la joya. Tenía las manos y los dedos tan desfigurados que le hubiera avergonzado llevar un hermoso anillo de fiesta.

»Luego echaron a Rosa de palacio. Se paseó por las calles con las manos quemadas, la cabeza afeitada y la espalda llena de ampollas hasta que un taxista de buen corazón la llevó a casa. —A Mayada se le nublaron los ojos mientras contemplaba a las mujeres en la sombra, una a una—. Y esto, queridas, explica cómo es el verdadero corazón de la mujer que quiere que la llamen «la señora».

La celda jamás se había sumido en un silencio tan profundo. Mientras muchos hombres iraquíes se adherían a las terribles tácticas que se estaban convirtiendo en una plaga en el país, rara vez habían oído hablar sus compañeras de celda de una mujer tan impía capaz de infligir daño físico a otra persona.

Todas miraron a la doctora Sabah cuando tosió y se aclaró la voz. Sus sentimientos se mostraron primero en sus ojos oscuros y después en sus labios.

La doctora Sabah se subió la túnica hasta los hombros y se la ató con un gran nudo en la parte delantera.

—Quiero contaros mi vida —anunció—. Nací pobre, pero a diferencia de Sayida, jamás lo olvidé. Mi padre era un sencillo trabajador en una fábrica de cigarrillos a las afueras de Bagdad. Mi madre era un ama de casa analfabeta. Los vi trabajar hasta que envejecieron de forma prematura. Yo quería evitar esa existencia agotadora que había derrengado a mis padres, así que en lugar de trabajar duro con el cuerpo, trabajé duro con la mente. Todos los años era la primera de la clase y escogí la carrera de ingeniería. Al igual que muchos iraquíes, me acosaron hasta que entré a formar parte del Partido Baaz, pero mi corazón no estaba con sus principios. Repetía los eslóganes obligatorios para evitar las sospechas y concentrarme en mi trabajo.

»Trabajé con más empeño que cualquier hombre en el Ministerio de Fomento. Mi supervisor me dijo que incluso Sadam había oído hablar de mi determinación y de mis habilidades. En 1979, Sadam dio órdenes para que se me nombrase directora de la Institución General de Proyectos de Edificación. Pensé que tenía el futuro asegurado. Había llegado a los niveles más altos de un campo que por lo general está reservado a los hombres, y solo en unos pocos años. Pero poco después de mi ascenso a directora general, todo se fue al traste. Me ordenaron que acudiese a una reunión en la sede central del partido. Uno de nuestros camaradas fue acusado de estar urdiendo un complot contra Sadam. Lo conocía bien, había sido compañero de universidad y ahora compañero de trabajo. También conocía a su esposa y había tenido a sus hijos en mis brazos. Sabía que no era un conspirador. Sin embargo, me dijeron que como directora general tenía que participar en la ejecución de mi amigo. Me quedé paralizada. —La doctora Sabah apenas logró esbozar una sonrisa y echó un vistazo a la habitación—. Me negué a empuñar la pistola que me ofrecieron. ¿Qué hice? Vomitar. Vomité por todo. Me vomité los zapatos y los zapatos del funcionario del partido que me decía que ejecutase a mi amigo. Me gritó: "Mátalo", y yo vomité. Se puso a chillar "Coge la pistola", y yo vomité. Al final escapé del edificio y corrí lo más rápido que pude hasta mi casa, que estaba a más de treinta calles de allí. Al día siguiente llamé para decir que estaba enferma, y al día subsiguiente. Al tercer día, recibí la visita de dos hombres con gafas de sol. Fueron educados, me estrecharon la mano y me dijeron que pertenecían a la Mujabarat. Dijeron que entendían que hubiera desobedecido las órdenes. Entendían que hubiera vomitado en lugar de ejecutar a un criminal que había amenazado la estabilidad de Irak. Me quedé allí de pie como un conejo asustado. Era incapaz de hablar. No me podía mover. Pero me di cuenta de una cosa graciosa: los dos hombres se mantenían alejados, supongo que tenían miedo de que les vomitase en sus lustrosos zapatos negros. Se cansaron de esperar a que hablase. Al final, uno de ellos dijo que habían informado a Sadam de que yo había vomitado. Nuestro amado líder les dijo que me contaran que entendía por qué lo había hecho. Había vomitado porque era mujer. Me dijeron que el descanso se había terminado, y que tenía que volver con ellos al trabajo. Imaginé que me llevarían a la cárcel, pero los dos hombres insistieron en que Sadam les había dicho que no me detuvieran, y que en lugar de eso me daba una nueva oportunidad. Al volver a mi despacho, uno de los hombres me miró con una sonrisita y preguntó: "¿Qué tal está tu hermano Ahmed? ¿Goza de buena salud?". El hombre dijo que esperaba que a Ahmed le esperase un buen futuro. Supe en ese momento que mi familia al completo estaba en peligro. Cuánto deseaba volver a mi vida sencilla, pero no podía. No sabía qué hacer para cambiar las cosas, así que volví al trabajo. Aunque no volví a disfrutar ni un solo minuto del día. Seguí esperando a que me dieran otra orden de matar a cualquier persona. Por suerte, todo fue bien durante largo tiempo. Me casé con un hombre encantador. Tuve dos hijos maravillosos y una hermosa hija. No me pidieron que matase a nadie más. Entonces, en 1992, todo volvió a venirse abajo. Esta vez fue un problema distinto. Debido a todo el sufrimiento de Irak por los bloqueos económicos, Sadam convocó una importante reunión para hablar de la escasez de dinero. No paraba de construirse palacios, pero nos dijo que como directores debíamos diseñar estrategias para recaudar fondos con objeto de sufragar todos los gastos de nuestro Ministerio de Fomento. Sadam nos dijo que a partir de ese día, todos los presupuestos se recortarían. El gobierno no daría más dinero para pagar los sueldos de sus empleados, ni los gastos operativos ni los proyectos de edificación. Nosotros, los directores, teníamos que idear un plan de recaudación para financiar el gobierno.

»Tras la reunión, se nos permitió a varios agradecerle a Sadam la oportunidad que nos brindaba para ayudar al país. Cuando me dirigí hacia él, se rió por primera vez ese día. Me preguntó si había tenido algún ataque de vómito últimamente. Todos los presentes se rieron con él, incluso yo. Le dije que no y le agradecí que me lo preguntase. —La doctora Sabah puso cara de fiereza sin concesiones—. "Que se rían", pensé para mis adentros, yo era la única allí sin las manos manchadas de sangre. Bueno, salí de esa reunión envuelta en una penumbra de preocupación. Sabía que si no encontraba una forma para costear los gastos, perdería mucho más que mi empleo. Tenía hijos y un marido a los que amaba. Tenía hermanos y hermanas a los que amaba. Esos hermanos tenían hijos. Durante varios días fui dando vueltas como en trance, preguntándome cómo iba a encontrar dinero suficiente para financiar todo un ministerio. Un día tuve una idea en una obra. Miré a mi alrededor y vi montones de madera, cemento, tornillos y clavos. Volví al despacho y llamé a Abu Kanaan, mi subordinado, y expuse mi idea. Este era mi plan. La organización que dirigía se había creado únicamente para proyectos de construcción. Concedíamos contratas a diversas empresas. Esos contratistas era independientes y pertenecían al sector privado. Una empresa aportaba el equipo, otra la madera, otra el cemento, etc. Decidí que pondría en marcha una nueva política. Todos los contratistas que trabajasen en el proyecto tendrían que dejar el material que no se utilizase. Para cada contratista por separado no supondría una pérdida muy grande. Pero en conjunto, el material que dejaran sería valioso. Debido a los bloqueos, había escasez en todo Irak, así que sabía que podía obtener el máximo precio por el material. Lo subastaríamos todo. Luego utilizaríamos lo recaudado en esas subastas para pagar los sueldos y otros gastos.

»Cuanto más pensaba en ello, más convencida estaba de que esa brillante idea nos salvaría. Presentamos nuestra sugerencia directamente a Sadam. Él estudió las cifras de nuestro proyecto y al parecer quedó impresionado. Dijo que podíamos seguir adelante con el plan. Nuestra organización lo llevó a la práctica durante varios años y logramos cubrir los gastos del ministerio.

»Hace cinco meses recibí otra visita de dos hombres con gafas de sol. Llegaron a mi despacho. Tenía mucho miedo de que fueran a ordenarme que matase a alguien. Les pedí llamar a mi esposo y a mis hijos. Me lo prohibieron, dijeron que me necesitaban solo durante una hora o dos. Tenían que hacerme un par de preguntas. Me trajeron directamente a este lugar. Me vendaron los ojos cuando salí del coche. Luego me hicieron subir unas escaleras. No veía nada, pero sabía que me esperaba algo terrible por el fuerte olor a orines que me asaltó. Me quitaron la venda y vi enfrente de mí un hombre que de inmediato me dio una bofetada en la cara y me gritó: "¡Bienvenida, ladrona!".

»Cuando me interrogaron, me dijeron que me habían detenido por utilizar mi cargo para "robar" bienes y equipo del sector privado. Mi "delito" era el de conspiración para socavar la economía del Estado. Y todo pese al hecho de que jamás me había quedado con un solo dinar para mí. La recaudación al completo de las subastas iba a las arcas del ministerio. —Su frente se arrugó hasta que frunció el ceño—. Mis torturadores insinúan que me van a condenar a veinticinco años de cárcel. No creo que mi marido ni mis hijos sepan dónde estoy, aunque me dijeron que les habían informado de que era una ladrona.

La doctora Sabah suspiró y miró a la pared. Mayada miró a la doctora Sabah, sin saber qué decir. Sintió cómo le caían las lágrimas de los ojos. ¡Veinticinco años! La doctora Sabah no sobreviviría jamás a una condena de veinticinco años. Ya tenía cincuenta.

Mayada tiró de la manta que tenía debajo y se la puso en la cara, se le metieron pelusas de la gruesa tela en la boca. Se ahogó y tosió. Sofocó un estornudo. Se volvió a meter la arrugada manta bajo las piernas.

Deseaba reconfortar a la doctora Sabah de alguna forma amable, pero no sabía qué hacer. Empezó a hablar sin saber en realidad qué podía decir.

—Tendremos nuestra venganza, aunque no lo sepamos —musitó Mayada en voz alta—. Sadam se sirve de las ideas para mantener su reputación. Ahora su único pasatiempo es pavonearse y sacarle punta a los cumplidos. Como se adora a sí mismo, cree que los demás lo adoran. Solo quiere una cosa, vivir para siempre en las leyendas árabes como un gran héroe. Pero eso no ocurrirá jamás.

»Recuerdo algo que Yido Sati me dijo una vez. Dijo que la historia jamás duerme. Cuando los historiadores del futuro escriban sobre Sadam Husein, se llenarán páginas y más páginas con sus errores. Sin embargo, los estudiosos rebuscarán en vano entre la documentación para encontrar una sola cosa buena que decir sobre sus logros. ¿Qué pueden escribir? Solo que Sadam Husein construyó un montón de palacios. Un vacuo legado de piedras.

Mayada miró a su alrededor. Las mujeres en la sombra parecían estar escuchando, pero no podría haberlo asegurado. Suspiró, se levantó, enrolló la manta y se quedó en un rincón de la habitación. Permaneció allí en silencio mientras estudiaba, una a una, las caras de sus compañeras. Su diminuta celda era un mundo de preocupación en sí mismo, con todas las mujeres aterradas por su familia, madres desesperadas por el impacto emocional que suponía no ver crecer a sus hijos.

Muna, la del dulce rostro, lloraba en silencio.

Los labios de la doctora Sabah dibujaban la expresión de la tristeza. Toda su resistencia había cedido bajo el peso de sus penas.

El rostro de Aliya estaba tan enrojecido que parecía arrebolado.

Mientras Mayada estudiaba una a una las expresivas caras, le quedó claro que la pena más honda se alojaba en el corazón de todas las mujeres en la sombra. Así es la vida de la cárcel, pensó Mayada: lágrimas, miedos y penas.

Volvió la mirada hacia Samira. La encantadora mujer chií estaba callada, pero tenía una mirada desolada que hablaba por sí sola. ¿Creía Samira que la buena suerte la había abandonado para siempre? ¿Sería ella, Mayada, la involuntaria testigo de una terrible tragedia? ¿Sería la hermosa Samira torturada hasta la muerte? ¿Iría Samira, al igual que la autora del poema anónimo, a la tumba antes de tiempo?

Los pensamientos de Mayada llegaron hasta el análisis de quiénes eran los responsables de esa tortura y dolor sin sentido. Aunque Sadam Husein era el hombre que había convertido el moderno Irak en un infierno en la tierra, había un segundo hombre responsable de tantas lágrimas iraquíes. Una persona a quien ella jamás olvidaría.

Mayada miró al techo, recordando a uno de los hombres de físico más exquisito que jamás había conocido. Una imagen de su bello rostro se le apareció ante los ojos. Recordó cómo una sonrisa juguetona solía dibujarse en sus labios. Era tan guapo que se rumoreaba que muchas mujeres se enamoraban de él a primera vista. En la época en que Mayada lo conoció, su marido, Salam, ya había acabado con cualquier esperanza de amor en su matrimonio. Mayada tenía el corazón vacío y era vulnerable. Pero, afortunadamente, la verdadera personalidad del hombre guapo pronto se puso de manifiesto, así que ella jamás pensó en buscar su afecto amoroso. No había tardado en descubrir que ese bello rostro ocultaba un alma putrefacta.

Con el tiempo, Mayada descubrió que ese hombre, Ali Hasan al-Mayid, conocido con el apodo de «Ali el Químico», era uno de los hombres más despiadados de Irak.

6

Ali el Químico y el velo

Mayada conoció a Ali Hasan al-Mayid, primo carnal de Sadam Husein, en abril de 1984. En esa época no se sabía gran cosa sobre el hombre al que le habían concedido hacía poco el más alto cargo de la policía secreta nacional, después de que el doctor Fadil fuera ascendido a jefe del Servicio Secreto.

Ese mes de abril floreció tenue y encantador. El hechizante esplendor de la primavera en Irak había llegado a su apogeo. Los arbustos y los árboles se inclinaban por el peso de sus numerosas flores multicolores, y el aire estaba cargado con los embriagadores perfumes. Los días primaverales eran cálidos y soleados; las noches eran frescas y agradables. Los bagdadíes sabían que en cuanto la larga estación estival llegase a su ciudad, la educada sociedad se retiraría al interior de sus casas para huir del calor que los hacía languidecer. Así que, en primavera, la sociedad iraquí abarrotaba sus calendarios sociales con fiestas al aire libre.

Varias noches a la semana, el cuidado jardín de Salwa era el escenario de deslumbrantes bufets vespertinos. Antes de que los invitados de cada noche llegasen, los sirvientes de Salwa sacaban sofás y sillas de la casa al exterior para colocarlos bajo las altas palmeras datileras, y así dar la bienvenida a los invitados que llegaban justo después del ocaso, cuando el cielo de color aguamarina se fundía en rosa.

El silbido de los árboles que se mecían con suavidad y el repiqueteo de los insectos nocturnos llenaban el aire, y Salwa y Mayada se entretenían con algunas de las personas más interesantes de Bagdad. Mayada tenía una figura estilizada, muy a la moda en aquella época, y le encantaba lucir su figura con modelos a la última comprados por su madre en París, Roma o Londres. Mayada no podía imaginar que ese iba a ser el último verano en que podía considerarse una de las mujeres más de moda de Bagdad. Las bellezas iraquíes de tez morena con sus cabellos negros peinados hacia atrás y adornados con flores de colores se paseaban por el jardín de Salwa con distinguidos modelos del extranjero que a menudo rozaban el límite del decoro en Oriente Próximo, mientras que elegantes hombres fumaban puros, daban sorbitos a algún licor y expresaban entre susurros sus recelos sobre la guerra del momento, seguros de que no quedaría constancia alguna de sus opiniones estando en el refugio que era el jardín de Salwa al-Husri.

Pese a esos agradables momentos, una oscuridad creciente se cernía sobre Irak. Una espantosa guerra contra sus vecinos persas iraníes duraba ya cuatro largos años, lo cual sorprendía a los iraquíes acostumbrados a que las guerras no durasen más de un mes. Sin embargo, tal como recordaban los mismos iraquíes, tenían poca experiencia en el combate contra otros musulmanes. Las guerras iraquíes por lo general se habían librado contra los israelíes y todo el mundo sabía que los enfrentamientos con los judíos no duraban mucho tiempo.

Los iraquíes tenían fundadas razones para imaginar que el conflicto de ese momento con Irán sería igualmente corto. Poco después de que empezase la guerra en 1980, la Liga Árabe había creado un «Comité de Buenas Intenciones», compuesto por dirigentes árabes y lo había enviado a Irán a negociar la paz. Los iraquíes creían que el Comité regresaría pronto a Bagdad con un acuerdo.

Sin embargo, Mayada tenía sus dudas sobre el viaje oficial gracias a su posibilidad de asomarse a la ventana de la opinión mundial, privilegio que compartían unos pocos iraquíes. La mayoría de las publicaciones extranjeras estaban prohibidas en Irak, pero la madre de Mayada había regresado hacía poco de un viaje al extranjero con las maletas repletas de cosas prohibidas, incluidas algunas revistas informativas. No había nadie en la frontera de Irak que se atreviese a registrar el equipaje de Salwa al-Husri, conocida amiga del doctor Fadil. Y cuando Salwa deshacía su equipaje, pasaba periódicos y revistas extranjeros, algunos de los cuales analizaban la situación del momento entre Irán e Irak. Mayada los leía todos y pedía a sus amigos que tradujeran los artículos escritos en idiomas que no sabía.

Una de las revistas que pasaban de contrabando era la reputada publicación alemana *Der Spiegel*. Una viñeta cómica de esta revista hizo que Mayada reflexionase sobre la desalentadora labor a la que se enfrentaban los militares iraquíes. La tira representaba a Sadam vestido de uniforme propinándole una patada con su bota a Jomeini, y el texto decía: «Vale, ya tienes un pie dentro. Ahora ¿cómo vas a sacarlo de ahí?».

El espectro de la obstinada personalidad de Jomeini, respaldado por millones de iraníes deseosos de morir por su líder, desmoralizó a Mayada. Con una población tres veces mayor a la iraquí, Irán podía asumir tres bajas por cada soldado iraquí caído. Además, la nación iraní estaba dirigida por un hombre que era tan testarudo como Sadam Husein. Las cifras no auguraban nada bueno para Irak.

En octubre de 1980, cuando la guerra llevaba dos meses en marcha, Mayada y algunos compañeros periodistas se encontraban sentados en las oficinas de la cuarta planta del *Al-Yumburiya*, contemplando Bagdad. Sin hablarles a sus colegas de las revistas europeas que había leído, Mayada opinó que el conflicto del momento podría resultar largo y difícil. Sus amigos se burlaron de su ingenuidad y, permitiendo que sus risas silenciaran sus dudas, Mayada ocultó su recelo para unirse a la conversación, que trataba sobre la posibilidad de un plazo de diez días para la conquista de los iraníes. Los periodistas reunidos incluso empezaron a imaginar la celebración de la victoria. La derrota era tan impensable que simplemente jamás se analizaba.

No obstante, un enorme número de cadáveres iraquíes empezaron a llegar desde el frente. Las calles de Bagdad se llenaron de pronto de banderines negros funerarios, todos bordados con el nombre y lugar del fallecimiento de un soldado junto con un verso del Corán: «Los mártires nunca mueren», y una consigna de Sadam: «Los mártires son más generosos que cualquiera de nosotros». El número de banderines negros crecía a diario y pronto se reconoció que los soldados del ejército iraquí estaban desertando.

Al principio, Sadam entregaba a las familias de los mártires una parcela de tierra, 5.000 dinares iraquíes [15.500 dólares] y un Toyota último modelo. Una pegadiza canción infantil no tardó en adquirir una nueva letra para reflejar esos tiempos; era la forma en que los iraquíes expresaban su desdén por el alto precio de la guerra:

Ahora mi padre regresará del frente
metido en un ataúd.
Mi madre se casará con otro hombre,
pero yo conduciré un Toyota nuevo.

Aunque Mayada sufría sobremanera durante los terroríficos bombardeos, paralizada por el miedo por su bebé de un año, Fay, se sentía extrañamente alejada del conflicto. A diferencia de la mayoría de los iraquíes, ella no tenía ni hermano ni padre ni tío ni primo luchando en el frente. Todos los hombres de la familia de Mayada estaban o bien muertos o bien vivían en el exilio. Y su marido no corría un peligro inminente, porque estaba destinado en una base próxima a la ciudad. De hecho, Salam era tan privilegiado que le permitían volver a casa todos los días.

Mayada disfrutaba incluso de una exitosa trayectoria profesional como articulista en la revista *Alef Ba* de Bagdad. Su situación profesional era poco común, puesto que solo los miembros del Partido Baaz podían acceder a los medios de comunicación. Sin embargo, poco después de que Al-Bakir y Sadam se hiciesen con el poder, dejaron claro que la familia de Salwa al-Husri era tan leal al nacionalismo árabe que no tenían que unirse al Partido Baaz para demostrarlo. Mayada se había graduado en el instituto y había estudiado en una universidad fuera del país sin ser miembro del partido. La hermana de Mayada, Abdiya, disfrutó de la misma exención, aunque un matón de la universidad había intentado una vez obligarla a afiliarse al partido. Abdiya contestó con toda tranquilidad: «Le comentaré a Sadam tu invitación y ya te contestaré», y el sujeto desistió para siempre.

Cuando el doctor Fadil entabló amistad con la familia de Mayada en 1979, otros beneficios adicionales para una iraquí que no pertenecía al Partido Baaz empezaron a cruzarse en su camino. La nombraron periodista y fue articulista para diversas publicaciones. La invitaron a convertirse en miembro de la Federación de Periodistas y del Sindicato de Escritores. Trabajó en la Organización

Bisabuela materna de Mayada, Melek, que fue princesa y prima carnal del sultán otomano Abdul Hamid, fotografiada con su diadema de diamantes. Tenía una medalla con piedras preciosas grandes como uvas. Mayada heredó seis de estos diamantes, pero se vio obligada a venderlos durante los bloqueos. Mayada también recibió como legado el *shehname* (un decreto firmado por el sultán en el que se decía que Melek había alcanzado la mayoría de edad y que era sultana, y contenía una lista de las tierras que recibía por aquel motivo). Mayada todavía conserva el documento.

Mustafa al-Askari (padre de Yafar y bisabuelo de Mayada), comandante del Cuarto Ejército otomano, en Bagdad.

Yafar al-Askari vestido de derviche cuando viajó de incógnito a las líneas enemigas hasta El Cairo con objeto de comprar víveres para su ejército.

Yafar al-Askari con uniforme militar.

1955: Mayada con cinco días de vida en Beirut, Líbano. En esta foto está con su madre, Salwa; con su padre, Nizar, y con Scottie.

1957: Mayada con casi dos años, jugando en un balancín con su muñeca en Bagdad.

1965: en Brumana, Líbano. Sati al-Husri con su hija, Salwa, y sus dos nietas, Mayada y Abdiya.

1981: Mayada recibe su primer premio literario de manos de Sadam Husein.

1983: Mayada recibe su tercer premio literario de manos de Sadam Husein.

1923: Sati al-Husri en su biblioteca privada en Bagdad.

1923: la esposa de Sati, Yamila, en la biblioteca de su marido en Bagdad.

1953: Salwa al-Husri con el tío de su esposo, Nuri al-Said, que fue primer ministro de Irak durante cuarenta años y que murió asesinado en un golpe de Estado
en 1958, junto con toda la familia real iraquí. Esta fotografía fue tomada en el
hotel Dorchester en Londres en noviembre de 1953. Era un baile de *Las mil y una
noches*.

1993: los hijos de Mayada, Fay y Ali, con su abuela Salwa en Ammán, Jordania.

Obrera Árabe durante ocho años y, a diferencia del resto de los iraquíes de la organización —y gracias a la historia de su familia y a la influencia del doctor Fadil—, jamás la obligaron a trabajar con los funcionarios de los servicios secretos, un trabajo que la habría obligado a espiar a sus compañeros, amigos y familiares. Incluso conoció a un hombre de la Organización Obrera Árabe que había delatado a su propia mujer por ridiculizar a Udai, el hijo mayor de Sadam. Esa pobre mujer cumplía en ese momento una larga condena de cárcel. Y durante su estancia allí, no se le acercó nadie para que se afiliase al Partido Baaz.

Pese a su aislamiento político, el sentido común de Mayada le dictaba que no se adentrase en las procelosas aguas del periodismo de opinión. En lugar de eso, decidió escribir sobre el amor que sentía por Irak, que era sincero, y narrar historias centradas en la pasión y los romances. Estos temas eran contrarios a sus aspiraciones literarias, pero le constaba que los artículos de opinión creaban con demasiada frecuencia problemas a su autor. Ahora que era madre tenía que valorar su seguridad personal.

Sin embargo, en abril de 1984, un martes por la mañana, el feliz distanciamiento de Mayada del periodismo político finalizó de golpe. Kamil al-Sharqi, su editor jefe en *Alef Ba*, llamó a Mayada a su espacioso despacho.

—Vivimos tiempos difíciles, Mayada —le dijo—. Todos los iraquíes deben sacrificarse. Tenemos muchos periodistas en el frente y nuestros articulistas tienen que aceptar otros trabajos complementarios.

Mayada asintió, sin saber adónde le conduciría aquella conversación.

—Has sido elegida para escribir un artículo sobre Sadam y la política de seguridad iraquí durante esta guerra contra Irán. Tienes que conseguir una entrevista con Ali Hasan al-Mayid. Aunque lo entrevistes sobre Sadam y la seguridad, intenta descubrir detalles de su vida privada. El público iraquí siente curiosidad por ese misterioso primo de nuestro gran presidente y general, Sadam Husein.

Mayada echó la cabeza hacia atrás, sorprendida por la inesperada petición. Aunque había recibido varios premios por sus artículos de manos de Sadam, no pertenecía a su círculo de allegados. ¿Kamil creía que podía hacer una llamada a palacio y pedirle al presidente que su primo le concediera una entrevista? Si era así, Kamil estaba equivocado.

Permaneció callada, intentando recordar lo poco que había oído sobre Ali Hasan al-Mayid. El doctor Fadil acababa de ser ascendido a director del Servicio de Inteligencia. Al describir su ascenso a Mayada y a su madre, el doctor Fadil había mencionado de pasada que el primo carnal de Sadam, Ali Hasan al-Mayid, se quedaría con el antiguo cargo de director general de la policía secreta iraquí, más conocida como la Amin al-Amma. El cargo convirtió a Ali al-Mayid en un hombre extremadamente poderoso. Ali era, además, uno de los miembros más destacados del Partido Baaz. Sin embargo, pese a su nuevo prestigio, Mayada había oído decir a los periodistas veteranos que el primo de Sadam no estaba muy acostumbrado a los medios y se negaba a conceder entrevistas, en un intento de no ser muy conocido por el público.

Mayada frunció la boca antes de contestar a Kamil.

—Tengo entendido que no concede entrevistas. ¿Cómo lo convenceré?

Kamil se encogió de hombros y sonrió.

—Ya se te ocurrirá cómo, estoy seguro.

—Yo no estoy tan segura —admitió Mayada.

Kamil se puso en pie tras su escritorio y lo rodeó para acompañar a Mayada hasta la puerta.

—Conseguirás la entrevista. ¡Tú piensa cómo!

Aunque le complacía que la tomasen en serio, Mayada salió del despacho de Kamil con un mal presentimiento. Se adentraba en un nuevo territorio. Sin embargo, lo tenía difícil para prosperar en su carrera si se negaba a realizar una tarea así. Con todo, dado que Ali Hasan al-Mayid odiaba a la prensa y se negaba a conceder entrevistas, Mayada apenas sabía por dónde empezar. Además, Ali era un poderoso primo de Sadam Husein y un hombre ocupado en esos tiempos de guerra. ¿Qué podría hacerle aceptar una entrevista con ella, una articulista cuyo estilo era considerado por mucha gente blandengue periodismo femenino?

Mayada pasó toda la tarde haciendo llamadas a amigos influyentes que podrían tener relación con Ali Hasan al-Mayid. Después de haber recibido las negativas de más de diez conocidos, los cuales le aseguraron que estaba perdiendo el tiempo persiguiendo a un hombre que no concedía entrevistas, decidió irse a casa. Tal vez su madre tuviera alguna idea.

Más tarde, esa noche, cuando ya había acostado a Fay, Mayada se sentó a cenar con su madre. Cuando la cocinera hubo servido la comida y volvió a la cocina, Mayada le explicó el delicado problema.

Salwa escuchó con atención, luego ofreció su consejo con toda tranquilidad.

—Mayada, pídele al doctor Fadil que interceda por ti. Ha llamado antes y ha dicho que había pensado en pasar de camino a su casa. —Al ver la mirada de escepticismo de Mayada, Salwa le aseguró sin titubeos a su hija—: Te ayudará. Estoy segura.

Mayada no estaba del todo convencida. Había oído al doctor Fadil insultar a Ali Hasan al-Mayid más de una vez, lo cual dejaba pocas dudas de cuánto despreciaba al hombre. El doctor Fadil insistía en que Ali al-Mayid era un patán inculto, como la mayoría de los familiares de Sadam. Y aunque el nuevo cargo del doctor Fadil como jefe de todo el servicio secreto lo situaba en la jerarquía burocrática por encima de Ali al-Mayid, el primo de Sadam ocupaba un lugar más cercano y querido en el poderoso corazón del presidente, lo que concedía a Ali la ventaja emocional en cualquier conflicto político con el doctor Fadil. No cabía duda de que el doctor Fadil era consciente de ese hecho y eso explicaría su desprecio hacia Al-Mayid. Así que ¿por qué iba a ponerse en contacto con un hombre al que odiaba? ¿Solo para ayudarla?

Mientras esperaba la visita del doctor Fadil, Mayada cogió lápiz y papel y escribió todo lo que había oído sobre Ali Hasan al-Mayid.

Por un par de fotografías que había visto, sabía que era un hombre atractivo que al parecer tenía entre treinta y tantos y cuarenta años. Había nacido en Tikrit, era el primogénito del tío de Sadam Husein, el hermano del fallecido padre del presidente. Al igual que la familia de Sadam, la de Ali pertenecía al clan musulmán suní de Al-Bejat, parte de la tribu Al-bu Nasir, que era el grupo dominante del distrito de Tikrit. Al igual que todos los iraquíes de esa época, la lealtad tribal desempeñaba un papel que afectó a todo lo referente a su juventud y había forjado unas relaciones de por vida con los miembros del clan, incluido Sadam.

Desde su infancia, Ali al-Mayid fue un ferviente partidario del Partido Baaz, pero a diferencia de Sadam, su estatus era estrictamente bajo. En realidad, antes de la revolución de 1968, Ali era un soldado de primera clase que trabajaba como simple mensajero con una motocicleta del ejército. Sin embargo, como su primo Sadam había fortalecido su poder, la influencia de Ali se había disparado.

Ali había demostrado desde un principio tener mentalidad para el poder en la corte cuando contrajo matrimonio con la hija de Ahmed Hasan al-Bakir, el presidente de Irak tras la revolución de 1968. No obstante, cuando Sadam apartó al suegro de Ali, Al-Bakir, de la presidencia en 1979, Ali siguió siendo fiel a su tribu y a su primo Sadam, en lugar de rendir lealtad al padre de su mujer. En la sociedad tribal iraquí, la decisión de Ali no resulta sorprendente. Si se ve obligado a escoger, un hombre siempre preferirá brindar lealtad a su tribu más que a su familia política.

Después de que Sadam se autoproclamase presidente, Ali ascendió con rapidez en la jerarquía baazista y se convirtió en uno de los funcionarios de más confianza de Sadam. Era un veterano del Partido Baaz y un miembro de alto rango del Consejo de Mando de la Revolución. Durante el transcurso de la guerra de Irán-Irak, Ali era uno de los consejeros militares más allegados a Sadam.

Cuando llegó el doctor Fadil, la madre de Mayada sacó el tema enseguida. Le sirvió una copa al doctor Fadil y se deshizo en elogios por su último libro.

—Mayada tiene un favor especial que pedirle —le dijo.

Mayada analizó su reacción. El doctor Fadil no parecía muy satisfecho. Como había llegado a sus vidas en calidad de admirador de Sati, Mayada le había pedido al doctor Fadil, más de una vez, que ayudase a sus vecinos y amigos en los problemas relacionados con la seguridad. En la mayoría de las ocasiones, él había ayudado de buena gana. Sin embargo, tras la repentina súplica de Mayada dos años atrás para que ayudase a Um Sami a localizar a sus gemelos, el doctor Fadil se mostraba precavido antes sus peticiones.

El doctor Fadil cogió su copa con ambas manos.

—Por supuesto —les dijo a Salwa y a su hija—. Haré lo que sea por ti, Mayada. Eres una digna hija de Irak.

—Kamil me ha encomendado una difícil tarea. —Mayada hablaba a toda prisa—. Se supone que debo ponerme en contacto con Ali Hasan al-Mayid y hacerle una entrevista. Kamil quiere que la

164

revista publique un artículo sobre política de seguridad iraquí. Y sobre Sadam. Por último, mientras lo entreviste, me han pedido que descubra al «verdadero» hombre que hay tras el oficial del ejército. Hasta ahora, nadie ha podido ayudarme. Es muy evasivo.

El doctor Fadil hizo una mueca.

—¿Ali Hasan al-Mayid? ¿Qué le importará al pueblo iraquí? —El doctor Fadil hizo como si escupiera—. ¡Escupo en su cara!

Mayada retrocedió alarmada. Miró a su madre.

Salwa observó el arrebato del doctor Fadil y apenas logró esbozar una sonrisa. Se bebió el café y habló.

—Doctor Fadil —dijo por fin—, no se preocupe si no puede hacerlo. De todas formas, al parecer nadie ha conseguido convencer a ese tal Al-Mayid de que conceda una entrevista. Estoy segura de que a usted también se la negará, como ha ocurrido con todos los demás. Se ha convertido en alguien demasiado poderoso como para molestarse por lo que opinan sus subordinados.

Al oír las palabras de Salwa, una desconocida expresión de miedo inundó los ojos del doctor Fadil. Se quedó sentado, boquiabierto durante un breve instante antes de echar la silla hacia atrás y ponerse en pie de un salto. Incluso tiró parte de la copa en el proceso. Tenía la cara muy enrojecida.

—¿De veras cree que se atrevería a negármelo? ¡Jamás! —El doctor Fadil estaba que echaba chispas, siguió así durante un rato y a continuación miró a Mayada y dijo, taxativo—: Tendrás tu entrevista. No te preocupes. —Luego salió corriendo de la habitación, gritando mientras se iba—: ¡Te llamaré mañana para decirte el lugar y hora de la entrevista!

En cuanto la puerta se cerró de golpe tras él, la madre de Mayada empezó a reír y a aplaudir con disimulo.

—Allá va un pequeño consejo para ti, hija. No hay hombre musulmán capaz de soportar que la gente crea que hay otro hombre más poderoso que él. Hará cualquier cosa para demostrar lo contrario. —Salwa se inclinó hacia delante y cariñosamente le pellizcó la mejilla a Mayada—. Escucha mis palabras. Tendrás tu entrevista. —Se alisó el vestido mientras bostezaba—. Bueno, estoy cansada. Creo que me retiraré temprano y leeré un poco. Han publicado un nuevo artículo sobre Yido Sati. Quiero ver si el autor ha citado bien los hechos.

Mientras observaba a su madre caminar con gracilidad por la habitación, Mayada sintió una repentina admiración. Su madre siempre conseguía lo que quería.

Mientras estaba tumbada en la cama a la mañana siguiente, nerviosa por el día y la misión que la esperaba, sonó su teléfono. El que llamaba era el doctor Fadil.

Tenía un tono de trabajo, casi brusco.

—Mayada, Ali Hasan al-Mayid estará encantado de verte. Acude a mi antiguo despacho. Allí es donde pasa sus días. Preséntate el lunes por la mañana a las nueve en punto. Cuéntame cómo te ha ido. —El doctor Fadil colgó antes de que Mayada pudiera darle las gracias.

El amigo de la familia había intercedido por ella una vez más. Mayada se levantó de un salto de la cama con energías renovadas. Se moría de impaciencia por ver la cara de Kamil cuando le informase de que había conseguido una entrevista con el evasivo Ali al-Mayid. El artículo sería un éxito para la revista.

Aunque estaba encantado, Kamil no demostró la sorpresa esperada cuando Mayada le contó las buenas noticias. En cambio, la invitó a su despacho para preparar el cuestionario de la entrevista. Eso ocurrió a principios de abril, y el cumpleaños de Sadam era el día 28 de ese mismo mes. Kamil quería publicar el primer artículo del presidente, y si Ali al-Mayid estimaba conveniente hacer un par de comentarios personales sobre sí mismo, eso sería la guinda del pastel.

Kamil puso fin a la reunión.

—Mayada, es difícil aconsejarte sobre esta entrevista —dijo—. Nadie conoce a ese hombre. Es su primera entrevista. Sigue tu instinto y espera a ver dónde te lleva la entrevista.

El lunes siguiente, Mayada llegó al antiguo despacho del doctor Fadil. Estaba nerviosa y deseó por un momento que el motivo de su visita fuera ver al doctor Fadil en lugar de a su intimidatorio sucesor. Le temblaban las manos por los nervios. No sabía qué esperar.

La acompañaron a su despacho y le sorprendió ver que Ali al-Mayid no había cambiado nada de la decoración. El techo seguía siendo chabacano como el de una discoteca, las mesas de juego seguían allí sin ser utilizadas, y los viejos muebles del doctor Fadil continuaban dispuestos del mismo modo. Miró al suelo y vio que la antigua alfombra marrón que el doctor Fadil había pisado tantas veces seguía allí. Luego Mayada dirigió la vista hacia el fondo del enorme despacho.

Ali Hasan al-Mayid estaba de pie detrás de su escritorio.

Era alto y delgado, y de espaldas anchas. Tenía unos ojos grandes y expresivos, de un intenso negro azabache. Tenía la nariz pequeña, pero bien proporcionada para su cara. Su piel era suave y clara. Un perfecto bigote peinado enmarcaba sus labios, que dibujaron una sonrisa que dejó a la vista unos dientes asombrosamente blancos y parejos. Iba vestido de militar. Rodeó la mesa y se dirigió hacia Mayada. Se irguió ante ella cuan alto era; su mirada resultaba demasiado penetrante.

—Bienvenida a mi despacho. Por favor, tome asiento y póngase cómoda.

Mayada rompió su quietud y se acomodó en la silla, luego se ocupó en rebuscar en el bolso un lápiz y una libreta de notas. Con sus herramientas de periodista en mano, se apresuró a hacer las preguntas sin pensar, mientras tomaba nota de las respuestas de Ali y seguía adelante, intentando que la peligrosa entrevista tocase a su fin.

Ali al-Mayid miraba a Mayada de forma inquisitiva mientras ella hacía un ridículo espantoso.

—¿Así que es usted la nieta del gran Sati al-Husri?

Mayada levantó la vista de su cuaderno de notas y vio cómo la estaba examinando con ojos estrábicos mientras se rascaba la barbilla.

—Sí —respondió—. Sati al-Husri era el padre de mi madre.

—¡Por Dios!, Sadam dice que su abuelo fue uno de los grandes árabes. Dijo que Sati al-Husri era un hombre peculiar, un estudioso con nervios de acero. ¿Es cierto que se negó a permitir que los ingleses robasen nuestros tesoros?

La aprensión de Mayada se relajó solo un poco.

—Bueno, no los recibió con el cuchillo en la mano. Yido Sati era un hombre pragmático, pero inteligente. Así que en lugar de atacarlos, fue más astuto que ellos.

Ali al-Mayid la miró y reflexionó sobre su respuesta.

—Cuéntemelo —insistió.

Con esa conversación sobre Sati, Mayada se sintió de pronto tan cómoda que bromeó con el poderoso hombre.

—Estoy aquí para entrevistarle, no para que usted me entreviste a mí.

—Bueno... entonces cuénteme una historia sobre un hombre que vence a sus enemigos sin usar la fuerza física.

Mayada se rió con tantas ganas que se echó hacia atrás al ver cómo Ali al-Mayid hacía alarde de musculatura como un forzudo de circo.

La miró con una sonrisa burlona.

—Continúe. Es una orden. Cuénteme alguna anécdota sobre su abuelo y yo le contaré todo lo que sé sobre mí —le dijo como si fuera un regateo.

Esta entrevista iba a ser mejor de lo que ella jamás habría esperado. Kamil se iba a volver loco de contento.

Mayada dejó el lápiz sobre su libreta.

—Está bien. Lo haré —accedió. Se recostó sobre el respaldo de la silla—. De niña pasaba muchas horas con mi Yido Sati, recuerdo el día en que me contó esta historia en particular. Así que sé que es cierta hasta la última palabra.

»Cuando el moderno Irak fue creado, el rey Faisal dependía de mi abuelo para muchas cosas. Era director general de Educación. Era el decano de la facultad de derecho. Y era el consejero de Antigüedades del rey Faisal, pese al hecho de que el Alto Comisionado Británico en Irak, sir Percy Cox, había nombrado a Gertrude Bell, una mujer inglesa, directora honoraria de Antigüedades. Cuando la señora Bell falleció, no obstante, Sati ocupó el puesto.

»Como probablemente ya sabrá, Gertrude Bell era una mujer extraordinaria. Era escritora, aventurera y amiga íntima de Lawrence de Arabia e incluso fue consejera de algunos reyes. Era una representante muy importante del gobierno británico. Había pocas personas que soportasen su fuerte personalidad, y su gobierno, por lo general, la apoyaba en sus inteligentes iniciativas. Incluso desempeñó un papel en la selección de Faisal como primer rey. La señora Bell se tomaba su cargo honorífico muy en serio. Solo un año después de que Irak fuese reconocido como nación, la señora Bell entró en el despacho de Sati aireando un documento, diciendo que quería que consiguiese la aprobación del Gabinete para una nueva ley. Le dijo que ya había una expedición excavando en el yacimiento del Ur. Quería que se aprobase una nueva propuesta, una ley que cambiaría el método de gestión de los tesoros descubiertos.

»Mi abuelo era el hombre más honrado que jamás ha existido y cuando se llevó ese documento a casa para revisar el proyecto, le horrorizó ver que ella le proponía una nueva ley basada en el tratado firmado por las Fuerzas Aliadas en Turquía; una ley que permitiría que el producto de la excavación fuera propiedad del excavador. En otras palabras, los arqueólogos tendrían permiso para llevarse muchos de los tesoros de Irak a Inglaterra. Entonces mi abuelo estudió la antigua ley otomana, la que se había aplicado siempre en la zona, y descubrió que todas las antigüedades que se habían desenterrado pertenecían al gobierno; el excavador solo se llevaba las réplicas, o los moldes de yeso. Las expediciones extranjeras no tenían permiso para sacar absolutamente ningún objeto antiguo fuera del país.

»Al día siguiente, Gertrude Bell regresó al despacho de Yido Sati para recoger el documento firmado, pero no recibió la respuesta que esperaba. Mi abuelo compartió lo que había descubierto con ella y le dijo que lo sentía, pero que no podía pedir al Parlamento que aprobase la nueva ley que ella proponía, porque resultaría perjudicial para Irak. —Mayada se rió—. Yido Sati jamás había visto a una mujer enfadarse tanto y tan deprisa. Dijo que se puso roja y que respiraba con tanta rapidez y dificultad que parecía como si estuviera soplando un cuerno. Mi abuelo pensó que le gritaría. Sin embargo, él se levantó con cara de tranquilidad. Al final, la señora Bell recuperó su flema británica y se tranquilizó; se quedó muy calmada y habló de otra forma. Yido Sati sabía que estaba pensando cómo deshacerse de él; estaba en lo cierto. Tres días después, los británicos le informaron que la responsabilidad de las excavaciones en los yacimientos arqueológicos había sido concedida al Ministerio de Transportes y Obras Públicas. El hombre que ocupaba ese cargo era bastante débil y de inmediato cedió ante las exigencias de la señora Bell. Mi abuelo me contó que tuvieron que ceder durante un tiempo y que creía que Irak había perdido un gran número de antigüedades a causa de la ley de la señora Bell, pero él consiguió que la ley que él apoyaba fuera aprobada y salvó muchas otras antigüedades para los iraquíes. Gertrude Bell se sintió enormemente disgustada con mi abuelo, por decirlo con delicadeza.

Ali al-Mayid parecía animado con la historia de Mayada.

—Continúe —ordenó—, cuénteme más.

—Se produjo un nuevo incidente poco tiempo después, que resultó incluso más interesante, relacionado con la antigua arpa de oro de Irak. Un representante británico solicitó una entrevista con el rey Faisal para informarle de que el rey Jorge V de Inglaterra pronto celebraría su cumpleaños. Ese hombre sugirió con insistencia que el rey Faisal podría regalarle el arpa de oro de los sumerios a la Corona británica. Esa sugerencia ponía al rey Faisal en un difícil apuro, porque los británicos parecían decididos a hacerse con el arpa, el instrumento más raro del mundo. Faisal puso una excusa ante el enviado e insistió: «Más tarde, más tarde». El rey llamó a Yido Sati y le pidió su opinión sobre cómo evitar tamaña catástrofe. Sati aseguró al rey Faisal que se encargaría de la cuestión y que desviaría la furia británica hacia su persona. Sati se dirigió directamente a los británicos y les informó de que su rey no se encontraba en posición para entregar el arpa de oro de los sumerios, pese a lo mucho que pudiera honrar al rey Jorge, ya que había una ley que prohibía dicho traslado. Sati le dijo al enviado británico que podía llevarlo a un anticuario cuyas imitaciones ya estaban en los museos iraquíes y que estaría encantado de ayudarlo a escoger una réplica exacta del instrumento para el cumpleaños del rey Jorge.

»Los británicos quedaron desconcertados porque se jactaban de ser un país respetuoso de la ley. Así que tuvieron que quedarse con una copia en lugar de con el arpa de oro auténtica. Después de aquello, el rey Faisal siempre bromeaba con Sati y le decía que el arpa se había salvado gracias al corazón y la personalidad de hierro de Sati. El rey Faisal insistía en que Sati era el único hombre del país que podría haber protegido el patrimonio del arpa para el pueblo iraquí. Sin Sati, decía, los codiciosos dedos británicos habrían tañido ese instrumento en los años venideros. Los británicos odiaron a mi abuelo a partir de entonces. No se sintieron satisfechos hasta que lo exiliaron del país, lo que hicieron años después, cuando utilizaron un levantamiento popular como pretexto para incluir a Sati en la lista de indeseables.

Ali al-Mayid pareció aburrido de pronto con la anécdota de las antigüedades. Su sonrisa desapareció.

—Muéstreme ese anillo —le ordenó a Mayada, gritando y mirándole el dedo en el que llevaba un anillo con incrustaciones de zafiros y diamantes que su madre le había regalado hacía poco.

Mayada se dio cuenta de que Ali hablaba en voz muy alta, utilizaba un tono nasal parecido al de Sadam. A Mayada le sorprendió tanto su petición que se quitó el anillo del dedo y se lo pasó.

Contempló a Ali mientras este estudiaba la joya con detenimiento. Le daba vueltas en las manos y miraba las piedras desde abajo.

—¡Por Dios!, ¿estas piedras son auténticas?

Ella se quedó helada.

—Por supuesto que son auténticas. Mi madre lo compró en Tiffany's. Por la celebración del nacimiento de mi niña, Fay.

En ese momento, Ali señaló al vestido de Mayada.

—¿Dónde compró el vestido?

—Mi hermano lo compró en París.

La belleza física del hombre en cuestión disminuía a ojos de Mayada con cada palabra que decía.

Ali sonrió, luego inclinó la cabeza, ladeándola, con un gesto encantador e infantil.

—¡Por Dios!, ¿se tiñe el pelo?

El nerviosismo inicial de Mayada iba en aumento, a medida que Ali al-Mayid la miraba con tosquedad. Puede que fuera uno de los hombres más poderosos del país, pero no era más que un maleducado paleto de pueblo. Carecía de modales para comportarse en sociedad, era incapaz de ocultar su descarada curiosidad. Mayada pensó que tal vez fuera Sadam Husein quien no permitía que se le hicieran entrevistas. A diferencia del hombre que tenía enfrente, Sadam se había esforzado por ampliar sus conocimientos sobre el mundo. Había asistido a la facultad de derecho de El Cairo, aprendió modales en la mesa y a vestir como un caballero; cualquier cosa que sirviera para distanciarse de su pasado pueblerino. Lo de Ali era otra historia. Estaba segura de que Sadam tenía que sentir vergüenza de que la sociedad bagdadí supiera que un hombre así era su primo carnal.

Ali al-Mayid sonrió con regocijo, en apariencia feliz por verse liberado de su silencio autoimpuesto (o impuesto por Sadam). Respondió a todas las preguntas de la lista de Mayada y a continuación insistió en que se llevase su número de teléfono privado. La animó a llamarlo después de la fiesta de cumpleaños de Sadam para que pudiera concederle una entrevista mucho más larga sobre su historia personal.

—Le contaré toda mi vida —le prometió con una sonrisa muy simpática.

Cuando Mayada salió del despacho de Ali Hasan, fue directamente a la revista. Kamil se reunió con ella a la entrada y la acompañó a su despacho privado. Se mostró sorprendido y encantado cuando ella le leyó sus notas.

—Se ha abierto a ti —reconoció con una amplia sonrisa—. Esperaba que lo hiciera.

Mayada le contó a Kamil la mejor noticia.

—Me ha prometido que me concedería una entrevista más extensa. Me ha dicho que me contará todos los detalles de su vida personal.

Kamil rió con ella.

—Esto es un exitazo. Nadie había conseguido jamás hacerle hablar de forma oficial. —Entonces salió disparado para suprimir un artículo programado para el siguiente número de la revista, con objeto de que el artículo de Mayada sobre Sadam lo sustituyera. Una semana más tarde, se publicó la historia de Mayada. El artículo se convirtió en la comidilla de Bagdad, porque era la primera vez que Ali Hasan al-Mayid hablaba.

El primo de Sadam cumplió su promesa de darle información sobre su vida a Mayada para que pudiera escribir un artículo sobre él. Cuando ella llamó a su despacho después de la fiesta de cumpleaños de Sadam, la invitó alegremente a volver. Al llegar, se sorprendió de nuevo por la increíble apariencia externa del hombre, aunque su belleza ya no le evocaba nada mágico.

Ali al-Mayid parecía encantadísimo de ver a Mayada y le anunció que había hecho un hueco en su agenda para la reunión con ella. Dio un grito para que alguien le trajese té y galletas y, antes de que ella pudiera responder, le ordenó con brusquedad que se sentase.

—¡Hoy hablaré yo! —Ali parecía ilusionado como un niño, así que Mayada se sentó y escuchó.

Ali se aferró a ambos lados de la mesa y la miró con impaciencia mientras Mayada disponía la libreta, el lápiz y la grabadora. En el momento en que estuvo lista, Ali dejó que la historia de su vida saliera a borbotones de sus labios, los labios de un hombre que al parecer había anhelado un público durante toda su vida.

—Esta es la vida de Ali Hasan al-Mayid al-Tikriti —anunció a voz en grito—: orgulloso hijo de Hasan Mayid al-Tikriti. Tres hermanos me acompañan, Abid Hasan, Hashim Hasan y Suleimán Hasan. —Lució una enorme sonrisa antes de continuar.

Mayada estaba hipnotizada con aquel hombre niño, se sentía cien años mayor que él, que el mismísimo director de la policía secreta de Irak.

—Gracias a nuestro gran líder, Sadam (que Alá lo proteja y lo bendiga), todos saben que nací en la pobre zona rural de Tikrit. Tuve que dejar la escuela de niño, porque mis hermanos y yo nos turnábamos para cuidar de las ovejas. Tenía que recorrer largas distancias a pie para encontrar lugares de pastoreo, pero estaba atento a los lobos y jamás se comieron a una sola oveja cuando yo estaba de guardia. ¡Ni una! Como que me llamo Ali que mis hermanos no podían competir con mi diligencia. Si esos malvados lobos merodeaban con sigilo en torno a mi rebaño, yo les tiraba piedras y los espantaba con las manos abiertas así. —Emuló aquellos antiguos movimientos, levantando las manos en el aire, se agachó y adoptó una postura que Mayada tuvo que admitir que parecía bastante feroz. Sin embargo, no se asustó, sino que se rió. Se rió con total libertad—. Como que me llamo Ali que esos días de vigilancia de ovejas me convirtieron en un soldado siempre alerta, que nunca le quita los ojos de encima al enemigo.

»Éramos tan pobres que no supe lo que era un cine hasta ser un hombre adulto. Así que no me he acostumbrado a ir al cine, y he visto una sola película en toda mi vida, una película religiosa sobre el profeta José. —Se encogió de hombros—. Estuvo bien, pero prefiero leer el periódico y las revistas.

»Tengo mucha azúcar en la sangre que se convirtió en diabetes y tengo que inyectarme insulina todos los días. —Sorprendió a Mayada cuando se apresuró hacia un aparador apoyado contra la pared y sacó una delgada aguja y una pequeña ampolla de medicina de un cajón. Luego corrió de vuelta a su lado y se dio un pinchazo en el brazo.

Rió cuando ella hizo una mueca de dolor, aunque Mayada le aseguró que su reacción había sido fruto de la sorpresa y no por miedo a las agujas.

—Antes de que mi padre muriese de cáncer aprendí a ponerle inyecciones, para el dolor —comentó Mayada—. Cuando la enfermera se iba de nuestra casa por las tardes, yo tenía la responsabilidad de ponerle las inyecciones. También me enseñaron a poner inyecciones intravenosas.

Ali al-Mayid pareció sinceramente conmovido por la terrible experiencia del padre de Mayada y la miró con compasión. Le dijo que lo sentía, que perder un padre debía de ser lo peor para una joven. Él quería a su hija más que a su propia vida, le contó a Mayada, pero de eso ya le hablaría más tarde. Entonces, Ali volvió al tema de la diabetes.

—Es una lástima tener diabetes porque me encantan los dulces más que cualquier otro alimento. Algunas veces como un montón de pasteles y simplemente espero que ocurra lo mejor. Mi dulce preferido es el *trifle*, el pastel de gelatina con crema de vainilla y fruta en capas. También me gustan las chocolatinas. —Dio la vuelta para llegar hasta su mesa y presionó un botón que había debajo. Un sirviente entró en la habitación—. Tráeme una caja de cada de todas las marcas de chocolates que me gustan —ordenó Ali.

Mayada protestó, porque desde que era una mujer adulta no le resultaba fácil mantener la línea y no podía ni imaginar comer chocolate sin restricciones. Sin embargo, Ali al-Mayid no era un hombre que escuchase. Pasado un rato, tenía el regazo cubierto de cajas de barras de chocolatinas Mars, Kit Kat y Smarties, y puesto que Ali parecía emocionado al entregarle ese pequeño obsequio, Mayada aceptó las cajas, pensando que invitaría a chocolatinas a sus compañeros de la revista.

—Quiero que asista a una boda dentro de cuatro días. Mi hermano se casa con la cuñada del doctor Fadil al-Barrak.

—Ya lo he oído —murmuró Mayada, todavía sorprendida de que dos hombres que habían demostrado sentir tanto odio mutuo accedieran a que sus familias establecieran un vínculo tan íntimo. Para evitar una conversación sobre el doctor Fadil, Mayada cambió de tema—. ¿Cuántos años tiene la novia? —preguntó.

—Dieciséis.

—Es demasiado joven —protestó ella, pensando en su hija, que cumpliría dieciséis solo dentro de quince años. Mayada jamás habría permitido que su querida Fay se convirtiera en una niña novia. Pensó que la costumbre árabe de las novias jóvenes era primitiva.

Ali al-Mayid rió.

—Dieciséis es la edad perfecta para que una chica se case. Mi hermano es un hombre afortunado. La puede moldear a su gusto.

Mayada no dijo nada al oír ese comentario, pero sintió una vez más cierta felicidad interior por haber nacido en el seno de una familia culta, donde las mujeres eran valoradas tanto como los hombres.

Ali al-Mayid cogió una pequeña pelota de goma roja que estaba sobre su mesa y empezó a amasarla entre los dedos mientras sacaba el tema que Mayada había intentado evitar.

—¿Cómo conoció al doctor Fadil al-Barrak?

—En 1979 habló con mi madre y le pidió que le prestase los libros y artículos de mi abuelo Sati —explicó Mayada—. Estaba escribiendo un libro y lo necesitaba para su investigación. A partir de entonces se convirtió en generoso amigo de nuestra familia. La amistad surgió por Sati, claro —se apresuró a añadir.

Ali se estremeció de pies a cabeza por la incomodidad. Tiró la pelota contra la pared y contempló cómo rebotaba por la habitación.

—No me gusta Fadil.

—¿Por qué? No se me ocurre nada malo sobre él.

Sus palabras hicieron que Ali frunciera el ceño; estaba ansioso por explicar su desprecio.

—Cuando asumí el cargo en la policía secreta, un grupo de gitanos vino a quejarse de él. Fadil les había ordenado que abandonasen un terreno en el que estaban viviendo a las afueras de Bagdad. Convoqué al patriarca gitano en mi despacho y descubrí que era el hermano de Hamdiya Salih, una conocida cantante gitana. —Miró a Mayada y sonrió—. Me gustan los gitanos. Son seres humanos al fin y al cabo. De cualquier manera, esa pobre gente no tenía otro sitio donde vivir. Así que llamé a Fadil y le ordené que enviase a uno de sus funcionarios de más alto rango para que condujese a ese gitano al nuevo despacho de inteligencia de Fadil. —Ali se rió a carcajadas—. Le ordené a Fadil que se disculpase y que le devolviese el terreno. Creo que había construido una casa enorme en él por aquel entonces y tuvo que abandonarla. —Ali no podía parar de reír al recordar cómo había humillado al doctor Fadil.

Mayada por fin entendía la razón por la que el doctor Fadil odiaba a Ali Hasan al-Mayid. Debido a la íntima relación familiar de Ali con Sadam, el doctor Fadil estaba obligado a obedecer las órdenes de Ali, pese al hecho de que el doctor ocupase un cargo superior. Mayada seguía sintiéndose incómoda, porque no deseaba menospreciar al doctor Fadil en modo alguno, así que recordó una de las tácticas de su madre y halagó al hombre.

—Fue muy amable y generoso por su parte.

Él la miró con intensidad.

—Yo soy así, ya ve. Soy el hombre más amable de todos. ¡El más amable! —Ali al-Mayid se sentó sobre su mesa y empezó a balancear los pies—. Le contaré otra historia. Vino a verme una mujer para decirme que su único hijo había sido ejecutado porque era activista islámico. No tenía donde acudir. Su marido estaba muerto, su otro hijo estaba muerto, no tenía hermanos. Esa pobre mujer era vieja, casi ciega. Así que ordené que le dieran una casa y una paga mensual de 100 dinares [330 dólares]. Que su hijo hubiera obrado mal no era motivo para castigarla. —Miró a Mayada y le sonrió alegremente—. ¿Qué le parece?

Mayada asintió y mostró su conformidad.

—Me alegro de que la haya ayudado. Odio la crueldad con toda mi alma. —Entonces se preguntó por qué el hijo de la mujer había sido ejecutado. Ser demasiado religioso no era sinónimo de pena de muerte en Irak, y ese hecho aterrador la entristeció y la enfureció.

Ali se tiró de los labios antes de preguntar.

—¿Solo escribe para la revista?

—No. Tengo otros proyectos. Estoy escribiendo un libro de relatos.

El hombre se emocionó.

—¡Por Dios! ¡Si yo tengo dos o tres historias perfectas para su libro! —Empezó a hablar a toda prisa y quedándose sin aliento—. ¡Escúcheme! Es una historia militar. Hace unas pocas semanas uno de nuestros soldados escapó de su unidad y se escondió en los pantanos de Umara. Para sobrevivir, bebió el agua de los pantanos y comió los peces que pescaba. Pero un día, los iraníes llevaron a cabo una gran ofensiva contra las unidades iraquíes cerca de esa zona y ese joven soldado olvidó que era un desertor. Así que luchó con otra unidad y acabó siendo un héroe que capturó a cinco iraníes. Entonces recordó que era un desertor y que estaba con el destacamento que no le correspondía. Confesó su condición al oficial en jefe de esa unidad y fue condenado a pena de muerte. Bueno, tuvo suerte de que yo me enterase de la historia antes de que lo ejecutasen. Me puse en contacto con el presidente y le hablé sobre este héroe que había sido víctima de un momento de cobardía. Sadam, nuestro líder, que Alá le conserve la salud, me dijo que salvara la vida de ese soldado y lo llevase a palacio. Lo hice, y ¿a que no adivina lo que ocurrió? El soldado recibió la *Wissam al Saya* [medalla al valor] de manos del líder Sadam, que Alá le conserve la salud, e incluso una paga extra en metálico. Incluya esa historia en su libro. Allá va otra. —Saltó de la mesa y clavó los pies en el suelo. En lugar de contarle la historia, Ali cambió el tono de voz y pareció que empezaba a entonar una balada sobre su gran amabilidad—. Hace unas cuantas semanas iba de camino al despacho y mis *mawkib* [coches llenos de guardaespaldas que rodeaban su vehículo] fueron adelantados por un automóvil que circulaba a toda velocidad. Cuando el conductor se puso a mi altura y me reconoció, detuvo el coche. Mis guardaespaldas rodearon el automóvil y le ordenaron que saliera. Bueno, como que me llamo Ali que ese pobre hombre parecía tan asustado que no era capaz de mantenerse erguido y cayó al asfalto. Salí del coche e intenté tranquilizarlo. Al final lo invité a viajar conmigo. Vi cómo temblaba al subir a mi coche, pero le hablé y lo llevé a mi despacho donde hice que mis sirvientes le trajeran té y galletas. Bromeé con él y al final se dio cuenta de que no lo iba a enviar a la cárcel por adelantar a mi coche. —Miró a Mayada con cara de desconcierto—. No entiendo por qué la gente me tiene miedo. Yo protejo a los iraquíes de sus enemigos. ¿Qué tiene eso de malo?

Mayada no era lo bastante valiente como para mencionar que podría existir una razón válida para los miedos de los iraquíes, teniendo en cuenta los castigos impuestos por la policía secreta, así que asintió y no dijo nada, aunque la historia de los hijos de Um Sami no paraba de darle vueltas en la cabeza. Deseó contarle a Ali ese trágico incidente, pero no reunió el valor necesario. Mayada permaneció en extremo tranquila, pensando en la situación. Decidió que Ali le recordaba a una chica que había conocido en la facultad que agotaba a todos los compañeros de clase con su cháchara hasta que la evitaban. Se preguntó si el médico le había aconsejado a Ali que tomase sedantes.

Su euforia alcanzó cotas alarmantes.

—Ya le he dicho que antes era muy pobre, pero ahora soy rico y me gusta. Claro, su familia es próspera desde hace muchas generaciones, así que no tiene ni idea de qué significa sentir hambre o no tener zapatos o no tener los libros que quiere leer ni poder vestir la ropa de los diseñadores que le gustan. Como que me llamo Ali que usted nació con suerte. Pero aunque haya sufrido en mi juventud, ahora conduzco coches con los que antes solo podía soñar. Y vivo en una casa que me parece un museo. Sadam, nuestro líder, que Alá le conserve la salud, viene a visitarme a menudo, y tiene buen ojo para las cosas bonitas. Siempre que me visita, me ordena: «Ali, pon un acuario»; «Ali, cambia la forma de la piscina»; «¡Ali, tira esa pared!». Una broma entre mi primo mayor y yo es que nunca tendré la casa que él considera adecuada para mí. Me dijo una vez que tendría que haber ido a la universidad para ser arquitecto, así que podría seguir su consejo para darle el gusto. —Ali al-Mayid sonrió con alegría—. Nuestro presidente quiere que tenga todas las cosas buenas que jamás tuve en Tikrit. Es un buen primo. —Se aclaró la voz—. ¿Y ahora? ¿Y ahora…? Ah, sí, mis hijos. Mi hijo mayor se llama Omar. Tengo un segundo hijo que se llama Hasan. Luego mi esposa se quedó embarazada por tercera vez. Tuve el presentimiento de que iba a ser una niña. Estaba emocionado y decidí que si era niña, le iba a hacer un regalo especial, un nombre original. Así que la llamé Hiba, que significa «obsequiada». No creo que haya ningún iraquí (ni siquiera otro árabe) al que se le haya ocurrido ponerle un nombre tan bonito a su hija. Pero un día iba conduciendo con mi séquito y ocurrió algo. Sentado a mi lado, mi guardaespaldas avistó una heladería llamada Hiba. Me sorprendió tanto que paramos los coches. Bajé y vi que el dueño temblaba de los nervios. Le pedí que se tranquilizase, le pregunté de dónde había sacado el nombre de Hiba. Me dijo que era el nombre de su hija mayor y que había llamado así a la tienda por ella. Ese día descubrí que Hiba era un nombre conocido y que muchas hijas de hombres orgullosos se llamaban así. —Añadió con timidez—: Y creo que yo fui el primero en pensar en ese nombre.

Daba la impresión de que Ali estuviera recordando algo, intentando rememorar otras historias. Sus pensamientos le condujeron de nuevo al miedo que inspiraba en los demás.

—No entiendo por qué tanta gente me tiene miedo. —La miró con una sonrisa maliciosa—. ¿Usted me tiene miedo, Mayada?

Por primera vez, ella sintió miedo.

—¿Por qué debería tenérselo? —susurró.

Una sonrisa llena de alegría hizo aparición en el rostro de Ali.

—¡Jamás! —dijo por fin—. Usted es la nieta de un gran hombre. Irak al completo la adora, al igual que la adoraba Yido Sati.

Cuando fue a servirse un vaso de agua, Mayada echó un vistazo a su reloj y vio que el hombre llevaba tres horas hablando sin parar. Afortunadamente, sonó el teléfono y tuvo que contestar. Susurró unas palabras al aparato y a continuación le dijo a Mayada que tenía otra cita. Aunque le insistió en que regresase a la mañana siguiente porque tenía muchísimas historias interesantes que debía incluir en sus artículos y en sus libros.

Mayada tenía sentimientos encontrados. Por una parte, no podía creer en su buena suerte. No había hecho nada para ganarse la confianza de ese hombre, una persona que con anterioridad se había negado a hablar con la prensa, pero que a ella le había abierto su corazón, animándola a publicar las historias de su vida privada en su revista y en su libro. Por otra parte, ese hombre zafio que se consideraba a sí mismo extraordinario podía mantener a un escritor ocupado durante varios años.

La madre de Mayada tenía la explicación más probable para el extravagante comportamiento de Ali al-Mayid. Sugirió que Sadam había animado a su primo Ali a sincerarse con Mayada. De no ser así, el hombre no se habría atrevido a contar su historia de esa forma. Desde que era un pobre estudiante en El Cairo, Sadam se había sentido cautivado por la reputación y la conducta amable de Sati al-Husri. Sadam sabía que el gran hombre jamás se había negado a hablar ni siquiera con el estudiante más pobre que había decidido hacerle preguntas para ampliar sus conocimientos académicos. La fascinación de Sadam por Sati se había extendido de forma automática a la hija y la nieta de Sati.

Durante tres días, Mayada escuchó en silencio, asintió con educación y tomó nota de todo lo que decía Ali al-Mayid. Mientras estaba escribiendo, de vez en cuando levantaba la vista y veía los ojos de Ali clavados en su rostro. Lo miraba con el rabillo del ojo atentamente, pero se daba cuenta de que en realidad no la veía, sino que se veía a sí mismo en las páginas de un libro. El comportamiento maníaco de Ali resultaba agotador y depresivo, y Mayada se sintió aliviada al presentarle todo el material completo a Kamil, quien le aseguró emocionado que tenía suficientes datos para varios artículos y hasta para un libro.

Desde ese momento, la trayectoria profesional de Mayada prosperó. Corrió el rumor de que era capaz de conseguir entrevistas con los funcionarios del gobierno más evasivos. Este éxito llenó el vacío de su matrimonio carente de amor, y había momentos en los que Mayada se sentía tremendamente feliz, como si todo lo que le esperaba fuese bueno.

Pasados unos meses, el jefe del departamento de Ali al-Mayid, el doctor Sad, llamó a Mayada a su casa.

—Hay un acto democrático mañana —dijo—. Ali al-Mayid quiere que acuda en calidad de enviada especial.

Ella accedió, claro. Mayada creía que la noticia sería un maravilloso trampolín para su carrera. De inmediato llamó a Kamil para contarle la buena noticia. No iría al trabajo al día siguiente, sino que estaría en el despacho de Ali al-Mayid.

Cuando Mayada se retiró esa noche, estaba inquieta y emocionada, convencida de que su carrera estaba tomando un rumbo importante.

Jamás había acudido a un acontecimiento de esa clase, así que se presentó en la sede central del doctor Fadil a las nueve menos cuarto de la mañana siguiente.

Era un hermoso día de verano en Bagdad. Mayada llevaba un vestido recién planchado y nuevo de estilo marinero con lazos azules que su madre le había comprado en Londres. Se había perfumado las muñecas y los lóbulos con la esencia Fashion De Leonard. Se sentía despreocupada y capaz de comerse el mundo.

El complejo de la policía secreta era enorme, pero Mayada fue acompañada a la sala de reuniones donde se celebraría el acto por uno de los ayudantes de Ali. El acontecimiento estaba programado en el gimnasio de la sede central. Había una piscina cubierta y un gran escenario, con una mesa alargada y numerosas sillas. Había dos micrófonos, uno en cada extremo del escenario. Ordenadas filas de asientos se enfrentaban a la escena.

Mayada fue conducida hasta la primera fila, allí tomó asiento. Fue la primera en llegar, así que se sentó a mirar mientras los demás llenaban la habitación. Por algún motivo se puso a tararear la conocida canción de The Mamas and the Papas «Monday, Monday».

El gimnasio no tardó en llenarse y entre la multitud se hizo un silencio cuando entró a grandes zancadas Ali al-Mayid, rodeado por sus guardaespaldas. Justo detrás entró marchando un nutrido grupo compuesto por otros funcionarios gubernamentales de alto rango.

Ali echó un vistazo a la habitación y vio a Mayada sentada en primera fila. Le hizo un gesto con la cabeza y le dedicó una sonrisa, luego se colocó delante de uno de los micrófonos. Pronunció un breve discurso y le dijo al público que la gestión del Departamento de Seguridad iba a cambiar. Se llevarían a cabo grandes cambios puesto que él ocupaba el cargo del doctor Fadil. Ali explicó que se aplicaría una democracia total, para lo que contaba con el apoyo incondicional de su primo, el líder Sadam Husein, que Alá le conserve la salud.

Todo el mundo sonrió y aplaudió con un entusiasmo un tanto exagerado. Cuando la ovación se silenció, Ali al-Mayid retomó la palabra y dijo que había reservado la parte más importante del acto para el final. Por primera vez en ese día, su semblante se tornó triste y adusto.

—Antes de que ocupase este cargo, los malhechores sencillamente desaparecían. Los encerraban o incluso los ejecutaban, pero la familia no recibía notificación de dónde estaban ni de cuánto tiempo tendrían que cumplir condena por su delito... ni de si estaban vivos. Eso estaba mal. Y como que me llamo Ali que eso se acabó, lo aseguro. Desde este momento, cuando un criminal sea detenido, acusado y sentenciado, las familias serán informadas. Puede que las familias decidan desheredar a esos traidores, pero eso dependerá de ellas.

Mayada miró a su alrededor con incomodidad. Muchas personas del público se removían en sus asientos por el malestar. Nadie podía dar crédito a la libertad con la que hablaba Ali al-Mayid, aparentemente sin preocuparle el hecho de que estar criticando a otro ministerio pudiera suponer un problema. Esa sinceridad era tabú en el Irak baazista, incluso para un pariente de Sadam y sobre todo en el contexto de un debate público. Mayada supo que iba a ocurrir algo importante. Así que dejó de escribir y encendió la grabadora, escuchó con atención mientras se le desbocaba el corazón.

—Quiero que las familias de todos los presos sepan exactamente dónde están sus seres queridos —dijo Ali—. Como que me llamo Ali que eso es lo correcto. —Entonces miró entre bastidores y gritó el nombre de un hombre. Un hombre alto y delgado con entradas y una mirada amable se aproximó al escenario. Se puso delante del segundo micrófono.

—Mi único hijo fue detenido hace seis meses —anunció—. No sé dónde está. Este es su nombre. —Se dirigió hacia Ali al-Mayid y le entregó un trozo de papel. Ali miró el nombre durante un rato, luego arrugó el papel con el puño antes de remover dos o tres papeles más que le había pasado su ayudante. Ali sacó una cinta de casete de una pequeña caja.

—Sí —afirmó—. Su hijo fue acusado de alta traición. Ha sido ejecutado. La localización de su tumba es desconocida. Aquí tiene una cinta con su confesión. Vaya a casa y escúchela, así no llorará la muerte de este traidor.

El apesadumbrado padre retrocedió asombrado. Durante un breve instante se contuvo para no derrumbarse, pero le apoyó a Ali una mano en el hombro y preguntó:

—¿Mi hijo está muerto? ¿Mi hijo está muerto?

Dos ayudantes corrieron al escenario y cogieron al hombre antes de que cayera redondo al suelo. Mientras se lo llevaban, Mayada vio sus manos aferradas a la cinta como si fuera tan valiosa como el cuerpo de su difunto hijo.

Mayada no podía mover los ojos, que estaban clavados en un lugar: el rostro de Ali al-Mayid.

—Es bueno que ese padre sepa que su hijo es un traidor —gritó a los cuatro vientos, luciendo una sonrisa absurda—. ¡Sí! Tal vez sea por un error que cometió como padre. Ya puede andarse con cuidado con la educación de sus hijas.

Mayada bajó la vista y se miró los pies. Escuchó mientras Ali al-Mayid iba diciendo nombres de desesperados familiares que habían acudido a ese acto democrático creyendo que iban a llevarse a casa a algún pariente desaparecido hacía tiempo para celebrarlo con sus seres queridos. Oyó los pasos de personas solas marchando llenas de esperanza hacia el escenario. Aunque sabía que nadie recibiría buenas noticias. Mentalmente escuchaba una cadena arrastrándose hacia el escenario, una cadena de iraquíes, todos unidos por una terrible pena, todos escuchando cómo la persona a quien amaban había corrido un triste destino.

Mayada se quedó petrificada, sentada, como una de las piedras de la Gran Pirámide hasta que alguien le dio un golpecito en el hombro.

—Cuidado, están mirando —le susurró esa persona. Mayada levantó la cabeza y miró sin fijar la vista hacia delante, fingiendo interés en las dolorosas escenas. Escuchó los sonidos de las nerviosas conversaciones entre los familiares de los presos que ahora estaban muertos o condenados, mientras mantenía los ojos clavados en Ali al-Mayid. Su expresión llena de energía revelaba que estaba disfrutando enormemente mientras escuchaban la cinta de un joven que estaba siendo torturado, sus chillidos retumbaban por toda la enorme habitación. La madre del joven muerto se levantó y agitó los brazos, como si creyese que así podía detener la angustia de su hijo. Las frenéticas rotaciones que describía con los brazos provocaron las risas del público. Cuando se desmayó y cayó al suelo, las risas no hicieron más que aumentar.

Mayada sabía que todos los miembros del público tenían que sentirse tan mal como ella, aunque temían a Ali al-Mayid y creían que debían apoyar sus acciones. De no ser así, les constaba, su propio futuro podría incluir un largo paseo por un escenario para escuchar una cinta de los gemidos de sus seres queridos.

Mayada miró los dulces rostros de dos jóvenes mujeres a las que anunciaron que su padre había sido condenado a veinte años de prisión por robo. Le dijeron farfullando a Ali al-Mayid que su padre había sido profesor, pero que había perdido su puesto de trabajo. Su familia se estaba muriendo de hambre, y esa era la única razón por la que se había llevado los neumáticos.

Sin tener en cuenta el sufrimiento de las jóvenes, Ali miró con alegría al público.

—Como que me llamo Ali que un robo es un delito tremendo. Sin embargo, estamos entrando en una nueva era en la que esta clase de personas puede saber la verdad sobre sus seres queridos. —Echó un rápido vistazo a Mayada, sonrió y dijo—: ¡Es que no se puede ser más bueno! —El público aplaudió con entusiasmo.

«Como que se llama Ali, ¿es que no piensa dejar de reír?» Mayada no podía parar de temblar, se le estremecía todo el cuerpo. Se encontraba en un estado de terror absoluto por el hecho de que ese hombre la conociese.

Mayada se miró el regazo, pensando que no podía soportar ver otra cara de esperanza hecha añicos por la decepción. Para distraerse se olisqueó el perfume de la muñeca. Cuando alzó la vista, palideció. Un hombre alto y huesudo, vestido con harapos, estaba de pie en el escenario. Su piel parecía una tostada quemada. Llevaba el pelo pegado al cuero cabelludo. Con la boca abierta sin ni un solo diente y los dedos llenos de sangre, el hombre esquelético permanecía junto a Ali al-Mayid. Este miró al hombre con lástima y le cogió los sangrientos dedos con calidez. A continuación, Ali miró a la multitud, sus grandes ojos negros chisporroteaban como brasas encendidas. Le dijo al público cómo se llamaba aquel hombre. Luego gritó el nombre de una mujer y explicó que era la esposa de la criatura huesuda.

La incomodidad de Mayada aumentaba a cada minuto. Luego, una mujer bajita y enjuta subió dando tumbos al escenario y se puso delante de uno de los micrófonos. Llevaba un pañuelo negro en la cabeza al estilo iraní, sujeto por debajo de la barbilla. Miró a Ali al-Mayid con miedo y recelo en los ojos. Su frágil marido tenía los ojos clavados en ella, con una mirada de rabia mezclada con decepción.

—Deberías haberte divorciado de esta zorra hace mucho tiempo —le dijo Ali al hombre en un alto susurro—. Sabías que era iraní. Deberías haberle machacado los huesos y haber mirado dentro. Habrías descubierto pura mierda.

El hombre empezó a hablarle al público, pronunciando las palabras con dificultad, hablando con angustia indecible y la voz temblorosa.

—¿Ven estas manos? —Las alejó de su cuerpo—. ¿Ven cómo me han arrancado las uñas de los dedos? Lo han hecho durante diez días seguidos, hasta que me he quedado sin uñas. Y las de los pies. —Intentó levantar un pie, pero se encontraba demasiado débil para aguantar el equilibrio con una pierna, así que en vez de hacerlo se señaló el pie—. No tengo uñas en los pies. Otros diez días, a uña por día. Luego me llevaron a una pequeña habitación y me colocaron en una silla. Tenía las manos atadas a la silla. Un hombre con un par de alicates pequeños entró en la habitación y me arrancó un diente. Me arrancó los dientes, uno a uno, hasta que todos quedaron en el suelo. Después de eso me metieron en un horno enorme, lo bastante grande para dos hombres. Me metieron allí dentro y me dijeron que me iban a quemar vivo y luego a echarme de comida a los perros. Pero me dejaron el tiempo suficiente para tostarme la piel y quemarme el pelo. —Se golpeó la cabeza quemada con las manos ensangrentadas. Miró a su esposa con tristeza y apenas fue capaz de pronunciar palabra—. Todo esto porque mi mujer se enfadó y escribió una carta a la policía secreta. Les dijo que era miembro del Partido Islámico, que planeaba asesinar a funcionarios del gobierno.

Mayada permanecía sentada en silencio, atónita por la idea de una venganza tan despiadada. Su propio marido la había decepcionado en repetidas ocasiones, pero ella jamás maquinaría nada para hacerle daño. Analizó el rostro de la mujer. Un destello de rabia se encendió en Mayada. ¿Cómo podía una mujer hacerle eso al padre de sus hijos?

El pobre hombre rompió a llorar desconsoladamente, aunque Ali intentó tranquilizarlo diciéndole que sería compensado por la tortura por una falsa acusación, que él ya había firmado los documentos que lo premiarían con una cuantiosa suma de dinero.

A continuación, Ali resopló enfadado cuando se volvió hacia la mujer, que en ese momento estaba temblando de forma visible.

—¿Qué le has hecho a tu marido, zorra?

La mujer estaba demasiado aterrorizada para hablar, aunque abrió y cerró la boca dos o tres veces seguidas.

Ali describió las circunstancias de su delito.

—Esta —y escupió al suelo para poner énfasis en lo dicho— es una zorra iraní. Vive en Kerbala. —Gesticuló hacia el hombre huesudo—. Tuvo tres hijos con su marido. Cuando lo llamaron al frente para cumplir con su deber patriótico, para defender a la sagrada madre patria contra la agresión iraní, esta zorra recibía a hombres en su casa. Incluso con tres niños pequeños dentro, convirtió su casa en un burdel.

»Nuestro héroe iraquí regresó del frente y le contaron lo que estaba ocurriendo. Se enfrentó a esta zorra y, claro está, ella, que además es una mentirosa, lo negó todo. Cuando volvió a casa, ella escribió una carta anónima acusándolo de ser un traidor. Lo detuvieron, lo interrogaron y lo castigaron. Luego descubrimos que es una zorra iraní y la trajimos aquí. ¿Qué hemos descubierto? La totalidad de la sórdida historia sale a la luz. Ha estado mintiendo desde el principio. Quería que su marido muriese para continuar con sus costumbres de zorra. —Ali frunció el ceño con gesto amenazador, mirando a la mujer, y dijo—: Escucha, zorra. Hoy serás abandonada en tierra de nadie, entre el ejército iraquí y el iraní. Tus hijos serán abandonados allí contigo. El fuego de la artillería es tan pesado que al final os matará. Y eso será algo bueno para Irak. —Ali al-Mayid de pronto se puso a reír como un niño. Y gritó—: ¡Soy un hombre bueno! ¡Soy un hombre bueno! Busco justicia para este pobre desgraciado. —Continuó con esa risa estridente y desagradable y miró hacia el público con los ojos vidriosos.

Mayada se estremeció. El público rió con Ali antes de empezar a aplaudir. El aplauso dejó paso, poco a poco, a un murmullo de aprobación.

Mayada luchó para conseguir respirar mientras miraba al pobre hombre cuyas piernas quemadas habían acabado por fallarle. Se había combado hasta caer al suelo. Iba a perder a sus hijos. Sí, su mujer debía ser castigada con una sentencia de cárcel, pero los niños eran inocentes.

Sin embargo, Ali al-Mayid parecía muy complacido con su veredicto, y Mayada sabía que no podía cambiar su decisión. Se agarró a los lados de la silla, luchando contra el agobiante deseo de saltar y salir corriendo a donde la llevasen las piernas.

Dos hombres hicieron rápida aparición sobre el escenario y se llevaron a la mujer, que se resistía. Dos enfermeras pasaron y condujeron al marido lesionado entre bastidores.

La pesadilla de seis horas de duración acabó a las tres de la tarde, cuando Ali Hasan al-Mayid agradeció su asistencia a los presentes, no sin añadir que celebraría ese tipo de actos una vez al mes.

—Como que me llamo Ali que soy un hombre justo, y como jefe de la policía secreta informaré a los iraquíes del destino que corren sus seres queridos.

Mayada se obligó a sonreír, forcejeando para abrirse paso entre la multitud hasta la salida. Justo cuando llegó a la puerta, uno de los ayudantes de Ali se dirigió hacia ella y le informó de que su jefe requería que se quedase al fondo del escenario para hablar del éxito del acto democrático.

Mayada siempre había vivido con honestidad, pero en ese momento mintió sin tregua.

—Agradézcale su invitación. Dígale que mi hija me necesita. Hablaré con él más tarde. —A continuación salió a toda prisa del auditorio como si la hubieran sacado de allí a la fuerza. Escapaba de Ali Hasan al-Mayid, un hombre que le constaba que era un desequilibrado; ora ordenaba la muerte de un hijo único ora premiaba a la misma madre del hijo con una pensión vitalicia. Mayada condujo a la velocidad máxima que permitía la ley. Corrió a casa y se quitó el vestido de marinero sacándoselo por la cabeza, y se metió de un salto en la ducha. Incluso bajo el agua caliente, los escalofríos la hacían estremecerse.

Cuando regresó a su despacho a la mañana siguiente, Mayada pasó por alto a Kamil y fue a pedir una cita con Suhail Sami Nadir, un hombre encantador que dirigía la revista. Mayada y Suhail no eran amigos íntimos, pero a ella siempre le había dado la impresión que era del agrado del director. Así que puso su vida en las manos de Suhail cuando le confesó sus sentimientos sobre el acontecimiento del día anterior.

—No puedo volver a ver a ese hombre, jamás —le dijo a Suhail—. No puedo escribir el artículo sobre él. Voy a dimitir. No puedo seguir siendo periodista en Irak.

Suhail miró a Mayada con detenimiento. Estuvo de acuerdo con ella, como si ya hubiera pensado en todo aquello.

—Escúchame, si quieres retirarte, Mayada, lo entiendo —dijo—. Pero hazlo de forma gradual. Una vez pasé por algo parecido. Me negué a escribir un artículo. ¿Y qué me ocurrió? La Mujabarat me detuvo y pasé tres años en prisión. Ese artículo puede publicarse sin tu nombre. Luego, poco a poco, puedes distanciarte de los escritos políticos. Así es mejor.

Mayada entendió de pronto por qué Suhail siempre parecía silencioso y reservado. Recordó en ese instante que era cojo y tenía un brazo algo torcido. Su cuerpo era un baúl de numerosos recuerdos.

Durante unos meses, Mayada recibió frecuentes llamadas de teléfono del despacho de Ali Hasan al-Mayid que le avisaban de un acto tras otro a los que debía dar cobertura. Sin embargo, por su condición de madre, tenía una excusa creíble gracias a su hija, que sufría las típicas fiebres y resfriados infantiles, y no podía quedarse sola. No mucho tiempo después, las llamadas del despacho de Al-Mayid cesaron. Mayada esperó que la hubieran olvidado.

Pero su vida quedó partida por la mitad ese día del acto democrático; su ser se dividió en dos partes, ambas pertenecientes a la misma mujer. Fue a partir de ese día cuando empezó a sentir una misteriosa llamada que la animaba a cambiar de vida. Mayada, otrora una bagdadí chic vestida a la última, se había ido convirtiendo poco a poco en una musulmana devota. Llevar velo la reconfortaba. Encontraba consuelo en la ocultación, pese a los airados reproches de su madre que la acusaba de estarse aferrando a su primitivo pasado.

Cuando nació su segundo hijo, Mayada se divorció de su esposo. Muy pronto, sus únicas alegrías provenían de sus hijos, Fay y Ali, y de las páginas del Corán. Su vida había cambiado para siempre.

Sin embargo, en ese momento, un fuerte golpe en la puerta de su celda de Baladiyat la llevó de vuelta al presente. La puerta se abrió de golpe. Mayada se echó a un lado cuando dos hombres fornidos irrumpieron en la celda.

—¡Fuera! ¡Fuera! ¡Todas!

La doctora Sabah se movió con rapidez hacia Samira.

—Esta mujer no puede moverse. La han lesionado —tartamudeó.

—¡Fuera! ¡Todas!

Sabiendo que era inútil pedir clemencia, la doctora Sabah y Muna se acercaron a Samira y la cogieron entre las dos, Samira apenas acertaba a apoyar los pies en el suelo. El resto de las mujeres en la sombra se amontonaron a toda prisa en la puerta y Mayada fue arrastrada por la multitud entre empujones.

El guardia jefe esperaba en el exterior de la celda. Era un hombre alto y corpulento con un tórax imponente. Las miró con su rostro feroz y gritó lo más alto que pudo.

—¡Poneos en fila! ¡Formad una fila recta!

Mayada temblaba por el miedo de pies a cabeza.

—¡Ahora, dirigíos hacia el final del pasillo! ¡Ya!

Las mujeres en la sombra iban caminando tan juntas que se tocaban entre sí, la de detrás a la de delante, formaban un tren de mujeres aterrorizadas.

Mayada se encontraba de pie detrás de Rula, e Iman iba detrás de Mayada.

—¡Seguid caminando en línea recta!

Llegaron enseguida al otro extremo del pasillo y las condujeron como un rebaño de ovejas a través de una puerta estrecha. Cuando entraron en la habitación, un grito ahogado colectivo recorrió la fila. La extraña sala era una cueva. Las paredes estaban agujereadas y eran oscuras. Había cubos en el suelo, recipientes llenos hasta arriba de orina, y pilas de excrementos humanos.

—¡Aquí es donde ejecutan a los presos! —gritó Samira.

Un terrible gemido de miedo se propagó entre las mujeres en la sombra.

Más guardias corpulentos entraron a toda prisa por la puerta abierta, golpeándolas con porras y palos de madera, obligándolas a ponerse contra la pared.

—¡Vamos a morir! —empezaron a gritar varias mujeres en la sombra.

Mayada se preparó para la muerte.

—Alá, te lo ruego —rezó en voz alta—, perdóname por todo lo malo que haya podido hacer en la vida. Te ruego que cuides de mis dos hijos. Por favor, haz que salgan de Irak para que puedan vivir una buena vida.

Los llantos y gemidos sofocaron el aire.

En la oscuridad, Samira empezó a cantar, en voz baja y quebrada. Entonó una triste canción de cuna iraquí de siglos de antigüedad, cambiando la letra para la ocasión:

> *Perdí a mi madre*
> *cuando era solo una niña,*
> *pero recuerdo cómo me cogía*
> *con amor entre sus brazos.*
> *Ahora te ruego*
> *que pises con ligereza sobre este suelo.*
> *Tal vez la enterrasen en este lugar,*
> *así que pisa con ligereza sobre este suelo.*

Otras voces empezaron a tararear con suavidad, aprendiéndose la letra a medida que cantaban. Mientras las mujeres continuaban cantando, cinco guardias más entraron indignados en la habitación. Iban armados con escopetas.

—¡Contra la pared! ¡Preparaos para morir! —gritó un carcelero.

Las mujeres en la sombra se movieron al unísono y formaron un círculo, mientras lloraban y se abrazaban entre sí. Dos de las mujeres de más edad se desmayaron.

Tres o cuatro guardias se dirigieron a toda prisa hacia esas mujeres y empezaron a tirarles del pelo y a golpearlas en la cara con los puños. Los gemidos de dolor se mezclaban con los gritos de las mujeres y las risas de los hombres.

Mayada sintió cómo se consumía. Era la voluntad de Alá la que había decidido que aquellas fueran sus últimas horas en la tierra. Cerró los ojos y se tapó la cara con las manos. Se preparó para el fin, porque no tenía otra salida.

Escuchó a un guardia gritar con voz ronca palabras amargas y sarcásticas.

—Rezadle a vuestro dios si queréis. Pero Él no os escuchará. ¡Hoy yo soy vuestro dios! —El guardia no podía parar de reír—. ¡Soy vuestro dios!

Los demás hombres rieron con él.

Las risas estridentes hacían eco por toda la habitación.

Ese ruido estaba volviendo loca a Mayada. Contuvo la respiración a la espera de que las balas penetraran en su cuerpo.

Entonces escuchó una serie de chasquidos.

Los guardias estaban preparando sus armas.

—¡Madre! ¡Madre! —gritó Sara.

Un carcelero la golpeó en la cara.

Muna estaba llorando y se abrazaba al cuello de Mayada.

—No puedo morir. Tengo un niño que necesita a su madre. ¡Soy demasiado joven para morir!

La mente de Mayada discurría a toda velocidad. ¿Sentiría las balas cuando entrasen en su cuerpo? ¿Le dolería? ¿Se desmayaría?

Los hombres seguían riendo.

Las mujeres en la sombra esperaban la muerte.

No se oyeron disparos.

Las mujeres en la sombra esperaron aún más.

Al final, Mayada abrió los ojos y con cautela volvió la cabeza sin mover el cuerpo.

Las armas de los hombres apuntaban al suelo.

Lo único que estaban dirigiendo hacia ellas era una cámara.

Las demás mujeres empezaron a abrir los ojos para mirar a los guardias.

—Volveos —ordenó el hombre de la cámara—. Mirad al frente.

Mayada se quedó helada. Tal vez el cámara estaba allí para filmar su fusilamiento. Sabía que el gobierno solía rodar las ejecuciones. ¿Saldría su ejecución por televisión? ¿Así descubrirían sus hijos que había muerto? ¿En una retransmisión televisiva?

—¡Menuda panda que estáis hechas! —gritó el guardia. Escupió en el suelo de asco por el miedo y el terror que sentían—. Doy gracias a Alá por tener una esposa y unas hijas en casa que ni siquiera saben comprar comida en el mercado —queriendo decir que eran tan piadosas que no necesitaban salir de casa—. Miraos vosotras, un puñado de sucias delincuentes. Sois una vergüenza para vuestras familias. Y además, cobardes. —Soltó otro escupitajo. Y les informó—: Os van a filmar. —Entonces empezó a reír con tantas ganas que se dobló sobre sí mismo y se palmeó el muslo.

Los demás guardias se rieron con estridencia. Uno de ellos empezó a burlarse del miedo de las mujeres. Se quedó quieto en un rincón e imitó a Sara, gritando: «¡Madre! ¡Madre!».

El resto de guardias rió incluso con más ganas.

Mayada se dio cuenta de pronto de lo que había ocurrido. Los carceleros de Baladiyat se aburrían y a alguien se le había ocurrido un nuevo deporte para aterrorizar a las mujeres.

Muchas de ellas seguían llorando. Mayada vio a tres que yacían inconscientes en el suelo. Ella estaba entumecida. Apenas podía moverse cuando le ordenaron colocarse en un lugar concreto para filmarla en la cárcel.

Después de la filmación, fue dando tumbos hasta un rincón y se acurrucó, mientras miraba cómo filmaban a las demás mujeres.

Una hora después, las mujeres fueron conducidas de vuelta a su celda, aunque ninguna hablaba.

Mayada se tumbó en su litera y con la cara vuelta hacia la pared se puso a llorar. Por primera vez, el llanto fue un consuelo. Esa noche no había muerto. Tal vez Alá iba a permitirle volver a ver a sus hijos.

7

Tortura

La falsa ejecución no hizo más que avivar el hambre de crueldad de los hombres. Los muros de Baladiyat retumbaron con los gritos agonizantes durante toda la noche.

La sala de torturas estaba a unas pocas puertas de la celda 52, y Mayada oía todos los sollozos. Años antes había leído la novela de Aleksandr Solzhenitsyn *Archipiélago Gulag*, en la que el autor afirmaba que era más doloroso escuchar cómo torturaban a un compañero que ser torturado. En ese momento, Mayada entendió qué había querido decir.

La larga noche pasó arrastrándose. Los presos escuchaban cómo las botas se paseaban de un lado a otro por los pasillos de cemento. Escuchaban los golpes. Escuchaban las palabras de los guardias seguidas de inmediato por los gritos de los internos.

Con cada estruendoso paso de bota, las mujeres en la sombra temían que tras el sonido de una llave se abriera la cerradura de su puerta.

Al amanecer, Mayada oyó la cantarina llamada a la oración:

—Alá es grande, no hay más dios que Alá, y Mahoma es Su Profeta. Acudid a la oración, acudid a la oración. Alá es grande, no hay más dios que Alá.

Las mujeres le dieron la bienvenida a la mañana. Y la llamada a la oración del alba fue como un rayo de esperanza. Después de la quietud de las oraciones matutinas, la viciada atmósfera de la celda bullía con el trajín de veinte mujeres preparándose para un nuevo día. Se alisaban los vestidos, se ataban el pelo en coletas e iban al retrete por turnos antes de sentarse en silencio a esperar el desayuno.

Mayada regresó a su litera después de sus oraciones matutinas y se sentó en silencio. Cruzó los brazos y empezó a darse golpecitos nerviosos mientras miraba con el rabillo del ojo a las mujeres con las que compartía su celda.

Samira estaba todavía demasiado dolorida como para moverse. Así que cuando llegó el desayuno, Muna adoptó el papel que solía desempeñar Samira y distribuyó la insulsa comida. Mayada aceptó el único trozo de pan que le tocaba y un pequeño vaso de agua que le ofrecieron. La diminuta celda no permitía que todas las prisioneras se sentaran con comodidad, así que algunas mujeres en la sombra preferían pasear por la habitación mientras tomaban su desayuno de lentejas, pan mohoso y agua tibia.

Unas horas después de que se sirviera el desayuno, la puerta de la celda tronó con un golpe repentino. Los guardias golpeaban la puerta mientras una llave abría la cerradura. Los tres hombres se agolparon en el umbral, provocando una inquietante conmoción y quejidos entre las veinte mujeres.

—¡Yamila! ¡Estamos esperando! —gritó uno de ellos.

La mirada de Mayada se volvió hacia el puñado de mujeres que estaban sentadas al fondo de la celda. Yamila había sido encerrada en Baladiyat tres meses antes que Mayada y solo habían torturado a Samira más que a ella. En los confines de la reducida celda, Yamila no podía pasar inadvertida, se retorcía, mientras no paraba de contonear los hombros hacia arriba y hacia abajo de una forma cuya inutilidad resultaba inquietante.

Mayada vio a Yamila en el suelo entre las demás mujeres de la celda, con el rostro invadido por el miedo. Tenía la boca abierta llena de lentejas y pan a medio comer. Tras un momento de duda, la mujer volvió a mascar y tragó.

—¡Yamila! —el guardia gritó una segunda vez. Sus pobladas cejas negras temblaron cuando miró a las mujeres una a una.

Suspirando con fuerza, Yamila miró al carcelero. Era una madre de cuarenta y ocho años con varias hijas y un hijo. El año anterior, su marido y su hijo habían sido acusados de ser activistas islámicos. Cuando la policía secreta irrumpió en su casa en plena noche para detenerlos, la policía descubrió que los dos hombres de la casa habían huido de Irak a Turquía. La policía se había llevado a Yamila como rehén, insistiendo en que sería retenida en lugar de los hombres hasta que su marido y su hijo regresasen a Irak para enfrentarse a su ejecución. Desde el primer día de encarcelamiento, Yamila había llorado prácticamente sin parar. Explicaba que sus lágrimas eran por sus hermosas hijas, chicas que vivían en ese momento sin padre ni madre. Aunque pensar en sus hijas no había fortalecido la determinación de Yamila, y la mujer se había hundido en la más profunda depresión.

Al igual que todas las mujeres, Mayada miró a Yamila mientras el guardián bufaba en la puerta. Solo un día antes, Mayada había oído a Yamila pedirle a Muna que le ayudase a ponerse ropa en la espalda a modo de grueso cojín para poder moverse con comodidad. Cuando Yamila se bajó la parte de arriba del pijama, Mayada vio que tenía la espalda gravemente desfigurada por profundas cicatrices violáceas, encostradas con heridas recientes y postillas. Mayada entendió por fin por qué Yamila no paraba de hacer rotar los hombros, bajándolos en una dirección y luego subiéndolos en la otra. Explicó que a veces las heridas le dolían y otras veces le escocían.

Poco a poco, Yamila se inclinó hacia delante y dejó su plato de lentejas en el suelo. Puso su trozo de pan a medio comer sobre las legumbres. Con cuidado empujó su vaso de agua hacia la pared. A continuación se puso de pie.

Iba vestida con un pijama de color rosa que llevaba el día que la detuvieron. Tres meses después estaba mugriento por el polvo de la cárcel, abombado en las posaderas y desgarrado por varios sitios. La tirilla elástica de la cintura estaba tan suelta que los pantalones amenazaban continuamente con caerse, así que Yamila los llevaba subidos hasta el pecho. En ese instante, la parte superior del pijama estaba entreabierta y se tomó un momento para abrocharse el último botón y alisarse el pijama con las manos.

Todo lo presentable que podía estar en esas circunstancias, Yamila miró a los guardias. Tenía la frente muy tensa y sus oscuros ojos hundidos en la cara. Dio un corto paso hacia delante. Luego retrocedió. Miró a los tres hombres, que le devolvieron la mirada. Avanzó dando tumbos y luego retrocedió, como si una cuerda invisible tirase de ella hacia atrás y hacia delante contra su voluntad.

Uno de los guardias se impacientó.

—¡Pagarás por esto, lo juro por Dios! ¡Pagarás por esto! —gritó, echando chispas.

Yamila caminó de forma mecánica hacia la puerta con los pies descalzos, tan asustada que había olvidado ponerse las zapatillas.

Las mujeres en la sombra seguían mirando, tristes y calladas, cuando dos de los guardias cogieron a Yamila por los brazos y la sacaron a rastras de la celda.

En cuanto la puerta se cerró de golpe, escucharon a uno de los carceleros blasfemar.

La pobre Yamila soltó un único grito desgarrador.

Siguiendo las instrucciones de Samira, Muna, la doctora Sabah y Mayada empezaron a preparar el regreso de Yamila. Hicieron una alfombrilla con mantas en el suelo. Reunieron dos o tres trapos limpios. Vaciaron los restos de agua de los vasos en un pequeño cuenco y lo dejaron a un lado. Se prepararon cuanto pudieron para curar las nuevas heridas de la pobre Yamila.

—Sangra mucho por la espalda —les recordó Samira—. Si es necesario, podéis coger una de mis mantas para detener la hemorragia.

En ese momento, escucharon chillar a Yamila. Oyeron que pedía clemencia.

Las mujeres en la sombra intercambiaron en silencio largas miradas de tristeza.

Yamila gimió y gritó sin parar durante al menos una hora.

—Jamás había oído unos chillidos tan lastimeros —dijo Samira en un suspiro.

Entonces, sin aviso, los gritos de Yamila se silenciaron de golpe.

Las mujeres en la sombra esperaron con nerviosismo su regreso.

Durante largos meses de encierro, Wafae había convertido con habilidad los hilos que colgaban de una vieja y destartalada manta en un rosario para la oración. En ese momento, ese manido rosario pasaba de mano en mano mientras las mujeres en la sombra rezaban al unísono y a toda prisa pidiendo que Yamila regresase sana y salva.

Tras unas horas de espera, Mayada se sentía cada vez más inquieta. Rezaba, retorcía las manos, rezaba un poco más. Su corazón empezó a latir desbocado. Miró a Samira en busca de respuestas.

Al final, Samira habló, para responder la pregunta no pronunciada por Mayada.

—Sí, tienes razón, ha pasado algo muy malo.

Más tarde, un guardia de nariz ancha abrió la puerta de la celda.

—¿La presa Yamila ha dejado algún objeto personal por aquí? —preguntó.

Todas miraron al horrible guardia, pero ninguna respondió.

—¿Dónde están sus cosas? —gritó él.

Muna se levantó y dio una vuelta por la celda a medida que recogía las escasas pertenencias de Yamila.

—¿Dónde está Yamila? —le gritó Samira al guardia desde su litera.

Las demás mujeres miraron esperanzadas al rostro del hombre. Él miró a Samira y se negó a responder. Cuando Muna le entregó las pertenencias de Yamila, se cayó una de sus ajadas zapatillas al suelo. El carcelero inclinó su corpulenta complexión para recoger la zapatilla y arrancó el resto de pobres pertenencias de Yamila de las manos de Muna. Salió de la celda sin decir ni una palabra.

—Al final la han matado —murmuró por fin Samira con la voz rota—. Sabía que este día llegaría.

—¿Cómo sabes que la han matado? —preguntó Muna en voz alta.

—Muchos presos tienen ataques al corazón. Sé de muchos corazones que se han parado durante una paliza fuerte —dijo Samira con delicadeza.

Mientras las mujeres en la sombra lloraban a Yamila, la puerta de la celda 52 volvió a abrirse de golpe y de nuevo aparecieron dos guardias.

El más alto de los dos parecía inclemente, llevaba un látigo corto en la mano.

Todas las mujeres se volvieron hacia él.

—¿Dónde está Mayada Nizar Yafar Mustafa al-Askari? —gritó.

Cuando oyó que el guardia gritaba su nombre, el miedo sobrecogió a Mayada. Sus ojos se clavaron en el rostro del hombre que empuñaba el látigo. Empezó a respirar ahogándose y con dificultad.

El hombre golpeó con suavidad el látigo contra su pierna y repitió el nombre de Mayada, con un tono que tenía como finalidad convertir el honroso nombre en un insulto.

—¿Mayada Nizar Yafar Mustafa al-Askari?

—¿La van a liberar? —preguntó Samira.

El desprecio que sentía el guardia por las mujeres suscitó su respuesta. El asco le recorrió el rostro cuando escupió su contestación.

—No. No la van a liberar. —Su áspera voz gritó el nombre completo de Mayada por tercera vez.

El terror se había agarrado con firmeza al corazón de Mayada. Echó un vistazo a su alrededor, deseando con todas sus fuerzas poder desaparecer.

—Yo soy Mayada —respondió por fin, temblando un poco.

El guardia la fulminó con la mirada, bajo sus pobladas cejas fruncidas.

—¡Tú! ¡Sal! —Señaló la puerta con el látigo.

Mayada intentó levantarse del suelo, pero una debilidad como no había sentido jamás le recorría el cuerpo. Le minó la fuerza en los hombros, los brazos, las caderas y las piernas. Por miedo a ser incapaz de levantarse y convencida de que cuanto más se retrasase más se enfadaría el carcelero, Mayada se estiró hacia un lado en un desesperado intento por levantarse. Al obligar a su cuerpo a hacer lo que ordenaba su mente, Mayada se dio un tirón en un músculo del lado derecho. Gimió en silencio.

—¡Ayudadla! —ordenó Samira a nadie en particular.

Muna y la doctora Sabah se dirigieron a toda prisa hacia Mayada para levantarla del suelo.

Ya de pie, a Mayada se le subían los hombros y la cabeza a causa del llanto. Muna le dio una palmadita en el hombro, y la doctora Sabah le dio la mano y se la apretó con delicadeza.

Mientras Mayada salía dando tumbos de la celda, escuchó a Samira gritarle con amabilidad:

—¡Estaremos esperándote, palomita!

Mayada siguió a un guardia hasta el pasillo mientras otro la seguía de cerca. Los hombres no le vendaron los ojos y eso le dio cierta esperanza. Su mente voló hacia la posibilidad de la exculpación. A lo mejor Samira tenía razón, a lo mejor sí la iban a liberar. El guardia había dicho que no, pero ¿qué sabría él de su caso? A Mayada se le hinchió el corazón de alegría por la maravillosa posibilidad de volver a ver a Fay y a Ali. Tal vez, el doctor Hadi Hamid, el joven médico de la primera noche, había llamado a su casa. Al recibir su mensaje, Fay habría llamado a su abuela en Ammán. Salwa al-Husri se habría puesto en contacto con todos los funcionarios del gobierno de Sadam hasta que alguien ordenase la liberación de Mayada. Al fin y al cabo, Mayada sabía por experiencia que su madre era la mujer más tenaz de Oriente Próximo, tal vez del mundo entero. Salwa al-Husri siempre, siempre, conseguía lo que quería. Mayada estaba convencida de que eso era lo que había ocurrido.

Segura de que su liberación era lo que le esperaba al final de su marcha entre los dos guardias, Mayada se volvió para mirar la cara del hombre más joven que caminaba tras ella. Ese joven carcelero no había hablado todavía.

—¿Me van a exculpar? —le preguntó Mayada con seguridad.

Ninguno de los guardias le dio una respuesta, aunque el de más edad, que caminaba delante de Mayada, dejó de andar y se volvió. Sonrió de oreja a oreja y estalló en risas, aunque con la misma brusquedad, dejó de reír y frunció el ceño.

Mayada bajó la vista a toda prisa para evitar la mirada del carcelero, y el hombre se dio la vuelta. Continuó y deseó que su cuerpo se moviera mientras intentaba no pensar ni en el terror ni en la esperanza. Sin embargo, cualquier esperanza se desvaneció al llegar a una sala un poco más allá del pasillo. Mayada oyó un murmullo de quejidos tenues a través de la puerta metálica. Era la entrada a la cámara de torturas de la cárcel. Alguna pobre alma estaba siendo torturada allí en silencio.

—Espera aquí —ordenó el guardia antes de irse.

Escoltada por el carcelero más joven, Mayada se quedó en medio del pasillo durante largo rato. La espera no hizo más que multiplicar su aprensión.

Intentó no escuchar los quejidos que provenían de la sala de tortura. Para evitar imaginar la escena del otro lado de la puerta, empezó a observar la cara del joven carcelero. Vio que tenía la piel clara y los ojos de color gris perla. Su apariencia resultaba agradable. No tendría más de veinte años, un niño, en realidad, pensó Mayada.

Al darse cuenta de que lo estaba mirando, el joven se volvió y achinó los ojos. Por primera vez miró directamente a Mayada. Ella le aguantó la mirada mientras él le dedicaba una sonrisa maliciosa.

—¿Qué miras, vieja zorra?

Mayada apartó la mirada con el deseo de preguntarle cómo alguien tan joven estaba tan lleno de odio. Pero no lo hizo.

La puerta de la sala de tortura se abrió. La persona más enorme que Mayada había visto en su vida estaba apoyada en el umbral. Era tan alto que tenía que agacharse para pasar por el marco de la puerta. Su ancho tórax lo obligó a contorsionarse para poder avanzar. Al ver cómo se aproximaba a toda prisa, incluso el joven guardia se echó a un lado, con una reacción tan nerviosa como la de Mayada. Ella vio que el hombre llevaba un preso inconsciente colgado sobre los hombros. La puerta se cerró de un golpe a su paso.

Mayada retrocedió y miró al tullido prisionero con terror. Tenía la cara pálida y flácida y la cabeza le iba dando tumbos de delante a atrás. Tenía las piernas torcidas de una forma que no era normal. Un enorme círculo húmedo manchaba la parte delantera de sus pantalones. Era evidente que el pobre desgraciado se había orinado por el miedo y el dolor.

Mayada dirigió la mirada hacia el hombre gigante, contemplando con detenimiento la expresión que lucía su rostro. Cuando él la miró, Mayada tuvo la certeza de que no la habían llamado para exculparla. La iban a torturar.

Todo cambió en un instante. Sin una palabra de advertencia, el hombre gigantesco le pasó el prisionero inconsciente al joven guardián, que se tambaleó por su peso. Mayada se volvió de forma instintiva para echarse a correr, pero de inmediato el gigante le rodeó el cuello con una enorme mano. Al sentir esa mano en su nuca, lo único que deseó Mayada fue aferrarse a la vida. Fay y Ali la necesitaban. Luchó contra el miedo e intentó no perder los estribos. Se concentró en el espacio que la rodeaba. La sala de torturas no era mucho más grande que la celda 52. Hombres que jamás había visto estaban de pie en los rincones oscuros del cuarto, y no tardaron en acercarse a ella. Mayada jamás se había sentido tan asustada en toda su vida, ni siquiera durante su primer día de encarcelamiento.

Uno de los torturadores saludó a Mayada con un duro golpe en los bajos cuando el gigante la tiró al suelo. Ella gritó por el sobresalto y él rió.

—Bienvenida, Mayada Nizar Yafar Mustafa al-Askari —dijo con sorna.

Mayada deseó encontrar el valor para defenderse, pero la superaban en número de forma desmesurada.

El hombre gigante la tiró sobre una silla de madera que estaba llena de muescas de rasguños. Antes de que pudiera protestar, dos hombres se abalanzaron sobre ella y la sujetaron a la silla con montones de tiras de cinta plástica blanca.

En cuestión de segundos, quedó con los brazos y las piernas inmovilizados, atada a la estructura de la silla. Luchó en vano contra las ataduras de nailon. En ese momento estaba totalmente indefensa.

La cegaron con una intensa luz.

Aunque temblaba de miedo, centró su atención en la cara que podía ver resplandecer ante ella. Un hombre feo con un rostro alargado y enrojecido y una cabeza mucho más grande que su diminuto cuerpo la miró.

—Así que eres partidaria de los chiíes, ¿eh? —la acusó, agitando su porra en el aire muy cerca de la cabeza de Mayada.

—Conspira con ellos —la acusó otra voz furibunda procedente del fondo de la habitación.

—Esas acciones tienen consecuencias desagradables —gritó otra voz.

La acusación desconcertó a Mayada. La habían educado unos padres suníes modernos, que disfrutaban de amistades y relaciones de negocios con gente de todas las confesiones religiosas. Mayada jamás había tenido prejuicios contra ningún iraquí; ya fuera suní, chií, cristiano o judío. Sus empleados eran chiíes. En su imprenta aceptaba tratos con cualquier persona o empresa, siempre que el encargo de impresión no fuera ilegal. Y desde el día en que abrió la tienda, nadie le había pedido que imprimiese nada en contra del gobierno.

Sin embargo, Mayada recordó algo de repente. Hacía varios meses había aceptado el pedido de imprimir unos simples libros chiíes para la oración. ¿Acaso esos libros eran el problema? Si la impresión de libros religiosos era ilegal, a ella no le habían dicho nada. Aun así, Mayada sabía que el gobierno de Sadam odiaba cualquier cosa relacionada con la población chií.

—No he hecho nada malo —Mayada protestó en vano, intentando que su rostro no reflejase el pánico que sentía.

Su terror se acrecentó cuando detectó que alguien se movía tras ella. Mayada notó que estaba rodeada.

—Esto es lo que le ocurre a los partidarios de los chiíes —dijo el torturador cabezón cuando se acercó a ella y le propinó tres fuertes bofetadas en la cara.

Ella gritó sorprendida.

El torturador hizo un gesto con la mano y un hombre que había permanecido oculto le puso una venda en los ojos.

Pese al miedo, Mayada habló con claridad, para que todos la oyeran.

—Soy una mujer inocente.

Como respuesta, oyó una estridente risa.

La abofetearon una vez más.

La patearon en las espinillas.

La porra le golpeó los dedos.

Ella gritó.

Una nueva bofetada, seguida por un «¡Calla!».

Rodeada, la sangre empezó a bombearle con tanta fuerza que podía oír cada uno de sus latidos.

Mayada notó cómo le quitaban la sandalia del pie derecho. Le pusieron una pinza en el dedo gordo. Una mano enorme le retiró el pañuelo de la cabeza y le pusieron una segunda pinza en el lóbulo de la oreja derecha. Pese al dolor que le provocaban las pinzas y la desorientación que le provocaba la venda, escuchó cómo arrastraban un enorme aparato por el suelo, como si cada vez se acercase más a ella. Estaban preparando algo muy grande.

—Alá, permíteme vivir, por Fay y por Ali —empezó a rezar.

—Esto es lo que les ocurre a los traidores —la amenazó de repente un hombre.

Mayada escuchó el zumbido de una máquina. De inmediato, la primera descarga eléctrica recorrió su cuerpo y su cabeza se echó hacia atrás cuando la electricidad penetró en el cuello y en las axilas, y le ascendió por una pierna y hasta la ingle. Pensó que su cuerpo ardía en llamas.

—¡Aaahhh…! —lanzó un grito ahogado intentado coger aire, mientras chillaba de forma compulsiva.

Los voltios la recorrían sin tregua. Los temblores y espasmos se apoderaron de ella, las convulsiones eran tan violentas que no paraba de echar la cabeza hacia atrás. El dolor aumentó hasta hacerse insoportable.

—¡Por favor, paren! —gritó, pidiendo clemencia. Oyó una risa estridente—. ¡Por favor, no!

Entonces las descargas se detuvieron durante un minuto.

Se sentía tan débil que no podía hablar, pero pudo oír una voz.

—Háblanos de los chiíes que están conspirando contra Irak —ordenó la voz con tono exigente.

Ella gimió y sacudió la cabeza. Entonces intentó hablar, pero no salió ningún sonido de su boca, solo un balbuceo ininteligible. La lengua no le respondía.

—Tú decides. Danos nombres.

Volvió a sacudir la cabeza.

Escuchó a alguien caminar y luego el rugido de la máquina una vez más. Incluso antes de la descarga eléctrica, gritó tan alto como pudo. Siguió chillando mientras la descarga penetraba hasta el fondo del último rincón de su cuerpo.

La venda que llevaba la aislaba del mundo, pero el fuego que le recorría las venas se le metía en los tendones.

Justo cuando pensaba que esa agonía jamás terminaría, Mayada escuchó el agudo grito de una mujer que procedía de lejos, un aullido de dolor que no se parecía a nada de lo que había oído jamás. Antes de perder el conocimiento, pronunció entre dientes una sentida oración por el sufrimiento de la criatura que había lanzado ese grito espeluznante.

Una hora después, abrieron la celda 52 y tiraron a Mayada al suelo de cemento. Estaba inconsciente, y las mujeres en la sombra no pudieron levantarla.

Para Mayada las horas siguientes pasaron en una penumbra de aturdimiento.

Era un día soleado y estaba en Beirut, degustando un sabroso helado. Miró hacia el balcón de una villa pintada de rosa. Allí se encontraban Yido Sati y su padre, uno junto a otro, ambos con una amplia sonrisa y los brazos en alto, los agitaban para que Mayada se acercase corriendo, para que se apresurase a llegar al cobijo de sus brazos abiertos. Mayada apretó el paso para llegar hasta ellos con rapidez, aunque no importaba lo rápido que corriese, no lograba acortar la distancia que la separaba de ellos, era cada vez mayor. Mientras su padre y su abuelo se alejaban cada vez más, Mayada empezó a llorar decepcionada, luego gritó de miedo cuando los acontecimientos la superaron: le apagan colillas en los ojos, la esposaban y le metían un palo de madera entre los codos y las rodillas, la colgaban de un gancho del techo, la metían dentro de un neumático y la hacían rodar sin parar, la ataban a una mesa y le golpeaban los pies descalzos; le ataban los brazos con dos correas y la colgaban de un ventilador de techo que giraba sin parar; la hicieron retroceder en el tiempo, hasta la niñez.

Al igual que la mayoría de iraquíes de clase media alta, los padres de Mayada vivían en Bagdad de septiembre a mayo y durante los calurosos meses de verano de junio, julio y agosto viajaban por Oriente Próximo y Europa occidental.

Cuando no estaban viajando, Mayada vivía con sus padres y su niñera en una encantadora casa en la ribera del río Tigris. En una hilera de hermosas viviendas vivían la madre de Nizar y sus tres hermanos, Tarik, Zaid y Qais. Una brisa refrescante entró flotando desde el río por las ventanas abiertas de las casas hasta los pacíficos jardines cubiertos por las sombras de los árboles que las rodeaban. Su encantador barrio parecía tan seguro que las niñeras de las familias tenían la confianza suficiente como para dejar a Mayada y a sus primos correr alegremente entre jardín y jardín sin la vigilancia atenta de un adulto. Su pequeño perro de pelo negro, Scotty o Scottie, siempre estaba haciendo cabriolas a dos patas.

Esos días de su infancia fueron los más despreocupados de toda la vida de Mayada. Nadar era uno de sus pasatiempos favoritos y ella era buena nadando. Abdiya era una excelente buceadora. Después de muchos días de nadar al sol, los cuerpecitos de las niñas quedaban bronceados; su padre las llamaba, en broma, «mis dos pescaditos».

Salwa no era un ama de casa tradicional, puesto que nunca le habían enseñado ni a cocinar ni a limpiar, pero era una experta en dar indicaciones a los sirvientes para que su hogar conservase un perfecto orden. Para gran alegría de sus hijas, sobre todo, Salwa daba las mejores fiestas de Bagdad.

Siempre celebraba una doble fiesta de cumpleaños para sus hijas antes de que terminase la escuela, para que las hermanas pudieran celebrarlo con sus amigos y sus primos iraquíes antes de que la familia emprendiera sus viajes de verano. Esas fiestas de cumpleaños eran la comidilla de Bagdad, porque Salwa disponía hasta el último detalle con varios meses de antelación. De Líbano llegaban los fuegos artificiales y los adornos para el pastel se encargaban a Londres. Aunque a las niñas se les dejaba escoger el sabor del relleno del pastel —por lo general, chocolate, naranja, vainilla y limón—, Salwa escogía la forma. Un año, el pastel tenía forma de corazón, al año siguiente la tarta tenía forma de tren. Salwa incluso encargaba cestas especiales al Harrods de Londres para meter sus numerosos regalos.

También se encargaba de preparar juegos a mansalva. Siempre había una caza del tesoro, en la que los niños tenían que encontrar animales de juguete ocultos. El niño que encontraba el mayor número de animales ganaba un premio, que solía ser un gran juguete. Salwa preparaba el juego de «ponerle la cola al asno», o alguna piñata llena de caramelos y barritas de chocolate. Los niños llevaban los ojos vendados y les daban un bate de béisbol, por eso lanzaban los caramelos volando por los aires.

Sin embargo, no muy lejos de esa escena de felicidad bullía el amargo conflicto de la política iraquí. Al parecer, los iraquíes no lograban que la paz durase demasiado. Desde la muerte de Yafar, acontecida hacía ya muchos años, los gobiernos iraquíes estuvieron plagados de violentos derrocamientos y los golpes de Estado seguían sacudiendo la historia moderna de la nación. Ese tumulto afectaba la vida de todos los iraquíes. Durante su infancia, Mayada se movía entre casas alejadas unas de otras cuando sus padres se veían obligados a estar al tanto de las tensiones políticas y emigrar por la seguridad de la familia.

Después del golpe de Estado de 1958, en el que fue asesinada al completo la realeza iraquí, la familia de Mayada se trasladó a Beirut. El regreso en 1961 de la familia al todavía tenso Bagdad fue interrumpido rápidamente, y Nizar se llevó a su mujer y a sus hijas de vuelta a la seguridad de Beirut.

Aunque añoraban Irak, la vida en Beirut fue buena durante un tiempo. La familia ocupaba un espacioso apartamento en la calle Hamra encima de la farmacia Al-Medina, junto a una chocolatería francesa llamada Chantie. El aroma del chocolate se colaba en el edificio y en su apartamento, así que los recuerdos de juventud de Mayada y Abdiya tenían un sabor delicioso.

Mayada solo tenía seis años cuando surgió un problema más grave. Un día, su madre se la llevó a un rincón de forma inesperada y le regaló un hermoso anillo con una perla. Le dijo que tenía que guardar ese anillo hasta que su madre y su padre regresasen de un largo viaje. Como hermana mayor, debía cuidar de Abdiya y mantenerla a salvo. Mayada estaba asustada. Miró a los ojos de color castaño intenso de su madre, aterrada por ese inesperado giro de los acontecimientos. Se preguntó por qué la dejaban allí. Incluso su abuelo Sati no consiguió animarla cuando Abdiya y ella y sus dos niñeras tuvieron que quedarse con él. Las frecuentes lluvias pusieron freno a sus actividades al aire libre ese año, y Mayada pasó largas y solitarias horas jugueteando con ese anillo de la perla mientras miraba por el balcón, deseando ver que sus padres volvían.

Pasaron muchos años antes de que supiera que el diagnóstico de cáncer de colon de su padre, a la sazón de cuarenta años, fue lo que había provocado el largo viaje de sus padres. El mayor temor de Nizar era dejar a sus pequeñas hijas sin padre, puesto que él mismo se había quedado sin padre, Yafar, quien también se había quedado sin padre, Mustafa. Nizar incluso mencionó su temor a que la muerte prematura fuera una maldición para los hombres Al-Askari.

Aunque la familia vivía feliz en Beirut, su pasión por Irak jamás se enfrió. Con la esperanza de que los días trágicos hubieran acabado, hicieron las maletas y regresaron a Bagdad a finales de 1962. En cuestión de unos días, la familia había retomado su buena vida en Bagdad, y Nizar se sintió animado por primera vez desde 1958. Más tarde, los designios de la fortuna volvieron a cambiar y el desastre los azotó el 8 de febrero de 1963, cuando el Partido Baaz se hizo con el control del gobierno iraquí. Aunque la familia sobrevivió sin sufrir daños personales, los militares se incautaron de casi todas las propiedades privadas de Nizar. Él no era un hombre cobarde y se enfrentó a los líderes baazistas. Insistió con firmeza en que no podían quitarle sus propiedades. Aunque le aseguraron que la situación era temporal, el tono utilizado era inquebrantable. Informaron a Nizar de que no tenía derechos sobre su propiedad, y él dudó con toda la razón que las promesas baazistas de juego limpio no fueran sino mentiras. Rodeado de hombres armados y con el único deseo de seguir vivo por sus hijas, Nizar aceptó lo que no podía cambiar.

En la casa de Nizar al-Askari, la enfermedad eclipsó la importancia de la política cuando el cáncer de colon regresó. Luchó por vivir, pero en la habitación 52 del hospital de las monjas de Bagdad, se dio cuenta de que su tiempo en esta tierra junto a su esposa y sus hijas se agotaba a toda velocidad.

Las tres niñas de Nizar, como él las llamaba, rodeaban su cama a la mínima oportunidad. Su determinación por vivir alargaba su tiempo, y Mayada y Abdiya iban a visitarlo todas las tardes al salir del colegio. Cuando estaba a punto de morir, le permitieron ir a casa durante un tiempo, donde Mayada ayudaba a las enfermeras con las inyecciones y la medicación. Pero Nizar no tardó en regresar a la habitación 52, donde murió una mañana tras darle las gracias con mucha amabilidad a una enfermera por haberle sostenido la palangana para vomitar. Mayada y Abdiya estaban en el colegio cuando su madre informó de la muerte de su padre. En el despacho del director, Mayada permanecía de pie, consternada. El dolor era tan agudo que tenía la sensación de que su padre hubiera muerto de forma inesperada.

En ese momento, en su delirio en la celda 52 de Baladiyat, Mayada pensaba en Fay y en Ali. No quería que perdieran a su madre como ella había perdido a su padre.

—¡Fay! ¡Ali! ¡Venid conmigo! —gritaba sus nombres.

—¡Mayada! ¡Mayada! ¿Me oyes? Abre los ojos, Mayada. —Samira se inclinó sobre el rostro de Mayada y lo frotó suavemente con un paño mojado—. Mayada. Despierta.

La lengua de Mayada recorría con suavidad sus labios. Tenía un extraño regusto en la boca, algo parecido a la madera quemada. Sintió que alguien le levantaba la cabeza y le ponía un vaso en la boca. Tomó unos cuantos tragos de agua. Se sentía confundida. ¿Dónde estaban sus hijos? No sabía dónde se encontraba. Abrió los ojos y vio la multitud de caras femeninas inclinadas sobre ella, mirándola con amabilidad.

—Mayada, soy Samira. Ya estás de vuelta con nosotras, en la celda 52.

—¿Quién eres? —masculló Mayada, todavía confusa.

—Soy Samira —murmuró con una ligera sonrisa la mujer inclinada sobre Mayada.

Mayada abrió los ojos por segunda vez.

—¿Samira?

—Sí, estoy aquí, palomita.

Mayada gimió al moverse. Le dolía todo el cuerpo.

—¿Qué ha ocurrido? ¿Dónde están Fay y Ali?

Samira compartió una mirada de preocupación con la doctora Sabah.

—Estás viva. Eso es lo único que importa. Estás viva.

Mayada volvió a mirar hacia arriba. Muchos rostros preocupados la contemplaban. Vio a la doctora Sabah y a Muna y a Wafae y a Aliya y a Sara y a muchas más. Pero el estómago le dio un vuelco cuando recordó que estaba presa en Baladiyat.

—¿Qué hago en el suelo?

—Te han alejado de nuestro lado —susurró Samira—, durante poco tiempo. Pero ahora estás a salvo.

La doctora Sabah y Muna se sentaron junto a Mayada. Wafae y Aliya y otras mujeres se agruparon cerca.

—¿Qué te han hecho? —preguntó la doctora Sabah.

—No lo sé —respondió Mayada con sinceridad—. Me duele la cabeza. Me duelen los brazos. —Con cuidado se tocó la pierna—. Me duele todo. No recuerdo qué me han hecho.

La doctora Sabah examinó a Mayada, le miró la cara, los brazos y las piernas.

—Mirad —exclamó, dirigiéndose a las mujeres agrupadas—. La carne del lóbulo derecho tiene las marcas de las pinzas, y el dedo gordo del pie derecho también. Le han puesto la electricidad.

—¿Algo más? —le preguntó Samira a la doctora, acelerando sus palabras con preocupación.

—Nada que yo vea. ¿Muna?

Muna le levantó los pies con cuidado y examinó las plantas.

—No le han golpeado en los pies. Eso es bueno.

Samira le tocó la mejilla.

—Con todo lo malo que ha sido, te han tratado con delicadeza.

Mayada empezó a llorar.

—Ahora recuerdo algo. Me han pegado en el estómago. Me han abofeteado en la cara.

—Sí, tiene las mejillas rojas —reconoció Muna con una amable caricia.

—Alguien me ha pateado —dijo entre sollozos.

—¿Te sabe la boca a madera o a metal? —preguntó Aliya.

—A madera.

—Eso es por las descargas eléctricas —dijo Aliya con certeza.

—Ayúdame a levantarle la cabeza —le pidió la doctora Sabah a Muna.

208

Sus amables manos empaparon la parte trasera del cuello de Mayada con un trapo húmedo. A continuación, la doctora Sabah le puso el trapo en la frente.

—Esto te aliviará el dolor de cabeza.

Poco a poco, Mayada empezó a recordar la pesadilla de la tortura eléctrica. Temblaba con sus breves sollozos.

—No aguanto esta tortura. Moriré en Baladiyat.

—Calla. —Samira le dio una palmadita en la mano—. Escucha mis palabras, sé lo que me digo. Te soltarán muy pronto. Eres un caso especial. —Mayada no la creía, y lloró con más fuerza—. Mayada, quiero que pienses esto. Tu torturador ha tenido cuidado. No te han dejado ninguna marca en el cuerpo. No te han golpeado en los pies, ni en la espalda. Pueden negarlo todo si los acusas. No me cabe duda; han recibido órdenes de tratarte con suavidad.

Mayada estaba harta de esperanzas frustradas, y se negó a recibir consuelo.

—No volveré a ver a mis hijos. No, nunca más. Mis hijos se quedarán sin madre.

El rostro de Samira reflejaba paciencia.

—Mayada, tienes un título universitario. Yo solo me he licenciado en Baladiyat. Conozco este lugar. Conozco a esos hombres. Te soltarán pronto, tan pronto como llegue la orden. Es un presentimiento.

Mayada recordó algo más.

—Creo que me colgaron del techo y me hicieron girar con un ventilador. Me metieron en un neumático y me hicieron rodar por la habitación —dijo entre llantos.

Samira siguió consolándola.

—No, mi niña. Esas cosas espantosas solo han ocurrido en tus pesadillas. No tienes señales en el cuerpo que no sean de patadas y unas cuantas descargas eléctricas. Al volver has estado delirando. Ese delirio suele ocurrirnos a la mayoría. Sobre todo al principio. —Entonces se dibujó una amplia sonrisa en su rostro—. Además, no hay muchas de nosotras que quepamos en un neumático.

En cualquier otro momento de su vida, Mayada se habría reído. En realidad era demasiado corpulenta para caber en una rueda de coche. Debía de haber estado alucinando.

Muna lo confirmó.

—A mí me colgaron por los brazos cuando llegué. Me hicieron girar colgada del techo. Se me desencajaron los hombros. Pasaron semanas antes de que pudiera volver a levantarlos. —Le levantó los brazos a Mayada para probar lo que decía—. ¿Ves?, no tienes los brazos lesionados. No te han colgado del techo. —Hizo una pausa antes de dedicarle a Mayada una dulce sonrisa—. Y demos gracias a Dios por ello.

—A mí me colgaron de un gancho y me golpearon. Sé que a ti no te lo han hecho —verificó la doctora Sabah tocando ligeramente el rostro de Mayada.

Mayada miró una a una a las mujeres en la sombra. Todas las caras demostraban preocupación, por ellas, por sus hijos, por la vida que habían dejado fuera de Baladiyat, pero también por el estado de Mayada. No había conocido jamás a unas mujeres tan buenas. Y pese al hecho de que todas las internas de la celda 52 habían sido tratadas con más dureza que ella, ninguna de ellas le reprochaba su mejor suerte.

—Ahora tienes que comer algo de pan —insistió Samira—, luego una cucharada de azúcar. El pan te quitará el sabor de madera de la boca y el azúcar mitigará la debilidad que todavía tienes en las piernas y en los brazos.

Antes de que Mayada pudiera responder, todas se sorprendieron al ver que se abría la puerta de la celda y de pronto aparecían tres guardias.

—Hemos venido a buscar a Safana —gritó con vocecilla nasal un hombre alto y delgado con un bigote poblado al que Mayada jamás había visto.

Muna se puso de pie de un salto con tanta rapidez que su brillante pelo castaño subió y bajó. Miró hacia el fondo de la celda, alarmada.

Mayada era incapaz de volver la cabeza para buscar la cara de Safana, pero sabía que era una joven kurda, a punto de cumplir los treinta, de piel tersa y morena, ajada por las negras ojeras. Era muy bajita y corpulenta. Safana había sido detenida junto a Muna, y las dos mujeres solían llorar juntas apoyada una en hombros de la otra. Ambas habían trabajado en el banco antes de ser detenidas. Mayada sabía poco más de Safana, pero a menudo hacía cábalas sobre su historia.

Safana avanzó a trompicones desde el fondo de la celda, con el puño en la boca, y los ojos anegados de lágrimas.

—¿Y yo? —preguntó Muna, temblorosa.

El guardia delgado la miró, mordiéndose los labios.

—Hoy solo cocinaremos una oca —chilló con su voz nasal, antes de agarrar a Safana por su corto brazo y sacarla de un tirón de la celda.

Los hermosos ojos de Muna se llenaron de lágrimas. Cuando la puerta de la celda se cerró, Muna se arrastró hasta su litera, llorando con amargura.

—Safana solo es una testigo. Ella no ha hecho nada, nada.

Samira se levantó de su asiento. Mayada se dio cuenta de que el esfuerzo había cubierto el labio superior de Samira de sudor. Samira no se había recuperado del todo de su sesión de tortura.

—Ten cuidado y no hagas esfuerzos —dijo Mayada con gravedad, pensando en que con aquella escalada de torturas, la celda 52 no tardaría en convertirse en refugio exclusivo de mujeres lesionadas.

Samira se limpió el sudor de la cara con la mano.

—Las pobres Muna y Safana solo son testigos de un caso de malversación de fondos en el banco. El director general era un ladrón.

—¿Ni siquiera las han acusado? —preguntó Mayada.

—No. Te contaré toda la historia. Así lo entenderás.

—Por favor, habla despacio —le advirtió Mayada—. Todavía no se me ha despejado la cabeza, por la electricidad. —Eso era cierto, Mayada todavía oía pitidos en los oídos y en la cabeza.

—Hablaré despacio. —Samira vio la cuchara de Mayada en el suelo, todavía medio llena de azúcar—. Cómete eso. Entonces oirás bien.

—No puedo.

—Pues vale. —Samira levantó con cuidado la cuchara y chupó su contenido antes de empezar la triste historia.

—Nuestra dulce Muna proviene de una pobre familia que se hizo más pobre tras el desastre de 1991. La casa de su padre está en Al-Horiya al-Uola. Muna fue a la escuela y a la universidad públicas y se licenció con las mejores notas de su clase. En la facultad conoció a un joven muy agradable, aunque era de una familia tan pobre como la suya. Se enamoraron, pero el padre de ella se negaba a aceptar la unión. Quería algo mejor para su hija. Sin embargo, Muna estaba enamorada y convenció a su padre de que siendo pareja, con sendos títulos universitarios, podrían disfrutar de una vida próspera. Así que su padre terminó por acceder.

»Muna se casó y se trasladó con su marido a una pequeña casa cerca de la zona de Jarj junto al Tigris, en un barrio llamado Al-Rahmaniya. Era una zona de población muy densa, con las casas construidas una junta a otra. Pero Muna y su marido eran muy felices. Los bancos de inversión empezaron a abrir sus puertas en Irak, y Muna era tan inteligente que enseguida la contrataron.

»Ahora hablemos de nuestra indefensa y pequeña Safana —dijo Samira con un profundo suspiro—. Safana, como habrás supuesto ya, es kurda de ascendencia persa. No se ha casado y no es más que una niña. Safana y su madre vivían en un barrio pobre de Habibiya, no muy lejos del edificio central de la policía secreta. Su padre murió durante la guerra contra Kuwait, aunque no era soldado. Así que Safana y su madre intentaron sacar adelante la humilde tienda de comestibles que habían heredado de él. Ten en cuenta que Safana estudiaba al mismo tiempo. Así que iba a la facultad durante el día y llevaba la tienda hasta la hora de acostarse.

»Pero cuando se impusieron los bloqueos, no pudieron permitirse abastecer la tienda, y el local estaba vacío. Sin embargo, Safana también era inteligente, como Muna. Había estudiado Economía y Comercio en la Universidad de Bagdad. No podía pensar en casarse, porque todo su tiempo estaba ocupado en ir a la facultad, estudiar y trabajar en la tienda. Y sin un padre ni hermanos, sabía que tendría que encargarse de su madre, que llevaba enferma muchos años.

»Safana tuvo suerte y encontró un trabajo a jornada completa en el mismo banco en el que trabajaba Muna, aunque no se conocían de antes. Safana estaba contenta, porque por fin ganaría dinero suficiente para comprar comida y medicamentos para su querida madre, que en esa época estaba inválida. Usaba pañales como un bebé recién nacido. Todas las mañanas antes de irse a trabajar, Safana le daba de comer a su madre, la limpiaba, le cambiaba el pañal, colocaba un plástico debajo de la cama y dejaba un aperitivo para el almuerzo en la mesita de noche. Al salir de trabajar, Safana se iba directamente a casa a toda prisa para atender las necesidades de su madre.

»Safana trabajó tanto y tan bien en su nuevo empleo que la ascendieron al departamento de dirección del banco, y ese fue un día muy, pero que muy feliz para ella. Mientras tanto, nuestra Muna se había quedado embarazada. Su marido y ella estaban tan ilusionados que decidieron que ella pidiese toda la baja por maternidad, para estar con el bebé tanto como fuera posible. Tuvo al bebé, un niño al que llamaron Salim. Muna estaba en casa con Salim un día cuando la vecina llamó a su puerta. Le dijo a Muna que sus jefes del banco la llamaban y que debía responder de inmediato. El marido de Muna todavía estaba en el trabajo, así que ella corrió al teléfono con Salim agitándose en sus brazos. La persona que llamaba era el jefe de seguridad del banco. Le dijo a Muna que debía ir, que habían desaparecido unos documentos importantes. Muna le dijo al hombre que no tenía a nadie con quien dejar a su bebé, pero él insistió. El hombre le dijo que trajera al niño consigo. Una preocupada Muna salió corriendo al banco con Salim. Cuando llegó, encontró sentada a Safana y a dos hombres que no había visto nunca. Todos estaban en la oficina de seguridad, donde el jefe le dijo a Muna que tomara asiento. Muna y Safana fueron conducidas a la sede central de la policía secreta. Muna presintió que había ocurrido algo terrible y le rogó al hombre que le contase cuál era el problema. Él se negó a explicarlo. Le preguntó si podía dejar al niño con su abuela o con su padre. El hombre rechazó la petición, diciéndole que el bebé iría con ella. Muna le suplicó poder usar el teléfono y el hombre se negó. A Muna no le permitieron hacer otra cosa que permanecer sentada y llorar.

»A Safana le ataron las manos a la espalda, pero permitieron que Muna permaneciera libre, para que pudiera coger a su pequeño Salim. A continuación, sin mediar explicación alguna, las tres pobres almas fueron conducidas hasta aquí y arrojadas a esta celda. Yo estaba aquí cuando llegaron, y las dos mujeres estaban más asustadas que tú, Mayada, el día en que llegaron. Una semana más tarde, empezó el interrogatorio. Fue ese el momento en que Muna y Safana descubrieron la verdad. Ambas tuvieron que hacer una descripción completa de su director general en el banco. Ambas dijeron lo que sabían, que era básicamente nada. Era un jefe amable con las dos. El verdadero problema era que el director general se había extendido un cheque a sí mismo de 15 millones de dinares iraquíes [unos 7.000 dólares en 1998]. Había estado robando dinero del banco durante varios años. Cuando Muna y Safana dijeron que era un buen hombre, y no dijeron que era un ladrón, las golpearon. Claro que ninguna de las dos tenía ni idea de que estuviera robando, si no, lo hubieran dicho.

—¡Dios mío! ¿Cuándo acaba esto? —preguntó Mayada.

Samira se acercó a ella y su voz se convirtió en un susurro.

—Eso no es lo peor. La historia se vuelve mucho más triste. Tras una semana de encarcelamiento, el pequeño Salim de Muna empezó a llorar sin parar. Muna había sido lista, se había llevado un poco de leche del banco, pero se acabó pronto. Durante unos días, le dio al pequeño Salim agua con azúcar, pero eso empezó a sentarle mal. El pobre bebé lloraba día y noche. Al final los guardias vinieron una mañana y le ordenaron a Muna que entregase el bebé. Claro, Muna empezó una pelea. La atacaron con una picana eléctrica y se desmayó. Cuando golpeó contra el suelo, los carceleros agarraron a su pequeño Salim y salieron a toda prisa por la puerta. Desde entonces no hemos vuelto a ver al niño.

Mayada lanzó un grito ahogado.

—¿Crees que han matado al bebé?

Samira se encogió de hombros y le dio un empujoncito a Mayada en el brazo, luego hizo un gesto con la cabeza señalando a Muna, que estaba llorando en silencio.

—Rezo porque hayan llevado al bebé con su marido o con su madre. Los guardias se niegan a decirle nada a Muna.

—La razón por la que llora la pobre Safana es porque nadie sabe cómo está su madre. Cuando le dijo a los guardias que alguien tenía que visitar a su madre, le dieron una bofetada. Safana supone que la pobre mujer ha quedado olvidada en su cama y que morirá de hambre. Piénsalo, dos criaturas indefensas con pañales, una vieja y otra joven, y nadie se ocupa de ellas.

Mayada se sintió horrorizada. Cerró los ojos y empezó a rezar, porque no sabía qué otra cosa hacer.

Un gemido se propagó por la celda 52 cuando la puerta se abrió una vez más y fue pronunciado el nombre de otra mujer en la sombra.

—¡Sara! ¡Sal para que te veamos!

Mayada miró hacia arriba cuando Sara pasó caminando por su lado lentamente. Sara era una de las más jóvenes, solo tenía veintiún años, era estudiante de farmacia y la habían encarcelado sin ninguna buena razón, por lo que todas sabían. En ese momento pasaba de la seguridad de la celda 52 a las manos de un guardia ávido de llevársela para torturarla. La joven tenía los ojos vidriosos de puro terror. Al llegar a la puerta se volvió hacia las mujeres.

—Samira, recuerda lo que te he dicho —gritó—. Si muero, tienes que ponerte en contacto con mi madre. Soy su única hija viva.

—No vas a morir, pequeña Sara —la tranquilizó Samira—. Sé fuerte. Estaremos aquí rezando por ti.

El carcelero blasfemó, y Sara se volvió y se fue. La puerta se cerró tras ella.

—Pronto habrá dos mujeres que nos necesiten. —Samira se levantó del suelo y dio instrucciones explícitas—. Vamos a llevar a Mayada a su litera y prepararemos dos camas para Safana y para Sara.

Con la doctora Sabah a su lado, Mayada caminó en silencio hacia su litera. Después de acomodarse, cerró los ojos. Tembló como si tuviera fiebre. Deseó recobrar las fuerzas. Quería estar lo bastante fuerte para ayudar a Samira con Safana y Sara cuando volvieran.

Tendida en silencio, pensó en su antigua vida, la vida que antes creía que no era más que trabajo y preocupaciones, una vida que había sido obligada a abandonar en un solo día. Ahora, esa antigua existencia de trabajo y preocupaciones parecía tan maravillosa que el pensamiento de abandonarla resultaba terrorífico.

Escuchó la voz queda de Samira dando instrucciones a otras mujeres. ¿Qué harían en esa celda sin Samira? Era como una madre para todas y cada una de ellas.

Recordó las palabras de Samira: que las mujeres en la sombra debían sobrevivir por sus hijos. Y ella sobreviviría, por Fay y por Ali.

8

El doctor Fadil
y la familia de Mayada

Mayada pensó en sus dos hijos intentando imaginar lo que estarían haciendo en ese momento. ¿Estarían comiendo? ¿Durmiendo? ¿Dónde estarían viviendo? ¿Seguirían en Bagdad? Si era así, ¿estaban con su abuelo paterno, el único abuelo que conocían? O ¿habían huido a Jordania, donde se encontraban bajo el manto protector de su madre, Salwa?

Azotada por la idea de que ni siquiera sabía dónde estaban sus hijos, a Mayada se le llenaron los ojos de grandes lágrimas que le caían por la cara y formaban un círculo que iba agrandándose sobre su manta. Mayada se estremeció por su indefensión, pero recordó el consejo que le dio Samira cuando llegó a Baladiyat: construir una barrera mental en torno a sus hijos y mantenerlos en su interior a salvo, de otra forma sería incapaz de soportar su sufrimiento. Samira tenía razón, claro. Convencida de que se volvería loca si se obsesionaba con Fay y Ali, Mayada dibujó una línea imaginaria para separarse a sí misma de sus dos hijos y se obligó a pensar en otra cosa. Su mente proyectó una segunda imagen en la pared de la prisión, la cara de un hombre que una vez se había contado entre los más poderosos de todo Irak: el doctor Fadil al-Barrak. El doctor Fadil era un hombre atractivo físicamente: alto y moreno, con el pelo castaño y los ojos oscuros. Tenía una voz encantadora y solía hablar con un alegre tono cantarín. Aunque Mayada ya sabía que tenía doble personalidad, rara vez había visto su lado oscuro.

Solo tenía certeza de una cosa: si el doctor Fadil siguiera vivo, su mundo seguiría siendo normal y podría estar en casa con sus dos hijos.

Mayada retrocedió mentalmente hasta 1979, al momento en que se conocieron. Sin embargo, en cuanto cerró los ojos y se trasladó al pasado, una de las mujeres en la sombra se acercó en silencio y puso una pequeña mano blanca sobre su rostro.

Mayada se volvió, alarmada.

—Soy yo —dijo Samira con amabilidad, mientras sus familiares ojos verdes miraban con intensidad a Mayada.

El dolor de Mayada por sus hijos era tan grande que se sentía como si le hubieran arrancado el corazón del pecho.

—¿Sabes, Samira?, sé que voy a morir en esta celda —dijo Mayada con obstinación.

—¡Déjalo ya! —insistió Samira.

—Al parecer, el número 52 persigue a todos los Al-Askari —explicó Mayada—. Mi padre murió en la habitación 52 del hospital de las Hermanas de la Caridad, cuando tenía 52 años. Su padre, Yafar, fue asesinado a los 52 años. Ahora yo estoy en la celda 52, la sala que se convertirá en mi tumba. —Mayada miró a Samira y dijo con convicción—: Mi muerte estará relacionada con el número 52. Está escrito.

—No seas tan macabra —la reprendió Samira con voz amable—. Te he dicho que te van a soltar, pronto. Mucho antes de que cumplas los 52.

Mayada se obsesionó con una nueva idea.

—Estoy siendo castigada.

—¿Castigada por qué? —dijo Samira, resoplando.

Inquieta por esa nueva idea, Mayada se levantó apoyándose en los codos. Se volvió para mirar a Samira, para ver si había otras mujeres cerca que pudieran escuchar. No había nadie cerca.

—El doctor Fadil al-Barrak fue nuestro protector durante muchos años —susurró.

—¿Y?

—Durante diez años el doctor Fadil dirigió lugares como Baladiyat.

—Sí, me suena su nombre.

—Claro que te suena, Samira. El doctor Fadil al-Barrak era un hombre tan poderoso que podía librar a cualquiera de la cárcel. Y lo hizo por mí, más de una vez. —Un largo silencio se hizo entre las dos mujeres antes de que Mayada prosiguiera—: ¿Es que no lo entiendes? Sin ni siquiera saberlo, mi madre y yo hemos vivido protegidas durante varios años, y ahora me están castigando por esa protección.

Samira retiró la manta de Mayada y se sentó en el borde de su litera, analizando a Mayada con solemnidad.

—Entiendo —dijo Samira—. ¿Lo ayudabas a torturar a la gente, Mayada?

—¡No! ¡Por supuesto que no! Ni siquiera sabía cuáles eran sus funciones. Por lo menos, al principio. —Mayada hizo una pausa y luego dijo—: Verás, incluso ahora, me resulta difícil creer que sea capaz de torturar. Era un hombre que destacaba en el mundo académico. Era un estudioso que se pasaba el tiempo hablando de libros. Pero para alcanzar el más alto cargo de la seguridad, seguro que tuvo que participar en torturas y ejecuciones. De no ser así, Sadam jamás lo habría designado.

—¿Y bien? Todavía no entiendo por qué crees que tienes la culpa —insistió Samira.

Mayada bajó la vista.

—Mi madre y yo deberíamos haber dejado este país y haber denunciado al gobierno de Sadam en cuanto el cuerpo de mi padre estuvo bajo tierra.

—Te estás esforzando demasiado, Mayada. No lo hagas. Tienes que recuperar fuerzas.

—No —Mayada hablaba poco a poco pero con firmeza—, me están castigando por haberme quedado aquí con mi madre. La presencia de los Al-Husri en Irak le daba credibilidad al gobierno de Sadam, por Sati. Ahora lo entiendo.

—Bueno, Mayada, antes no sabías lo que sabes ahora. ¿Es que acaso eres vidente? ¿Cómo lo ibas a saber?

Mayada pensó en las palabras de Samira.

—Una vez oí que el apodo del doctor Fadil era Beria —contestó con extrema convicción—, por el torturador ruso. ¿Por qué no pensé en esa referencia? —murmuró febrilmente—. El doctor Fadil era el agregado militar en la Unión Soviética antes de convertirse en director general de la policía secreta. En la Unión Soviética debe de haber aprendido sofisticados métodos de tortura.

—Sé muy poco sobre ese hombre.

—Bueno, era temido por muchas personas. —Mayada se tamborileaba con rapidez la mejilla con el dedo índice, pensando, luego miró a Samira—. ¿Te interesa la historia del doctor Fadil? —preguntó.

Samira echó un vistazo a la habitación, sonrió con discreción e hizo un gesto con la mano señalando la diminuta celda.

—Claro que me interesa. ¿Qué otras cosas importantes me esperan por hacer? —Se tumbó de lado sobre la litera de Mayada.

Mayada hizo un esfuerzo por susurrar.

—Había oído hablar del doctor Fadil antes de conocerlo —dijo—. Fue en 1978 y yo acababa de regresar de Beirut. La guerra civil se libraba en Líbano y los conflictos allí se habían complicado tanto que me pitaban los oídos por los continuos bombardeos. Así que dejé la facultad y volví a Bagdad. No encontraba un trabajo adecuado, por eso decidí seguir con mis estudios. Me aceptaron en el Instituto de Estudios de Documentación y Biblioteconomía. Era una universidad nocturna, las clases empezaban a las cinco de la tarde. Una tarde, una estudiante muy tímida, una chica encantadora llamada Fatin Fuad, se me acercó y me dijo: «El novio de mi hermana conoce a tu madre, pero ha perdido su teléfono. ¿Puedes dármelo, por favor?». Algo preocupada le pregunté quién era ese hombre y ella me dijo: «Es el doctor Fadil al-Barrak al-Tikriti». Ese nombre no me decía nada. No estaba al tanto de la composición del gobierno iraquí y había estado fuera del país durante algunos años. Pero la tal Fatin era una joven de rostro dulce que se habría ganado la confianza de cualquiera con una sola mirada. Así que le di nuestro teléfono. Después de clase, fui a casa y le mencioné el nombre a mi madre, y aunque puso cara de sorpresa, no habló de lo poderoso que era Al-Barrak. No hice más preguntas, puesto que mi madre conocía a toda la gente importante de Irak. A la mañana siguiente me despertó el teléfono. No reconocí la voz de quien llamaba. Estaba medio dormida y no recordaba la conversación mantenida con Fatin. La persona que llamaba preguntaba por mi madre. Yo contesté con frialdad que Salwa estaba en el trabajo. Él preguntó: «¿Con quién hablo?», y yo respondí: «Con su hija». Él volvió a preguntar: «¿Con qué hija?», y yo contesté: «Con la mayor». Después de una estudiada pausa, se rió en voz alta y me preguntó: «¿Cómo puedo conseguir que me digas tu nombre?». Pensé que el hombre estaba ligando conmigo, así que no le dije nada, sino que le pedí que volviera a llamar más tarde. Antes de colgar, me pidió algo: «Dile a tu madre que ha llamado Fadil al-Barrak. Dale mi número privado». Jamás olvidaré ese número.

»Ese mismo día, más tarde, vi a Fatin en la facultad y le pregunté sobre el novio de su hermana, quien imaginaba que estaba intentando ligar conmigo. Fatin me contestó a toda prisa: "No, no lo creo. Habla así a casi todo el mundo. Es un hombre poco corriente".

»Luego, Fatin me llevó a un rincón del pasillo de la facultad y me confesó: "Te contaré una historia increíble. El prometido de mi hermana tendría que ser mi prometido". Al ver mi expresión de sorpresa, dijo: "Deja que te explique, el doctor Al-Barrak es un hombre importante, y mi padre, que es juez, aceptó su petición de mano. Mi padre es un hombre chapado a la antigua, y yo no conocía a mi prometido, pero se suponía que tenía que hacerlo el día de nuestro compromiso oficial. El doctor Al-Barrak vino a nuestra casa el día convenido, y allí estaba yo, vestida con mis mejores galas, a punto de prometerme de forma oficial. Entonces mi hermana pequeña, Yinan, entró en la sala. Deberías haber visto a mi hermana, Mayada. Es sin duda la belleza más grande de Bagdad. En cualquier caso, mi prometido, el doctor Al-Barrak, le echó una mirada a mi hermana y se quedó tan maravillado que dijo: 'Quiero a esta'. Mi padre se sorprendió tanto que no supo qué decir. Yo me quedé allí de pie, petrificada de vergüenza, y Yinan salió corriendo de la habitación. Bueno, yo no quería para nada casarme con un hombre que quisiera a mi hermana, así que le dije a mi padre que no se preocupase. 'Dejemos que se case con Yinan si es lo que quiere, y lo que ella quiere.' Teniendo en cuenta las circunstancias, mi hermana se mostró recelosa al principio. Pero yo le aseguré que eso no afectaría a nuestra buena relación, ni al amor de la familia. Le recordé que yo acababa de conocer a ese hombre, así que el compromiso no estaba dictado por ningún sentimiento. Además, el doctor Al-Barrak es un hombre poderoso de los servicios de seguridad y mi padre no quería enfadarlo. Así que mi hermana se casará pronto con mi antiguo prometido".

Samira sacudió la cabeza de lado a lado.

—Samira, contemplé el rostro de Fatin con gran atención mientras contaba la historia y vi que la pobre chica se sentía humillada, pese a lo mucho que insistiera en decir lo contrario. Fatin era hermosa a su manera. Tenía los ojos verdes y redondos y una cara bonita. Tenía el pelo largo y espeso, de un hermoso color castaño. Dudé que su hermana fuera mucho más hermosa. —Mayada echó un breve vistazo a la celda antes de volver la mirada a Samira—. Luego vi a Yinan. Samira, esa chica era la mujer más bella que jamás he visto. Entendí la reacción del doctor Fadil. La hermana de Fatin era muy alta y había sido bendecida con una cara inolvidable. Era como Brook Shields de joven, la modelo y actriz estadounidense. Tenía unos profundos ojos color esmeralda y las pestañas negras más largas que he visto nunca. De verdad, era tan sorprendente que cualquier mujer a su lado palidecería en comparación con ella, incluso su hermosa hermana Fatin. En realidad, era tan guapa que el doctor Fadil dejó de llevarla con él muy pronto a los actos gubernamentales. Uno de los hermanastros de Sadam, Barzan al-Tikriti, perdió la cabeza por Yinan la primera vez que la vio. El doctor Fadil se puso nervioso cuando Barzan le pidió a Sadam que intercediera pidiéndole a Fadil que se divorciase de su hermosa esposa. —Mayada hizo una pausa y Samira interrumpió la historia.

—¿Cómo conoció tu familia a Fadil?

—Se puso en contacto con mi madre solo para tener acceso a los libros y documentos privados de Sati que ella guardaba en nuestra casa. La primera vez que lo vi en persona, me sorprendió que sacase del bolsillo una llave que me resultaba familiar y la hiciese girar con el dedo. Teníamos una llave muy particular en casa y me pregunté de dónde diantre la habría sacado. Se dio cuenta de mi cara de sorpresa. Se le dibujó una sonrisa maliciosa, y me explicó que mi madre le había dado permiso de entrar en casa siempre que quisiera para estudiar los documentos de Sati. No me gustaba mucho la idea, pero no podía hacer nada. El doctor Fadil envió a unos hombres a nuestra casa para rociar los papeles de Sati con una sustancia química especial y así protegerlos de las polillas. Después empezó a hacernos visitas frecuentes a casa. Me acostumbré poco a poco a un hombre que no era de la familia que nos visitaba a solas para entrar en la biblioteca, aunque nunca me acostumbré a la pistola que siempre dejaba en la mesita de la entrada. El doctor Fadil trataba su arma con la normalidad con que yo cogería un vaso de agua. —Mayada dejó de hablar y meditó durante un rato—. Samira, pensándolo ahora, creo que el doctor Fadil era un hombre que vivía en dos mundos. Era un estudioso que adoraba los libros y podía hablar durante horas sobre los temas más interesantes. Sin embargo, dirigía las cárceles de Irak. Estoy convencida de que el lado oscuro de su vida lo incomodaba, porque siempre tenía cierta mirada de preocupación. Las únicas veces que lo veía relajado era cuando tenía a uno de sus hijos en brazos, o cuando estaba en nuestra biblioteca, sosteniendo un preciado libro. —Mayada prosiguió y contempló la cara de sorpresa de Samira—. Durante esa misma época, había conseguido un trabajo como redactora en una publicación infantil llamada *Mayalati wa al-Mizmar* [Mi revista y la flauta]. Una tarde recibí una llamada inesperada de Lufti al-Jayat, un importante periodista de *Al-Yumburiya*. Era el periódico más leído en Irak, aunque no era un rotativo partidista. Siendo joven y estando ávida de ascensos, me emocionó recibir la llamada, aunque no podía imaginar qué quería de mí ese hombre. Cuando llegué a *Al-Yumburiya*, Lufti me condujo hasta su espacioso despacho, donde casi me desmayo de la emoción. Uno de mis mayores sueños se estaba haciendo realidad: me tomarían en serio como escritora. Lufti me contó que había leído alguno de los artículos que había escrito para niños y que le gustaría saber si tenía la misma destreza en los artículos para adultos. Lufti me contrató. Incluso me dieron una columna semanal, titulada «Itlalat» [Perspectivas]. Luego, poco después de que me contratasen, me contaron que el doctor Fadil al-Barrak había pedido que fuera a entrevistarlo. El redactor jefe del periódico, Sahib Hussein al-Samawi, estaba emocionado porque la policía secreta nunca concedía entrevistas. Aunque Sahib estaba emocionado, yo sentí un mazazo repentino. Supe entonces que no había conseguido el trabajo de mis sueños por méritos propios, sino que el doctor Fadil había estado detrás de mi sorprendente ascenso periodístico. Al llegar a casa llamé al doctor Fadil para preguntarle si era así. Se rió y me dijo: «Pues claro». Me explicó que quería que me convirtiese en una escritora excelente y me preguntó: «¿Qué mejor forma de hacerlo que escribiendo?». Así que para probar que estaba preparada para ese puesto, trabajé más duro que cualquiera en el periódico. Y creo que lo probé.

»Desde esa época hasta el día en que detuvieron al doctor Fadil, nuestras vidas estuvieron llenas de "pequeños" milagros. Sin em-

223

bargo, el mejor aspecto de nuestra amistad con el doctor Fadil era que yo estaba en posición de ayudar a los demás, y en algunos casos incluso de salvar vidas.

—Verás, te diré algo —dijo Samira mientras movía un dedo—, utilizaste tu relación con el doctor Fadil para hacer cosas buenas. Esa es la virtud de la amistad, Mayada.

Mayada cerró los ojos durante un instante, los abrió y los cerró una vez más.

—Ruego porque eso sea cierto, Samira. Me obsesiona que pueda haber hecho otras cosas.

—Te lo diría si fuera así. Soy una mujer sincera —insistió Samira con una luz en la mirada—. Háblame de la gente a la que pudiste ayudar. —Mayada dudó—. Vamos, Mayada, estoy esperando —Samira la apremió con una pequeña sonrisa.

—Está bien. Ocurrió en algún momento a finales de 1979 y principios de 1980, después de una reunión con el doctor Fadil, todavía vivía con mi madre. Una mañana, estaba preparándome para salir a trabajar cuando sonó el timbre. Um Aziz, nuestra doncella, abrió la puerta y subió corriendo las escaleras para decirme que la esposa del doctor Saib Shawket estaba en la puerta, con el camisón puesto. Yalila al-Haidari era una mujer muy distinguida, una verdadera aristócrata, así que supe de inmediato que había ocurrido algo terrible.

»Salí a saludarla y la vi de pie en la puerta de entrada, con la mirada de una mujer a la que habían sacado de la cama en plena noche. Estaba llorando. La metí dentro, intenté tranquilizarla, lo cual fue difícil porque empezó a sollozar a conciencia. Al final la convencí para que hablase. Durante unos instantes, pensé que se había vuelto loca, porque primero empezó a hablarme de una granja que tenía la familia en Al-Dora. Se extendió para explicar que la granja era un vasto terreno con palmeras cincuentenarias y con hermosos naranjales plantados bajo las palmeras. Luego cambió de tema para describir un enorme surtidor de agua. Hablaba con tanto entusiasmo de ese surtidor que pensé durante un momento de locura que quería vendérmelo. Dijo que el surtidor lo habían comprado en Inglaterra y que era tan grande que tenía capacidad para regar la mitad del terreno. A continuación contó una historia sin sentido sobre el alcalde de Bagdad, Jairallah Tilfah, que era tío de Sadam y el hombre que lo educó en su infancia. Me dijo que el tío de Sadam visitaba siempre Al-Dora, y presionaba a su marido para que le vendiera la granja familiar. El doctor Shawket, que tenía ochenta y tres años en esa época, no quería vender la granja, y sabía que nunca vería dinero alguno de ese hombre si accedía a la venta. Todos los iraquíes saben que los familiares de Sadam son famosos por su codicia; cuando quieren comprar algo, se limitan a cogerlo. El doctor Shawket sabía que seguramente perdería la granja tarde o temprano, así que le ofreció al poderoso tío de Sadam darle la mitad de la propiedad. Jairallah aceptó la oferta, pero dijo que quería la mitad donde se encontraba el surtidor de agua. El doctor Shawket había pagado mucho dinero por ese surtidor y sabía que los árboles morirían sin el agua. Criticó la insistencia de Jairallah por quedarse con la mitad de la granja que tenía el surtidor. A continuación, Jairallah volvió a cambiar de opinión e insistió en que solo se quedaría satisfecho si le daban toda la granja.

»La mañana que Yalila apareció en la puerta con el camisón, la policía secreta había llegado a su casa y había detenido al doctor. Se lo habían llevado en pijama. Samira, ese doctor era el cirujano más importante de Irak y el fundador de la primera facultad de medicina de Irak, así como el primer ministro de Sanidad del país. Su detención fue una terrible conmoción para todos nosotros.

»No sabía qué hacer ante tal catástrofe, así que llamé a mi madre, que ya estaba en su trabajo. Se disgustó mucho y me dijo que llamase al doctor Fadil de inmediato. Le asustaba que el anciano doctor Shawket muriese de un ataque al corazón si no lo rescataban pronto. Así que llamé al doctor Fadil y le conté lo sucedido. Se quedó callado y luego dijo: "Llama al vicepresidente ahora mismo. Tiene la línea destinada a emergencias abierta. Cuéntale toda la historia". Me sorprendió, pero seguí sus instrucciones. Llamé al número de Sadam y contestó después de que el teléfono sonase un par de veces. Le dije quién era y que llamaba en nombre de la esposa del doctor Saib Shawket. Luego le conté parte de la historia, lo de la detención del doctor a causa del terreno. Sadam escuchó en silencio. Solo dijo que le asegurase a la esposa del doctor Shawket que todo saldría como ella deseaba. Tenía que decirle que su marido regresaría en breve. También tenía que decirle que el doctor debía acudir al palacio presidencial a las cuatro de la tarde de ese día. Pasados cinco minutos, sonó mi teléfono. La persona que llamaba era el doctor Fadil. Me dijo: "Dile a la esposa del doctor Shawket que su marido acaba de salir de la cárcel y que lo llevan de vuelta a su casa mientras estoy hablando". Colgó sin despedirse.

»Más tarde, entendí la razón por la que el doctor Fadil me había dicho que hiciese la llamada. Hubiera sido raro que Sadam se enterase por algún ayudante, como el doctor Fadil, de que su tío era un ladrón, pero enterarse de la historia por teléfono a través de alguien que hablaba en nombre de la víctima era menos embarazoso para él. Estaba esperando con la esposa del doctor cuando regresó de la cárcel. El doctor todavía iba en pijama, claro. El pobre hombre estaba conmocionado. Recuerdo sus primeras palabras. Estaba allí de pie con expresión de sorpresa y dijo: "Los hombres de la cárcel eran unos maleducados. ¿Puede creer que me han abofeteado?". Se quedó allí de pie, encorvado y frágil, dándose palmaditas en las mejillas enrojecidas con expresión de incredulidad. Pero el doctor Shawket recuperó la compostura, se vistió y salió hacia el palacio presidencial. Me quedé con su esposa durante todo el día, porque ella todavía estaba muerta de miedo. —La indignación de Mayada regresó mientras contaba la historia, incluso después de todos los años que habían pasado—. Eran dos ancianos, personas que habían trabajado por Irak desde el primer día de la historia moderna de la nación. Era escandaloso.

—¿Qué ocurrió en palacio? —preguntó Samira mientras se inclinaba hacia delante, apartándose un par de mechones de su pelo entrecano de los ojos.

—El doctor Shawket estuvo fuera durante más de una hora, pero cuando regresó, nos contó lo que había sucedido. El doctor dijo que se había encontrado en la puerta con Barzan Ibrahim al-Hasan al-Tikriti, el hermanastro de Sadam por parte de madre, el hombre que se había casado con la hermana de Sayida. Barzan dio la bienvenida al doctor Shawket con amabilidad y le dijo que Abu Udai (Sadam) también estaba en la sala. El doctor volvió la cabeza al escucharlo, pero vio que estaban los dos solos. Miró a Barzan confundido, y Barzan señaló a una mesa en el centro de la habitación. «Ahí está —explicó Barzan—. Sadam está en esa mesa.» El doctor Shawket era mayor, te lo recuerdo, y no veía muy bien. Así que se acercó a la mesa. «Sigo sin verle», dijo, confundido. Barzan rió y cogió una grabadora. «Aquí está», explicó, indicando que Sadam escucharía más tarde todo lo que se dijera.

»El doctor Shawket dijo que se sintió algo abrumado tras el ridículo episodio, pero intentó explicarle a Barzan con las palabras más cautelosas lo que había ocurrido. Tomó precauciones al hablar porque su relato dejaba mal a Jairallah, que era tío de Barzan y el hombre que había criado a Sadam. El vínculo familiar es incluso más fuerte porque tanto Sadam como Barzan estaban casados con hijas de Jairallah. Plenamente consciente de todas estas relaciones familiares, el doctor Shawket se dio cuenta de que había una línea invisible que no podía traspasar o acabaría de vuelta en la cárcel.

»Al final, Barzan le dijo al doctor Shawket: "Doctor, cuéntenos a Sadam y a mí lo que ha ocurrido exactamente, y no se ande con miramientos". Le dio una palmadita al anciano doctor en el hombro y le transmitió confianza para hablar con tranquilidad. Barzan insultó al tío de Sadam, que también era su tío, cuando dijo bromeando: "Créame, si Abu Udai no hubiera recibido ninguna llamada ni hubiera sido informado de su situación, nuestro tío y suegro le habría confiscado todo, incluso la chaqueta que lleva colgada al hombro". Barzan consternó al doctor cuando admitió: "Nuestro tío es un viejo codicioso. Estamos obligados a vigilarlo de cerca". El doctor Shawket se mostraba incrédulo al oír que los sobrinos de Jairallah admitiesen tal cosa, pero se sintió encantado de escucharlo.

»Así que la valiosa tierra del doctor permaneció intacta. Después, su esposa y él nos hicieron una visita. La pareja estaba tan agradecida por mi intervención que el doctor Shawket nos ofreció unas hectáreas de la granja como regalo, pero, por supuesto, nosotras nos negamos a aceptarlo. Le dije que ver su cara era suficiente regalo para mí. Le sugerí que en vez de eso me concediese una entrevista para la revista *Alef Ba* sobre su trabajo como médico desde los primeros días de la creación de Irak. Accedió muy complacido. La entrevista se publicó y Sadam Husein la leyó. Unos días después de su publicación, el personal de Sadam llamó al doctor Shawket y le dijo que su trabajo médico era tan importante que sería condecorado por el presidente. Un contentísimo doctor Fadil llamó a casa y nos dijo que lo buscásemos en televisión. El doctor Fadil se rió mucho al contarnos que él era el responsable de que el doctor Shawket se llevase un galardón en lugar de una condena de cárcel.

»Como parte de un acontecimiento televisivo, el doctor Shawket fue galardonado. Cuando finalizó el programa, dejé traumatizada a mi madre al levantarme de un salto del sofá y dar una voltereta sobre la alfombra persa. Acabé haciendo el *spagat*, riendo mientras miraba a mi madre. Me sentía muy feliz por haber formado parte del final feliz. Salwa, que es tan correcta en algunas ocasiones, se quedó tan impresionada con mis payasadas que me reprendió y me dijo que me comportase como una persona de mi edad. Pero yo estuve sonriendo durante semanas después de lo ocurrido, sabiendo que esa única llamada de teléfono había sido decisiva para salvar la vida del doctor Shawket.

—¿Ves?, una vida salvada —felicitó Samira a Mayada, levantando un delicado dedo blanco—. Sin ti, ese pobre hombre no habría vuelto a ver la luz del día.

El simple hecho de recordar ese día, ayudó a Mayada a recuperarse por su desesperada situación actual en Baladiyat. Luego se cubrió a medias el rostro con las manos y rió en silencio.

—¿Puedes creer que el tío de Sadam jamás renunció a ese terreno? El doctor Shawket murió por causas naturales seis años después, en 1986. El penoso Jairallah todavía esperaba la tierra, pese al hecho de que estaba demasiado viejo y enfermo, y había perdido las dos piernas por la gangrena. Jairallah tenía un pie en la tumba, pero no se podía sacar esa granja ni el surtidor de agua de la cabeza. Tras el funeral del doctor Shawket, Jairallah fue directo a la apenada viuda y se quedó sentado en su coche aparcado a la entrada de la casa. Cuando Yalila salió para ver qué ocurría, se acercó a ella y le preguntó de sopetón: «¿Ahora quiere vender el terreno?».

»La viuda del doctor Shawket enfureció. Incluso sabiendo lo que le había ocurrido a su marido seis años atrás, chilló: «¡Jamás!», y se marchó. La viuda se volvió para ver a Jairallah, un hombre acostumbrado a conseguir casi todo lo que quería. Le lanzó una mirada de desprecio a la mujer al tiempo que ordenaba a su chófer que arrancase. Sin embargo, le asustaba que informasen a Sadam de que había seguido insistiendo en el tema de la granja, así que no había nada más que pudiera hacer. El terreno siguió siendo de la familia a la que pertenecía.

—Supongo que sabía que tú podías llamar al doctor Fadil para mantener a salvo la granja de la viuda.

Mayada se sumergió en un recuerdo lejano.

—Bueno, incluso le salvé la vida a Salam, lo creas o no.

Samira bromeó, riendo en silencio, porque Mayada le había hablado sobre la conducta de Salam en el pasado.

—Entonces ¡sí que eres una santa!

—Eso ocurrió más tarde, en 1984. Había estado fuera dos meses por un viaje oficial a Sudán. Cuando llegué al aeropuerto de Bagdad, llamé para saber qué tal estaba Fay, que solo tenía un año. Durante la llamada, me dijeron que la policía secreta militar acababa de llevarse a mi marido.

»Salam cumplía el servicio militar obligatorio como soldado raso en la guerra de Irán-Irak. Una noche, su comandante le ordenó que trasladase a un soldado que había desertado. Ese soldado había cometido la estupidez de ir directamente a su casa, a un lugar llamado Qalat Sukar en Umara, al sur, y no tardaron en detenerlo. Cuando detuvieron al desertor, ordenaron a Salam que lo llevase al cuartel general del Ejército. Pese a ser un marido inútil, Salam no es un hombre violento. Así que trasladó de buena gana al hombre sin ensañarse con él. Cuando Salam se detuvo en un semáforo en rojo, el desertor aprovechó la oportunidad para abrir la puerta del coche y escapar, y desapareció en la oscuridad de la noche. Debido a este incidente, Salam estaba a punto de ser condenado a cadena perpetua. Así que yo hice lo único que se me ocurrió: llamar al doctor Fadil. Le conté la tremenda noticia. Me dijo que me quedase en el aeropuerto, enviaría un coche con chófer a buscarme. Ya era de noche y se había hecho muy tarde, pero el doctor Fadil se reunió conmigo en su despacho. Entré a toda prisa y él me preguntó el nombre de la unidad militar de Salam. Apretó un botón de una centralita y se puso en contacto directo con el comandante de Salam. El doctor Fadil le preguntó sobre el incidente. Luego le preguntó adónde había llevado a Salam. Le informaron de que mi marido ya estaba en prisión. El doctor Fadil ordenó al comandante que retirase todos los cargos y que soltase a Salam de inmediato. Además le dijo al comandante que llevase sano y salvo a Salam de vuelta a su hogar en una hora.

»Recuerdo esa noche como si fuera ayer. El doctor Fadil me miró con una sonrisa amable. Inclinó la cabeza y se rascó la sien, diciendo: "No te preocupes. Tu amado esposo pronto estará contigo". Entonces, delante de mis narices, ese hombre amable se convirtió en un monstruo insensible. Volvió a llamar al comandante y dijo, ladrando: "Hábleme del desertor". El comandante le contó que el desertor era de Qalat Sukar. Entonces, el doctor Fadil llamó a la policía secreta de esa zona y ordenó al comandante de allí que fuera a la casa del soldado y detuviese a todos sus familiares, hasta el último niño. La familia sería retenida hasta que su hijo se entregase.

»Me quedé boquiabierta al ver que ese hombre hacía algo bueno y luego pasaba de forma instantánea a hacer algo malvado. Recuerdo que le rogué: "Por favor, no detenga a más personas inocentes". Con una mirada oscura en los ojos, el doctor Fadil me dijo que al margen de Salam, ninguna otra persona implicada en esa historia era asunto mío. Así que se me había clavado una dolorosa espina con el regreso de Salam: solo podía pensar en esa familia inocente. Sin embargo, no había nada que yo pudiera hacer. Un felicísimo Salam regresó a casa en cuestión de una hora. Mi marido supo más tarde que el desertor se entregó a las autoridades, también una hora después.

—Ese doctor Fadil sí que era un hombre raro. —Samira habló con un tono poco frecuente, intenso y lúgubre—. Me pregunto cómo podía moverse con tanta facilidad entre el bien y el mal.

—Ese es el misterio, Samira —corroboró Mayada—. El doctor Fadil me salvó incluso a mí de ir a la cárcel en dos ocasiones. La primera vez, yo había puesto sin darle importancia un póster de Jomeini en mi habitación, y lo descubrieron. Y no me ocurrió nada gracias al doctor Fadil. La segunda vez fue en 1985. Estaba casada, Fay tenía dos años y yo estaba embarazada de Ali. Trabajaba para la Organización Obrera Árabe y era tan ingenua que no tenía ni idea de que todos los que trabajaban allí, menos yo, colaboraban con la Mujabarat. Todos los empleados tenían orden de transmitir cualquier comentario que pudiera ser malinterpretado. Uno de mis compañeros escribió un informe negativo sobre mí. El informe insistía en que yo no tenía suficiente respeto por el presidente y que hablaba con demasiado libertad con todo el mundo. Además, el informe indicaba que no usaba las consignas del Partido Baaz en mi discurso. Así que un día me sorprendió una llamada de teléfono de la policía secreta. Un hombre llamado Abu Yabar era quien llamaba, y me ordenó que pasase por su despacho esa mañana. No tenía ni idea de lo que quería ese hombre, pero sabía que no podía ser nada bueno. Por eso llamé al doctor Fadil y le hablé de mi cita. El doctor Fadil también encontró extraña la situación, pero me dijo que fuera y que no anulase el compromiso. Mientras tanto, él haría algunas averiguaciones. El doctor Fadil insistió en que lo llamase en cuanto hubiera regresado de la cita.

»Acudí al lugar acordado, aunque no me sentía asustaba porque sabía que el doctor Fadil estaba al corriente de mi paradero. Sabía que si no lo llamaba en cuestión de horas, él intentaría averiguar por qué. Entré en el despacho de Abu Yabar y allí estaba él de pie, era un hombre obeso y calvo. Llevaba las gafas de cristales más gruesos que he visto en mi vida, y eso le agrandaba los ojos y le daba aspecto de rana. Tuve de inmediato la sensación de que el doctor Fadil ya había llamado a Abu Yabar, porque el hombre estaba tan nervioso como yo. Antes de la llamada del doctor Fadil, Abu Yabar posiblemente había planeado detenerme, pero en ese momento sabía que yo era intocable para él. El hombre no sabía qué hacer, tenía que inventarse alguna excusa que no enojase al doctor Fadil para justificarse por haber hecho que esa mujer en avanzado estado de gestación y evidentemente con buenos contactos fuera hasta allí. No paró de mascullar, de moverse de aquí para allá y de sacudir la cabeza. Le pregunté qué ocurría y él repetía: "Nada, nada", una y otra vez. Al final me dijo que me había llamado para tomar un café. No daba crédito, puse voz chillona al replicar y preguntarle si de verdad le había pedido a una mujer embarazada de ocho meses que se pasase por allí para tomar un café. Me sentía valiente por el poder del doctor Fadil que me respaldaba, y le pregunté: "¿Se da cuenta de que he estado despierta toda la noche por la preocupación y de que podría haber sufrido un aborto?". Abu Yabar dejó de moverse, me miró y dijo: "Debe de estar de broma. ¿Por qué iba a estar asustada? ¿La he ofendido en modo alguno?". Le volví a preguntar: "Dígame para qué me ha llamado". A esas alturas estaba tan tenso que levantó la voz: "Siento mucho haberla llamado. Olvide lo del café. Ahora vaya a casa y tranquilícese". Salí hecha una furia y volví a casa para llamar al doctor Fadil. Él me contó lo del informe negativo de mis compañeros sobre mi actitud y me sermoneó, diciendo que me habían criticado porque no hablaba "la lengua baazista".

»Al pensarlo ahora, supongo que debería de haber adoptado algunas de sus ridículas frases, como "Cultiva y come" o alguna tontería por el estilo, de esas que tanto se valoraban. Todas las palabras que pronunciaban eran un despilfarro de oxígeno, en mi opinión. El doctor Fadil me contó que todos los de aquel lugar pasaban informes de unos y de otros. Me dijo que tenía que mantener mi frívola boca cerrada y ocuparme solo del trabajo. Me sugirió que no confiase en ninguno de mis compañeros. Esa sugerencia hizo que el tiempo que pasaba en el trabajo no fuera muy agradable, aunque me volví más precavida. Sin embargo, me negué a unirme a ellos en la repetición de las consignas socialistas.

»Samira, el doctor Fadil siempre estuvo con nosotras cuando lo necesitamos.

—Dios lo tendrá difícil para decidir si el doctor Fadil sube al cielo o desciende al infierno —dijo Samira, sacudiendo ligeramente la cabeza.

—Sí, tienes razón. Es un hombre que entreteje las buenas acciones con un ovillo de acciones oscuras. ¿Recuerdas cuando empezaron las deportaciones a Irán de las personas con documentación marcada con la palabra Tabaeya en 1980?

Samira se miró las manos con desaliento, antes de volver a alzar la vista para mirar a Mayada.

—Me enteré de algo. Los chiíes fueron las víctimas de la deportación. Oí hablar de ello, pero nunca supe muy bien lo que había ocurrido ni cuál era el motivo exacto. Tenía vecinos a los que deportaron. ¿Qué ocurrió?

—Al ser suní de ascendencia otomana, a mí no me afectó —explicó Mayada—. Al menos no al principio. Aunque pronto supe que muchos iraquíes estaban teniendo serios problemas con su certificado de nacionalidad. Ese documento entró en vigor en 1921, cuando el moderno estado iraquí fue creado tras la caída del Imperio otomano. Cuando se elaboraron los primeros censos, los iraquíes tenían la opción de declarar si eran de origen otomano o de origen iraní. Si afirmaban ser iraníes, sus hijos quedarían exentos del Ejército. Por tanto, para proteger a sus hijos, muchas familias optaron por declarar que eran de origen iraní, aunque en realidad fueran de origen otomano. En una misma familia, los hijos podían ser declarados como iraníes y las hijas como otomanas. Por desgracia, tras la revolución iraní, estas opciones se volvieron en contra de muchas familias iraquíes.

»Cuando Jomeini regresó como aclamado líder iraní, Sadam decidió deportar a cualquier persona en Irak cuyos documentos de nacionalidad tuvieran la siguiente inscripción: "Tabaeya Iraniya". Sadam había deportado a esas personas pese al hecho de que eran completamente iraquíes, muchos desde sus tatarabuelos. Conozco casos de personas que fueron sacadas de sus hogares sin previo aviso, sin poder llevarse nada consigo. Esas pobres gentes fueron deportadas a pie y abandonadas en la frontera con Irán. Cualquiera que intentase volver recibía un disparo. Familias enteras fueron tratadas de este modo. No importaba si las personas eran ancianos, discapacitados, enfermos o embarazadas. Madres con sus hijos no tenían permiso para llevar ni un biberón para alimentar a sus bebés.

»Los iraníes del gobierno de Jomeini también se mostraban recelosos ante estos iraquíes. Temían que Sadam estuviera enviando un gran número de espías a Irán. Pero después de un tiempo, los iraníes transigieron y construyeron algunos campamentos de refugiados para albergar a los pobres iraquíes deportados.

»Lo más extraño de todo este asunto fue que unas pocas personas ni siquiera sabían que estaba ocurriendo. Los encargados de imponer la voluntad de Sadam iban con discreción de familia en familia, echándolas de Irak. Aunque esta práctica se desarrolló poco a poco, fue acelerándose. En 1981 empezaron a correr los aterrados rumores sobre lo que estaba ocurriendo. Entonces, se instigó un nuevo y horrible crimen contra gente que yo conocía.

»Estaba en mi despacho de la Organización Obrera Árabe cuando uno de los jefes de departamento entró. Justo detrás de él había un hombre llamado Yawid, uno de los chóferes de la organización. Yawid tenía los nervios destrozados. Me contó que acababa de recibir una llamada desesperada de su casa, su familia le había dicho que un camión lleno de gente se paseaba por el barrio, con soldados que registraban la documentación para exigir a cualquiera que tuviera un pasado iraní reflejado en su documentación que abandonase de inmediato su hogar. Le dijeron que fuera a casa y que se reuniese con su familia. Habían sido deportados. ¿Adónde? Yawid no lo sabía.

»Lo llevamos a ver al director general de la organización, quien le dijo que no podía hacer nada. Aunque, apenado por el muchacho, el director general le pidió al departamento de personal que le diera a Yawid el sueldo de un año. Sin embargo, el contable no estaba en su mesa, así que el director de ese departamento fue pidiendo dinero uno a uno a todos los empleados, rogándoles que se vaciaran los bolsillos por su compañero. Yawid salió de la empresa con el sueldo de un año. No lo volvimos a ver.

»Ningún periódico habló de ello. No había nadie fuera de Irak que pareciese tener ni siquiera noticia de lo que sucedía. Luego estalló la guerra, lo que reafirmó aún más la decisión de Sadam de deportar a cualquiera que tuviera relación con Irán. Cualquier iraquí con las palabras "Tabaeya Iraniya" en sus documentos era considerado un espía enemigo por Sadam.

»Luego, en diciembre de 1982, esa persecución afectó a los miembros de la familia de mi marido. Una vez, después de un viaje de negocios, fui a visitar a los padres de Salam. Allí encontré a la familia al completo reunida, hablando con desesperación. Nibal, una de las hermanas de Salam, estaba allí con sus hijos pequeños, Wissam que tenía tres años y su bebé, Bassam. Los tres parecían refugiados desesperados. Pregunté qué ocurría, y Nibal empezó a llorar. Me contó que su marido, el doctor Karim al-Sadi, había sido detenido.

»El doctor Karim era unos quince o dieciséis años mayor que Nibal, pero ella había decidido casarse con ese hombre entre otros pretendientes porque era culto y tenía una licenciatura en química inorgánica de una universidad estadounidense. Nibal le había explicado a su familia que un hombre culto acostumbrado a la forma de ser occidental tenía que tratar mejor a su esposa que un iraquí inculto que nunca hubiera salido del país. Así que la dejaron decidir.

»La casa de Nibal estaba en Hai al-Yamia, la zona universitaria, y a primera hora de esa mañana, tres hombres habían llamado a la puerta del hogar familiar. Dijeron que se llevaban al doctor Karim detenido porque en sus documentos de nacionalidad estaban marcadas las palabras "Tabaeya Iraniya".

»Ahora bien, el doctor Karim era tan iraní como Sadam Husein. Pero como sus padres habían muerto jóvenes y lo habían dejado al cargo de cuatro hermanos pequeños, había escrito él mismo "Tabaeya Iraniya" en sus documentos de nacionalidad. Por la carga de las responsabilidades como adulto, no podía dejar a su familia para hacer el servicio militar. Antes de la revolución y la guerra contra Irán, los iraquíes marcaban así sus documentos sin preocupación.

»El doctor Karim era el iraquí más trabajador que he conocido jamás. Su vida había sido un esfuerzo continuo, estudiaba por las noches y trabajaba de día, y sacaba tan buenas notas que obtuvo una beca para ir a estudiar a Estados Unidos. Allí se esforzó con el mismo ahínco, y obtuvo un máster y un doctorado. Luego regresó a Irak y se encargó de su familia, porque insistía en que sus hermanos tuvieran acceso a una buena educación. Cumplió su misión con resultados increíbles: dos de sus hermanas se licenciaron en medicina; uno de sus hermanos se hizo dentista y el otro ingeniero civil. El doctor Karim pospuso el matrimonio y la formación de una familia para poder educar a sus hermanos. Pero en ese momento estaba pagando por no haber hecho el servicio militar.

»Nibal dijo que los hombres que detuvieron al doctor Karim habían utilizado una brutalidad innecesaria: obligaron a su marido a salir de casa en pijama. Luego ordenaron a Nibal que se llevase a sus dos hijos y que desalojase la casa. No permitieron que cogiese nada de nada. Incluso le quitaron la llave de la puerta. Nibal fue puesta de patitas en la calle, en estado de conmoción, con sus dos bebés en los brazos. Se quedó mirando mientras esos hombres cerraban con llave su casa y sellaban la puerta exterior con lacre rojo.

»Le aterrorizaba que la detuviesen con los dos bebés, pero en lugar de eso, los hombres le informaron de que tenía derecho a divorciarse del doctor Karim en cualquier juzgado. Según le dijeron, su marido era iraní. El doctor Karim discutió con los hombres, les explicó que había cambiado su documentación cuando sus padres murieron para poder sacar adelante a sus hermanos pequeños.

»Bueno, yo sabía que tenía que hacer algo, pero no estaba segura de quién me podría ayudar en esa situación. Pensé en el doctor Fadil y decidí que no podía pasar nada si le preguntaba. Él me había pedido que le trajese unos libros de la embajada iraquí de Jartum. También le había traído unas estatuillas de ébano como pequeño presente. Esto me dio una buena excusa para verlo y sacar el tema de la situación de Nibal. Llamé al doctor Fadil al día siguiente y le dije que tenía algo para él. Él dijo que pasaría por nuestra casa al salir del trabajo. En cuanto llegó, le di los libros y los regalos y luego le dije que había una cuestión urgente de la que quería hablarle. Le conté toda la historia, que el doctor Karim no era iraní y que tampoco era de origen iraní. Se encontraba en esa terrible situación solo porque había cambiado sus documentos años atrás para poder encargarse de la manutención de sus hermanos y hermanas pequeños. El doctor Fadil no se conmovió. Sacudió la cabeza y murmuró: "Qué pena. No debería haberlo hecho. —Cuando vio mi cara de desesperación, el doctor Fadil añadió—: Además, ahora ya está deportado y yo no puedo hacer nada". Le dije al doctor Fadil que tenía buenas noticias; no era demasiado tarde. Nibal se había enterado de que su marido, por su categoría de científico reputado, todavía no había sido deportado. Todavía lo tenían detenido.

»El doctor Fadil no pareció muy contento al oír que la situación seguía sin resolverse. Hizo una pausa y accedió a averiguar algo sobre la cuestión. Lo llamé al día siguiente y contestó que estaba demasiado ocupado. Lo llamé al día subsiguiente y me puso la misma excusa. Lo llamé a diario durante nueve días. A esas alturas, Nibal se estaba volviendo loca de miedo. No podía volver a casa. Sus niños lloraban sin parar. Por aquel entonces, la policía secreta empezó a detener a los hermanos pequeños de Karim. Aunque sus documentos estaban marcados para indicar su ascendencia otomana, sufrirían el mismo destino que su familiar: la deportación. Luego los maridos de las hermanas del doctor Karim recibieron la orden de divorciarse de sus esposas.

»Nibal era profesora de instituto. Le dijeron al director del centro que si Nibal no se divorciaba de Karim, tendría que despedirla. La vida de todos los miembros de esa familia estaba siendo destruida. ¡Por nada!

»El doctor Fadil me evitaba. No volvió a nuestra casa en una semana. Pero yo insistía. A la décima llamada, el tono de su voz me dejó claro que estaba disgustado con mi perseverancia. Le dije que no llamaba por lo del doctor Karim, así que se tranquilizó y hablamos durante unos minutos. Al final de la conversación, le pregunté: "Doctor Fadil, ¿si tengo un niño en el futuro, tendrá permiso para entrar en una academia militar iraquí?". "Por supuesto, Mayada —respondió con su aterciopelada voz—. ¿Por qué lo preguntas?" Le dije que me preocupaba que si el tío del niño era deportado, él tuviera problemas en un futuro. El doctor Fadil se quedó callado durante largo rato. Al final respiró hondamente y dijo: "Volveré a llamarte más tarde". No esperaba que me volviera a llamar hasta después de unos días, pero me llamó antes de comer. El doctor Fadil habló con rapidez y dijo: "El doctor Karim será liberado dentro de una hora. Dile a su mujer que se presente en la zona de recepción de la policía secreta para recoger las llaves de su casa". Empecé a darle las gracias y dijo: "Mayada, no me vuelvas a sacar este tema", y colgó. Estaba molesto conmigo, pero resolvió el problema.

»En efecto, el doctor Karim regresó de la cárcel. Samira, jamás había visto a un hombre que hubiera envejecido tan deprisa. Había adelgazado veinte kilos y el pelo se le había encanecido por completo. Se negaba a hablar sobre su detención, en realidad, le aterrorizaba hacerlo.

»El doctor Fadil salvó a los miembros de la familia de mi marido, pero miles de iraquíes murieron de esa forma —dijo Mayada, con enfado—. Por absolutamente nada.

—¿El doctor Fadil os pidió a ti o a tu madre que espiaseis a alguien? —preguntó Samira por curiosidad.

—A mí no. Jamás. En aquella época era estúpidamente atrevida. —Sonrió—. Mi juventud me impulsaba a deshacer entuertos, ya me entiendes. En cuanto me enteraba de una tragedia, llamaba al doctor Fadil y lo acosaba hasta que me ayudaba. Entendía que utilizaba su amistad para ayudar a otros, jamás para espiar ni para hacerle daño a nadie, así que estaba un poco harto de mí. Se andaba con cuidado de no contarme jamás nada de vital importancia. Pero con mi madre era otra historia.

»Como sabes, desde que Sadam subió al poder, los iraquíes no han tenido permiso para entablar amistad con los diplomáticos extranjeros, pero hacían una excepción cuando se trataba de Salwa. Seguramente era la única exenta en todo Irak. Era un acuerdo bastante inusual. Mi madre era tan cosmopolita que daba a los diplomáticos extranjeros una buena impresión de la nación. Hablaba con fluidez inglés, francés, italiano y turco. Era tan buena anfitriona que podía montar una fiesta para cincuenta personas con solo una hora de antelación. Sadam y el doctor Fadil admiraban esa cualidad y la animaron a que le diera buena fama al país entre sus amistades extranjeras.

»Sin embargo, el doctor Fadil se sentía tan confiado en la relación con mi madre que cometió un error: le pidió que le informase sobre la gente. Ella se negó en redondo; le dijo que no era una espía y que jamás lo sería. Una vez, el doctor Fadil le pidió a mi madre que pusiese un micrófono en nuestra casa para que cuando los diplomáticos extranjeros nos visitasen, todas las conversaciones quedasen automáticamente grabadas, pero ella reaccionó con enfado y él cambió de tema enseguida. Mi madre hubiera dado la vida por Irak, no por su gobierno. El gobierno de Sadam consideraba un triunfo personal que la hija de Sati hubiese escogido vivir en Irak durante el mandato baazista. No querían molestarla, no querían perder el nombre de los Al-Husri. Y este acuerdo recíproco dio más de un provechoso fruto. Como Sadam y el doctor Fadil confiaban en mi madre, ella participó para salvarle la vida a una mujer británica.

—¿Una inglesa? ¿Cómo? —Samira se encorvó y se inclinó hacia delante, preguntando sorprendida.

—Bueno, la historia acabó en los titulares de todo el mundo. Ahorcaron a un hombre y una mujer fue condenada a una larga sentencia de cárcel.

—No lo recuerdo —dijo Samira, sacudiendo la cabeza.

—Sí, haz memoria. ¿No recuerdas el caso Bazoft en 1989? ¿El periodista británico, Farzad Bazoft, que trabajaba para *The British Observer*? El que fue acusado de ser espía para los israelíes mientras preparaba un artículo sobre una explosión en un complejo armamentístico. Fue juzgado, condenado y ahorcado. Pero mucha gente olvidó que había una mujer inocente implicada en el caso.

Los ojos de Samira reflejaron un ligero recuerdo.

—Sí, ya me acuerdo. Fue un escándalo tremendo. Salió en todos los periódicos.

—Eso es. Cuando tuvo lugar el incidente, el gobierno iraquí no tenía ninguna duda sobre la culpabilidad de Bazoft. Pero no estaban tan seguros con respecto a la mujer que lo condujo hasta el complejo, una enfermera británica llamada Daphne Parish. En esa misma época, mi madre era buena amiga de la esposa del embajador británico, lady Terence Clark. Al hablar con lady Clark, mi madre se dio cuenta de que Daphne Parish era totalmente inocente. La enfermera británica, que conocía bien Irak, solo se había ofrecido a llevar a Bazoft en coche. Mi madre sabía que Sadam estaba furioso por lo ocurrido y que era muy probable que el hombre muriese en la horca. A mi madre le preocupaba que Sadam también ordenase el ahorcamiento de la mujer. Así que llamó al doctor Fadil y, por primera vez, le habló sobre su conversación personal con Liz Clark. Mi madre presionó al doctor Fadil para que protegiera a la enfermera británica. El doctor Fadil creyó a mi madre, y después de un aluvión de reuniones en las que sus conversaciones con Liz Clark desempeñaron un importante papel, se decidió que Daphne Parish sería condenada a prisión, en lugar de ser condenada a muerte. Este proceder dejaba la puerta abierta para que Sadam y sus funcionarios perdonasen a la enfermera en fechas posteriores.

»Así que, cuando juzgaron a Bazoft, lo declararon culpable y lo ejecutaron en marzo de 1990, Daphne Parish fue condenada a quince años de cárcel. Durante la investigación subsiguiente, se descubrió que la señorita Parish era en realidad inocente, tal como mi madre había dicho. La perdonaron seis meses después, en julio de 1990, y le permitieron abandonar el país.

»Mi madre se sintió sobrecogida cuando, tras comunicar al gobierno sus conversaciones con la esposa del embajador británico, Sadam le regaló una hermosa casa de dos plantas en un barrio residencial llamado Al-Sulaij, con vistas al Tigris. Cuando mi madre se fue de Irak para siempre, me entregó los documentos de la propiedad. Así que yo puse la casa en venta. Antes de venderla, el agente inmobiliario me pidió que fuera a hablar con los anteriores propietarios de la casa. Me preguntó si los conocía, yo no los conocía. Me dijo que la casa había pertenecido a una familia de "Tabaeya Iraniya". El agente dijo que toda la familia había sido detenida en plena noche, los habían encarcelado y ejecutado, incluso antes de deportarlos.

»Salí corriendo a casa para llamar a mi madre a Inglaterra. Le expliqué lo mejor que pude lo que les había ocurrido a los verdaderos propietarios de la casa. Mi madre no es una persona muy religiosa, pero tiene unos valores morales y éticos muy elevados, e insistió en que no podía sacar provecho de un regalo así. Afirmó que sería como tener una brasa ardiendo en las manos. Me pidió que buscara a los parientes de la familia ya fallecida. Lo intenté, pero no conseguí localizar a ninguno. Pocas semanas después, le dije que no había parientes a los que poder encontrar. Así que me ordenó que vendiera la casa y que donara los beneficios a los pobres, diciendo que sería un regalo en honor de las almas de los verdaderos dueños de la casa, a quienes les robaron su hogar y su vida. Hice lo que me pidió. Repartí el dinero de la venta de esa propiedad entre la gente más pobre a la que conocía.

—Es una hermosa historia —dijo Samira con voz queda, mientras le cogía la mano a Mayada y le daba un apretón.

—No somos una familia que acepte un obsequio así.

—Háblame de nuevo del doctor Fadil. ¿No es verdad que decían que Sadam lo había matado?

—Así es. Y ese fue el principio de todo lo malo, al menos para mí. En 1989, todo cambió. Mi madre decidió mudarse a Inglaterra. El doctor Fadil fue trasladado del Servicio de Inteligencia a palacio, donde lo nombraron consejero de Sadam. Recuerdo la última vez que lo vi. Vino a casa para despedirse de mi madre y habló de su nuevo trabajo en palacio. Le dijo a mi madre que ya se sentía jubilado, que su empleo no significaba nada. —Mayada miró hacia el fondo de la celda—. Sabiendo lo que sé ahora, me pregunto qué echaba de menos de su antiguo trabajo.

—Jamás sabremos todo lo que hizo, Mayada, para bien o para mal. Pero basta con saber que sí hizo cosas buenas. Ahora volvamos a tu historia, el doctor Fadil se estaba despidiendo de tu madre.

—Sí. Y mi madre estaba contentísima de irse de Irak. Eso me sorprendió, aunque el gobierno de Sadam había empezado a proyectar una gran sombra sobre todas nuestras vidas. Mi madre estaba deseosa de vivir en Londres o en Beirut, sus ciudades favoritas. En cuanto a mí, solo esperaba que todo saliera bien. Al final me divorcié de Salam. La guerra contra Irán había terminado. Los iraquíes podían volver a viajar con libertad, así que sabía que podía salir del país para visitar a mi madre en Inglaterra cuando me apeteciese. El doctor Fadil seguía ocupando un cargo de poder en palacio. O al menos yo pensaba que así era. —Mayada se acercó un poco más a Samira y escogió las palabras con cautela—. Luego, un día, el doctor Fadil simplemente desapareció. Llamé a su casa. El teléfono comunicaba, seguí llamando. Llamé durante días y la única respuesta fue el tono de ocupado. Luego llamé a Fatin, su cuñada. No hubo respuesta. Empezaron a correr rumores de que habían detenido al doctor Fadil. Toda su familia había desaparecido, incluso su hermosa esposa Yinan y sus cinco hijos. Era como si él y su familia al completo hubieran sido enviados a la luna. —Mayada hizo una pausa—. Durante más de un año no tuve noticias de ninguno de ellos. Luego, durante los años siguientes, empecé a unir poco a poco las piezas del rompecabezas que componían la verdad sobre la desaparición del doctor Fadil al-Barrak.

»En junio de 1991, cuando terminó la primera guerra del Golfo, mi madre compró una casa en Ammán. Pidió que mis hijos y yo fuéramos a visitarla y compramos billetes para Ammán en los autobuses Businessman's Bus Line, que son mucho mejores que los autobuses corrientes.

»El vehículo iba lleno hasta la bandera, pero yo me fijé sobre todo en una interesante mujer, una señora mayor vestida de negro. Tenía un aspecto muy digno. Su piel se veía blanca como la nieve en contraste con su vestimenta negra. A mí me pareció alguien fuera de lo común. Pero no le dije nada. Cuando cruzamos la frontera iraquí, Fay y Ali se durmieron y yo me quedé sentada pensando en nuestras vidas, pensando en qué haríamos a continuación. El conductor del autobús puso una cinta que incluía una canción iraquí muy antigua, una triste melodía sobre una mujer que había perdido a su hijo. La mujer mayor en la que me había fijado con anterioridad empezó a llorar en silencio, tapándose la cara con partes del pañuelo que le cubría la cabeza. Estaba tan angustiada que el simple hecho de mirarla me hizo llorar. Deseaba ayudarla de alguna forma, así que le ofrecí un vaso de agua. Ella bebió un poco, pero las lágrimas no dejaban de brotar. Al final le pidió al conductor que quitase la canción. Tuve la certeza de que había perdido un hijo. Así que le pregunté qué le ocurría. Ya no estábamos en Irak, ella se sentía segura y me abrió su corazón. Me contó que una vez tuvo un hijo maravilloso llamado Sabah, un hijo que adoraba a su anciana madre. Añadió que había estado detenido durante dos años en Al-Hakimiya, una cárcel conocida por su cruel brutalidad. Dos semanas antes de su viaje a Ammán, las autoridades gubernamentales le informaron de que su hijo iba a ser por fin liberado, y que podía ir a recogerlo y llevarlo a casa. Le ordenaron que llevase con ella una banda de música para poder celebrar su vuelta a casa. La mujer no cabía en sí de contenta. Contrató a una banda especial y se presentó en la cárcel, tal como le habían ordenado, para llevarse a su hijo Sabah a casa.

»Imagina su horror cuando, en lugar de ver salir caminando a Sabah de la cárcel, le presentan un ataúd con el cuerpo de su retoño. Después de aquello, la mujer se sentía tan triste en Irak que había decidido vivir en Ammán durante un tiempo. Luego dijo el nombre completo de su hijo: Sabah al-Ani. Me quedé tan petrificada que no podía hablar. Sabía que se trataba del mejor amigo del doctor Fadil. Tartamudeé sin pensar lo que decía: «¿Sabe algo sobre el destino que ha corrido el doctor Fadil?». Um Sabah [la madre de Sabah] de inmediato se mostró fría y se cerró en banda. Me preguntó: "¿Quién es usted?". Le dije que Salwa al-Husri era mi madre y que era una buena amiga del doctor Fadil. Le conté que mi familia se había vuelto loca intentando conocer el paradero del doctor desde que desapareció. No sabíamos nada sobre la detención de su hijo. Al oír mis palabras, esa madre se derrumbó por completo. Me dijo que el doctor Fadil había muerto con su hijo.

»Cuando llegué a Ammán, corrí a contarle la historia a mi madre. Luego ella me dijo que acababa de reunirse con el ex embajador de Egipto en Irak y que él le había dado incluso más detalles sobre lo ocurrido. Afirmaba que tenía información creíble según la cual le habían tendido una trampa al doctor Fadil, lo habían acusado de espionaje, traición y toda clase de delitos graves. Añadió que alguien muy próximo a Sadam había querido quitar de en medio al doctor Fadil. Esa persona tenía los contactos para abrir una cuenta en un banco suizo a nombre del doctor antes de decirle a Sadam que el doctor trabajaba de espía para los alemanes y que estos le habían pagado una gran suma de dinero. Mi madre y yo sabíamos que era mentira, porque nos constaba que Fadil al-Barrak amaba a Irak más que a su propia vida. Pero Sadam se puso tan frenético que cuando descubrió la cuenta del banco suizo a nombre del doctor Fadil, no hubo nada que pudiera salvarlo.

»Aun así, seguíamos sabiendo muy poco sobre su detención y encarcelamiento. Esos detalles llegarían más tarde. Cuando regresé a Bagdad, descubrí una nueva pieza del rompecabezas. Hay una galería de arte detrás de nuestra casa de Bagdad. Un día sonó el timbre y al abrir vi al propietario de la galería allí de pie. Me preguntó si le vendería los dos árboles gigantescos que teníamos en el jardín.

Le dije que no, que a mi madre le gustaban mucho. Entonces me preguntó si podía entrar en mi jardín para ver los árboles. Ali, que todavía era un niño pequeño, me dijo que reconocía al hombre porque su mejor amigo vivía puerta con puerta con la galería. Así que invité al propietario de la galería a una taza de café. Nos sentamos, charlamos y contemplamos los árboles. Me enteré de que el dueño de la galería era licenciado en derecho y que se había convertido en miembro de la Mujabarat. De inmediato le pregunté si sabía qué le había ocurrido al doctor Fadil. Puesto que él todavía esperaba convencerme para que le vendiera los árboles, se sinceró y me contó que el doctor Fadil había sido acusado de cargos muy graves, que lo acusaban de ser espía. Me dijo que hacía más de un año que el doctor Fadil estaba detenido en la prisión de Al-Hakimiya, el mismo lugar del que me había hablado la madre de Sabah al-Ani en nuestro viaje de autobús.

»Samira, me sentí muy triste cuando ese hombre me dijo que el pasatiempo favorito de los jóvenes funcionarios del centro penitenciario era buscar al doctor Fadil para poder patearlo o tirarle del pelo o de las orejas. Dijo que algunos hombres llevaban a cabo un ritual diario de escupirle en la cara. Escuchar esas historias me hundió en la tristeza. Me quedé sentada en casa, recordando al doctor Fadil como ser humano, el hombre que siempre sonreía y que adoraba hablar de la grandeza de Irak. Recuerdo al doctor Fadil como padre, que sonreía a su niña pequeña mientras la tenía en brazos y ella le mordía los dedos. Lo recuerdo sobre todo como un ser humano que amaba a su esposa e hijos, y como un hombre que siempre me ayudó cuando intentaba combatir alguna injusticia. Aun así me contaron más adelante que el doctor Fadil presumía de haber matado a miles de chiíes del Hizb al-Dawa al-Islamiya [el Partido de la Asamblea Islámica].

»Luego, en 1993, encontré las dos últimas piezas del rompecabezas del destino del doctor Fadil. Un hombre llamado Usama al-Tikriti entró en mi despacho en Bagdad para interrogarme sobre mi madre. Yo sabía que ella no tenía planeado regresar a Irak, pero no se lo dije. El hombre me comunicó que mi madre tenía que dar unas clases de protocolo en la Escuela de Seguridad Nacional. Le aseguré que le transmitiría el mensaje. Durante la conversación salió el tema del doctor Fadil porque ese hombre había sido uno de sus ayudantes. Se sentía mal por lo que había ocurrido; me contó que cuando detuvieron al doctor Fadil, lo torturaron para que confesase toda clase de delitos ridículos contra Sadam. La declaraciones quedaron grabadas. Los torturadores obligaron al doctor Fadil a llevar un collar de perro y una correa, lo pusieron en la parte trasera de una ranchera y lo condujeron hasta su tribu, en Tikrit. Su confesión se leyó ante los ancianos de la tribu, que insistían en matarlo in situ si eso era lo que el gobierno quería. Pero Sadam no había terminado con el doctor Fadil. Lo llevaron de nuevo a la cárcel para continuar con las torturas.

»No fue hasta más adelante cuando conseguí la última información sobre el final del doctor Fadil. Era verano de 1994 o 1995, y yo había ido una vez más a visitar a mi madre a Ammán. Ella había invitado a un montón de amigos a almorzar y yo me ofrecí para cocinar todas mis especialidades. Había preparado una serie de ensaladas y unas cuantas verduras cocidas y rellenas de arroz y carne, junto con un asado, pasta, berenjenas con carne picada, salsa de tomate y queso, y algo de *biryani* [arroz picante con especias, frutos secos y pollo]. De postre preparé una tarta selva negra y *mahalabi* [flan de leche] y también serví frutas frescas y té.

»Todos se hartaron a comer y lo pasamos bastante bien. Sin embargo, me fijé en un hombre que se mostraba muy callado y retraído, con la cara más triste que he visto jamás. Era el doctor Mohamed. Cuando el grupo terminó de beberse el té, casi todo el mundo fue a la sala de la televisión a ver las noticias. Sin embargo, ese hombre se quedó para ayudarme con los platos. Era un día muy caluroso, pero el doctor Mohamed llevaba una camisa de manga larga. Cuando se acercó para retirar algunos platos, se arremangó. Le vi una profunda cicatriz rojiza en la muñeca. Me picó la curiosidad, así que le pregunté al doctor cuál era su especialidad médica. Me dijo que era cirujano. Una cosa llevó a la otra hasta que me contó su historia.

»El padre del doctor Mohamed era un oficial de alto rango del Ejército durante la guerra de Irán-Irak. Era un hombre justo y muy popular entre sus soldados. Debido a su popularidad, no era del agrado de muchos generales. Lo acusaron de ser demasiado blando con los soldados, demasiado indulgente al atacar a los iraníes. Además, lo acusaron de ser líder de una conspiración contra Sadam, que era una manida acusación que las personas cercanas al presidente siempre lanzaban cuando querían deshacerse de alguien. No obstante, cuando las acusaciones llegaron a oídos de Sadam, puso la mirada en el padre de Mohamed y ordenó su detención. Como el padre del doctor Mohamed, el dueño de casa, estaba detenido, la Mujabarat puso micrófonos en el hogar del doctor Mohamed, aunque su madre y él no lo sabían. Debido a esos micrófonos de seguridad se encontró con más problemas en el camino. Corría el año 1988 y la guerra continuaba. El doctor Mohamed y su madre estaban viendo la televisión cuando vieron una noticia sobre Sadam y su familia. Sadam estaba visitando a su mujer, Sayida, y a su hija pequeña, Hala, en el palacio de Tikrit cuando un misil Scud iraní impactó contra el edificio. El palacio quedó prácticamente destruido, pero la familia escapó ilesa. Sadam estaba a todas luces emocionado, porque besaba a su mujer en la mejilla, y como ya sabes, los árabes no besan a su esposa en público, bajo ningún concepto. Ese joven doctor miró a su madre y comentó como quien no quiere la cosa: "Debería habérselo pensado mejor antes de besar a su mujer en público". Dos días después, la Mujabarat apareció. El doctor y su madre fueron detenidos. Los llevaron a Al-Hakimiya, una de las peores prisiones de Irak. Encerraron al doctor en una celda diminuta con su madre. Los dejaron allí un mes. Apenas les daban suficiente comida para sobrevivir. Luego los guardias de la cárcel empezaron a torturar a diario al doctor Mohamed. Me contó que las torturas que había sufrido eran insoportables. Lo hacían permanecer de pie en el agua mientras le daban descargas eléctricas. Le arrancaron las uñas de las manos y le aplicaban descargas eléctricas sobre esa zona en carne viva. Esto ocurría a diario. El doctor Mohamed me contó que durante sus años de encarcelamiento, no hubo un solo día que no lo torturasen. Cuando acababan con la tortura diaria, los guardias tiraban al doctor Mohamed, apenas vivo, en la celda con su madre. Sus gritos de angustia lo desvelaban, y lo fortalecían para vivir por ella.

»El doctor Mohamed y su madre vivieron en este régimen cruel durante años. Pero él afirmaba que una de las peores cosas era esperar a ser torturado. En esa cárcel, los guardias habían desarrollado una costumbre de una crueldad sin límite. Todas las mañanas reunían a los presos que planeaban torturar ese día. Luego los esposaban formando una fila a una larga tubería metálica que estaba puesta en horizontal en el pasillo. Los presos no veían nada, solo la espalda del preso que tenían delante. Algunas veces tenían que esperar durante ocho o diez horas a que los torturasen. Un día, al doctor Mohamed se le agotó la paciencia, se volvió loco. Llevaba más de ocho horas esposado a la tubería y no había bebido agua durante todo ese tiempo. Gritó que era médico y que era hijo de un comandante del ejército. Nadie tenía derecho a tratar a los seres humanos de esa forma, gritó. Uno de los torturadores, un hombre llamado Abu Faisal, empezó a patear al doctor Mohamed, mientras le gritaba: "¡No eres más que un montón de mierda!". Luego, el torturador se adelantó para sacar a un preso de la fila. Arrastró al prisionero hasta donde estaba el doctor y chilló: "¿Crees que eres demasiado bueno para que te torturen? ¿Sabes quién es este?", entonces el guardia le levantó la cabeza al prisionero tirándole del pelo. El prisionero había sido torturado de forma tal que no podía abrir los ojos. El joven doctor estuvo a punto de desmayarse cuando reconoció al doctor Fadil al-Barrak, un hombre del que sabía que ocupaba uno de los cargos más altos de todo el gobierno.

»El doctor Mohamed supo entonces que ningún iraquí estaba a salvo. Cuando vio la cara del doctor Fadil perdió la esperanza. Me dijo que no podía aguantar ni un día más en aquel lugar. Decidió suicidarse. Así que después de que lo torturasen y lo dejasen en su celda, esperó a que su madre se durmiera y empezó a morderse la piel, hasta llegar a las venas de la muñeca derecha, la muñeca donde tenía la cicatriz que le había visto por debajo de la camisa ese día en Ammán. El doctor Mohamed estaba decidido a morir. Al día siguiente cuando los guardias llegaron para torturarle, lo encontraron casi muerto. Lo llevaron de inmediato al hospital de la prisión y le salvaron la vida. Luego se celebró el juicio y lo condenaron a veinte años de cárcel por difamar a Sadam. Su madre recibió la misma pena por escuchar a su hijo hablar mal de Sadam. Por fortuna, no tardaron en perdonar a la madre del doctor Mohamed. En esa época, el padre del doctor ya había sido ejecutado. Uno de los amigos de su padre, un oficial de alto rango del ejército iraquí, el general Al-Dulaimi, fue a visitar a la madre del doctor Mohamed para darle el pésame. Cuando el general Al-Dulaimi supo que su hijo estaba en la cárcel, le habló de un guardia de la prisión que aceptaba sobornos a través de una bailarina gitana muy conocida llamada Dollarat [que quiere decir dólares]. El contacto se estableció de inmediato y el guardia aceptó quinientos dólares para preparar la fuga del doctor Mohamed. El doctor Mohamed fue sacado a escondidas de prisión en uno de los sacos que se usaban para transportar cadáveres. Con la ayuda de los contrabandistas, cruzó la frontera con Siria, donde se reunió con algunos oficiales iraquíes libres que habían desertado. Esos hombres lo llevaron a Ammán.

»Así que fue de boca del doctor Mohamed como obtuve la tercera confirmación de la detención del doctor Fadil, de su encarcelamiento y tortura. No sé cuál fue exactamente el día de su ejecución. Lo único que sé es que murió de una forma horrible. Y, por si fuera poco, la bella esposa del doctor Fadil fue obligada a contraer matrimonio con el hermanastro de Sadam, Barzan. Era el hombre que se había casado con la hermana de Sayida, pero cuando la hermana de Sayida murió de cáncer en 1998, lo primero que hizo Barzan fue quedarse con la hermosa Yinan para él solo.

Samira abrió la boca para responder, pero la puerta de la celda se abrió justo en ese momento.

Mayada escuchó un golpetazo y miró hacia la puerta por un lado del hombro de Samira.

Sara estaba tumbada en el suelo, hecha un ovillo, con la cara mirando al suelo. Pese a sus propias torturas y heridas, Samira y Mayada se acercaron a toda prisa y se reunieron junto a otras mujeres en la sombra donde se encontraba Sara.

Iman le dio la vuelta con cuidado a Sara. Le salía humo por la boca.

Mayada soltó un grito ahogado y retrocedió.

—¿Qué es ese humo?

—¿Le han prendido fuego por dentro? —gritó Muna.

—Creo que esta vez han matado a la pobre chica. —Samira sacudió la cabeza.

—¿Qué hacemos? —le preguntó la doctora Sabah a Samira.

Samira examinó el cuerpo de la joven. Tenía el vestido desgarrado por delante.

—Mirad, le han puesto la corriente por todas partes.

Mayada miró también. Las reveladoras hendiduras habían dejado marcas en las orejas, en los labios, en los pezones, en las muñecas y en los tobillos. Al recordar lo impresionante y doloroso de recibir las descargas solo en el pie y en una oreja, Mayada sacudió la cabeza con gesto de incredulidad. Dudaba que Sara sobreviviera al dolor del interrogatorio al que la habían sometido.

—Humea por dentro. —Samira dio rápidas órdenes—: Tenemos que darle agua. Vamos a llevarla a la ducha para que se enfríe.

Con cuidado siguieron las instrucciones de Samira, y la doctora Sabah, Muna y Aliya la levantaron del suelo y la llevaron a una ducha de plato, situada junto al retrete.

—Utilizad solo agua fría —les dijo Samira.

Sosteniendo a Sara de pie, la doctora Sabah le mojó el cuerpo y la cara con agua fría. Por pudor no le quitaron el vestido desgarrado, aunque se lo abrieron por delante.

Bajo la ducha, Sara empezó a recobrar la conciencia. Abrió los ojos y miró a las caras que la rodeaban, y empezó a darse cuenta, poco a poco, de dónde estaba y de lo que había ocurrido. Cuando los recuerdos la golpearon con toda su fuerza, se puso a llorar y a llamar a su madre y a su padre de una forma enormemente lastimosa.

—*Yuma* [mamá], *Yaba* [papá], ¡venid y mirad lo que le ha ocurrido a vuestra hija! ¡Venid y mirad lo que le ha ocurrido a vuestra hija! *Yuma! Yaba!* —Sara se cogió la mano derecha y empezó a golpearse en la cara y en el cuerpo—. *Yuma! Yaba!* ¡Ayudad a vuestra pobre hija! ¡Salvad a vuestra pobre hija! —Lloraba con tantas ganas que se doblegaba—. *Yuma! Yuma!*, ayúdame, ayúdame.

Sin saber qué otra cosa hacer, Mayada empezó a recitar unos versos de la Fatiha, versos de consuelo del Corán, con la esperanza de tranquilizar a la pobre niña.

—En el nombre de Alá, el más compasivo, el más misericordioso. Alabado sea Alá, señor de Alamín, el más compasivo, el más misericordioso. El único dueño del día del Juicio. A ti solo servimos y a ti solo imploramos ayuda en todas y cada una de las cosas. Guíanos por la senda de la rectitud. La senda de aquellos sobre los que has hecho recaer tu gracia, no de aquellos que han provocado tu ira, no de aquellos que se han descarriado.

Sara siguió llorando, llamando a sus padres, aunque ambos habían muerto hacía muchos años.

Todas las mujeres en la sombra lloraron con Sara, una joven inocente, soltera, aterrorizada y sin la protección de sus progenitores. Juntos, sus llantos formaron un rugido tan alto de gritos femeninos que habrían apenado al corazón más frío.

Samira fue la primera en recuperar el control de sus emociones y les dijo a las mujeres en la sombra que llevasen a Sara a la cama. Allí la taparon con una manta ligera. Las presas se turnaron para humedecerle la cara y la cabeza con un trapo mojado.

—De verdad que esta es la historia más triste del mundo —le confesó Samira a Mayada.

Sara había hablado poco desde el día de la detención de Mayada. Así que Mayada conocía muy pocos detalles sobre su pasado o sobre la razón de su detención.

—¿Qué la trajo hasta aquí? —preguntó Mayada con voz queda.

—Sara es de una familia de clase media. Aunque su padre murió cuando ella solo tenía ocho años, su madre era una mujer culta, ingeniera agrícola. La madre dedicó la vida entera a Sara y a sus hermanos pequeños, Hadi y Adel. La madre no quiso volver a casarse, así que la familia quedó reducida a sus tres hijos y ella.

Desde su divorcio y el traslado de Irak de su madre, la familia de Mayada estaba formada solo por sus dos hijos y ella. Fay, Ali y ella se llamaban en broma «los tres mosqueteros». Así que entendía muy bien la intimidad de la relación entre la madre y sus hijos.

Samira le contó a Mayada más cosas sobre la historia de Sara.

—La madre de Sara lo sacrificó todo. Tenía grandes sueños para su prole. Conservó un terreno que le había dejado su marido y les dijo a sus hijos que, en cuanto hubieran completado su educación, lo vendería y los pondría a todos a trabajar. Luego estalló la catástrofe. El año pasado, Sara estaba en el último curso de farmacología, soñando con abrir su propia farmacia. Sus dos hermanos habían empezado a estudiar en la facultad de medicina. Un día, Hadi llegó a casa sin su hermano. Contó entre lágrimas que los miembros de la policía secreta habían llegado a la facultad de medicina y se habían llevado a su hermano Adel. Cuando Hadi vio lo que le estaba ocurriendo a Adel, corrió para seguirlo. La policía secreta le dijo a Hadi que se llevaban a Adel para un interrogatorio, pero que volvería en un par de horas. Adel le aseguró a su hermano que estaría en casa para la cena. Sin embargo, Hadi tenía una visión más cínica del mundo y no creyó a los hombres. Hadi empezó a gritar en el vestíbulo de la facultad, gritaba que no podían llevarse a su hermano. Uno de los hombres del servicio secreto cogió a Hadi por la muñeca y casi se la rompe, le susurró con crueldad: «Métete en tus asuntos, hijo de puta, o te mato aquí mismo». Los días siguientes fueron una pesadilla, mientras la familia buscaba a Adel en todas las cárceles. Jamás lo encontraron. Más adelante, a altas horas de la noche de un día de la semana siguiente, la policía secreta llegó a su casa. Eran más de las doce y todo el mundo estaba en cama. Hadi corrió a la puerta con la esperanza de que fuera Adel, que por fin volvía a casa sano y salvo. Pero no, sus visitantes de madrugada eran esos mismos tres hombres del servicio secreto que se habían llevado a Adel. Apartaron a Hadi de un empujón, se metieron de golpe en la casa y ordenaron a Sara y a su madre que se quedaran en la cocina. Entonces arrastraron a Hadi hasta su habitación. Cuando Sara y su madre empezaron a escuchar golpes y zarandeos, corrieron y vieron cómo escapaban los tres hombres. Sara y su madre fueron a toda prisa a la habitación de Hadi. Habían destrozado por completo el cuarto, como si hubieran estado buscando algo en concreto. Hadi había quedado tendido en el suelo entre la cama y la pared. Lo habían asesinado. No hace falta decir que Sara y su madre se sumieron en la pena. Dos hijos desaparecidos en una sola semana. Después de los siete días tradicionales de luto, Sara todavía tenía miedo de salir de casa y volver a la facultad, aunque su madre insistió. La pobre chica estaba aterrorizada por miedo a que los asesinos de sus hermanos la estuvieran buscando. Por la insistencia de su madre, Sara volvió a sus clases. Y en efecto, su pesadilla se hizo realidad. En una semana, esos mismos hombres fueron a por ella. Prohibieron a Sara llamar a su madre, la detuvieron y la dejaron en Baladiyat, y la habían estado torturando desde entonces. Durante el interrogatorio se enteró de que alguien anónimo había acusado a Adel de pertenecer a un grupo que conspiraba contra el régimen de Sadam. Estos hombres creían que Sara sabía los nombres de otros conspiradores. Pero, por supuesto, jamás había existido tal conspiración. Esos chicos estaban tan ocupados con la facultad de medicina que no habían tenido tiempo para ese tipo de actividades.

No cabía ninguna duda de que Sara estaba escuchando lo que decía Samira, porque su llanto se había vuelto aún más convulsivo.

—*Yuma, Yaba,* por favor, ayudad a vuestra hija —gritaba—, no puedo soportarlo, no puedo soportarlo.

Entonces, Muna las interrumpió para recordarles a otra mujer en la sombra cuyo destino desconocían.

—Samira, estoy preocupada por Safana. Hace mucho que se la han llevado.

—La celda 52 se ha convertido en una puerta giratoria —dijo Samira, mirando a Mayada con una profunda tristeza.

Los llantos de Sara llenaron la habitación. Todas las mujeres en la sombra se reunieron a su alrededor, algunas se cogían de la mano, otras lloraban en silencio.

Mayada se sentó y miró al techo, rezando para imaginar que estaba en la cama de su casa y que Fay y Ali estaban a salvo, acostados justo al final del pasillo.

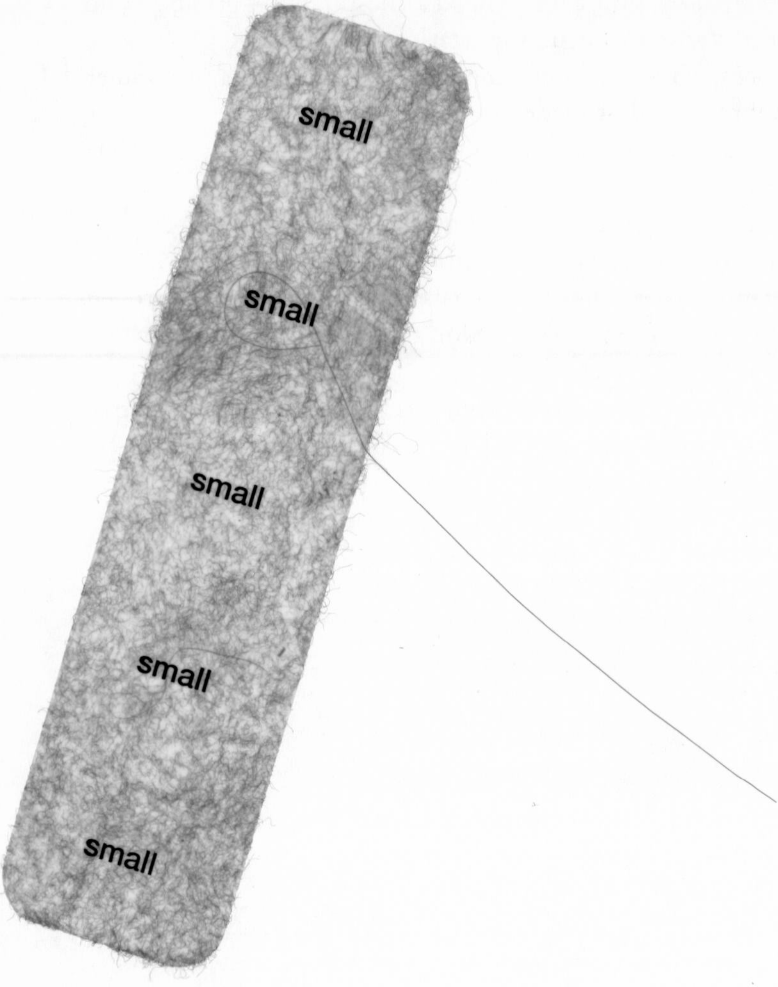

9

El gorjeo de la qabaj

Las mujeres en la sombra levantaron la vista con ansiedad cuando, menos de una hora después, la puerta de su celda se abrió de golpe y una mano, sin ser advertida, tiró a Safana de vuelta entre ellas. Aunque cruzó la puerta por su propio pie, no era la misma Safana que se había ido de la celda 52 a primera hora de ese mismo día. Una vez dentro, dio dos o tres pasos tambaleantes, luego se apoyó en la pared para no caerse. Tenía el pañuelo de la cabeza torcido y la chilaba completamente abierta. La terrible experiencia del día había envejecido su joven rostro, y las mejillas que una vez habían sido túrgidas, estaban caídas, manchadas y enrojecidas. Tenía la espalda terriblemente encorvada, como si le hubieran torcido la columna durante el interrogatorio. Sus ojos inyectados en sangre recorrían con frenética mirada la celda.

A Safana le temblaron los ojos por la confusión antes de estirar la cara para lanzar un suave gemido. Tenía el cuerpo doblado, luego se derrumbó. Muna rodeó con los brazos a Safana y la abrazó con fuerza, luego llamó a las otras mujeres.

—Necesito ayuda. —La doctora Sabah corrió a ayudarla y las dos mujeres en la sombra llevaron lentamente a Safana hacia la cama que habían preparado para ella.

Samira se quedó mirando, con las cejas fruncidas por la preocupación.

—Miradle la espalda —dijo Samira con una leve sacudida de cabeza—. Tiene el vestido y la chilaba empapadas de sangre. —Hizo un gesto para señalar el lecho en el suelo—. Tumbadla boca abajo.

Mayada se sentía superada por la pena y deseaba ayudar, pero cuando Samira vio que Mayada se retiraba la manta y se inclinaba hacia delante para levantarse, le ordenó:

—Quédate donde estás, Mayada.

Mayada hizo lo que le dijeron, pero se sentó, apoyándose en los codos, mientras le miraba la espalda a Safana. Desde el cuello hasta la parte superior de las nalgas, la espalda de Safana era un amasijo de piel sanguinolenta.

La habían fustigado con saña.

Samira curó a toda prisa las heridas de Safana. Primero las miró con cuidado, limpiándolas con un trapo seco, luego las lavó poco a poco con un trapo húmedo. Enjuagó el trapo teñido de rojo en una pequeña palangana de agua.

Safana hacía muecas de dolor y lanzaba gemidos como aullidos.

Además, Samira estaba pálida y cansada, pero hizo una pausa en sus curas lo bastante larga como para susurrarle a Safana palabras de consuelo al oído antes de continuar.

Mayada se quedó tumbada, observando, dejando que su mirada recorriese poco a poco la diminuta celda. Todas las mujeres estaban reunidas en torno a Safana, y Mayada se dio cuenta de que las mejillas de todas ellas estaban empapadas de lágrimas.

La amiga en el banco de Safana, Muna, lloraba en silencio mientras apretaba con fuerza una de las manos de su amiga.

Rasha estaba en el suelo a unos metros de distancia, sentada sobre sus piernas dobladas, balanceándose de atrás hacia delante.

La doctora Sabah miraba mientras las mujeres atendían a Safana. Las arrugas que no dejaban de multiplicarse en el contorno de sus ojos y sus labios revelaban sus cincuenta años.

Mayada miró en dirección a Sara, y al darse cuenta de que la miraba, Sara abrió los ojos. Las dos mujeres en la sombra intercambiaron una larga y triste mirada. A Mayada, Sara le parecía una niña entre todas las mujeres. Si Mayada hubiera podido escoger una presa para que la liberasen, habría escogido a Sara; ella era, al fin y al cabo, solo unos años mayor que su amada hija Fay.

Sara había derramado todas las lágrimas que su cuerpo torturado podía producir, pero nada aliviaba su tormento psíquico. Había oído a otras mujeres en la sombra susurrar sobre el humo que salía de su boca. Había estado pensando en ese humo durante mucho tiempo.

—En lugar de darme descargas cortas —empezó a explicar en ese momento con voz entrecortada y apagada—, han puesto la máquina a bajo voltaje y me han dado descargas muy lentas y largas por todo el cuerpo. Después de un rato ni siquiera tenía fuerzas para cerrar los párpados. Se me habían hinchado tanto los ojos que los sentía haciendo presión en las cuencas. —Lloró—. Creí que se me iban a salir los ojos de la cabeza. Me estaban friendo por dentro. Por eso me salía humo de la boca.

—Que alguien le dé a Sara más agua —ordenó Samira, levantando la vista—. Sara, tienes que beber tanta agua como puedas. Es la única forma de que se cure el interior: el agua fría. Y deja de pensar en el humo.

Iman se subió la montura de sus gruesas gafas. Se agachó para coger un vaso de agua y caminó arrastrando los pies hasta llegar a Sara y dárselo. Con sus delgadas cejas fruncidas por la preocupación, Iman convenció a Sara para que se bebiera todo el contenido del vaso. Se quedó junto a la joven mujer, dándole palmaditas afectuosas en la espalda con una mano mientras sostenía el vaso, ahora vacío, con la otra.

Iman, que tenía cincuenta y cuatro años y estaba casada, era una de las mujeres en la sombra de más edad. Estaba rellenita y tenía una piel en extremo blanca. Había llegado a Baladiyat porque había intentado hacer algo bueno por su comunidad. Aunque jamás había pertenecido al Partido Baaz, fue elegida como miembro del Consejo Popular de su barrio. Aceptó el nombramiento con entusiasmo, ansiosa por introducir mejoras en su comunidad. Sin embargo, Iman era inculta e ingenua. No se dio cuenta de que el hecho de quejarse por la basura sin recoger podría crearle graves problemas en el Irak de Sadam. Iman fue detenida por hacer críticas «triviales» al gobierno.

Wafae, la mujer en la sombra a la que llamaban Tomates por su color de pelo —una mezcla entre el rojo del tomate maduro y el dorado del trigo—, corría de aquí para allá, entre Samira y el retrete, donde vaciaba la pequeña palangana de agua, que había adquirido un tono rosado por la sangre de Safana, y la rellenaba con agua limpia. Wafae había sido capturada por la policía secreta debido a que su hermano había huido a Siria.

Anwar era la única mujer de la celda 52 que en realidad había cometido un delito. Por su trabajo tenía que viajar a Yemen e impartir unos cursos en un colegio yemenita. Anwar no podía permitirse el gasto del pasaporte, así que tomó prestado el pasaporte de su hermana inválida, puesto que se parecían. Un pariente que quería ganarse el favor de la policía secreta de la localidad informó de su falta. A Anwar le habían advertido que esperase una larga condena de cárcel. En esos momentos, su mayor preocupación era que había dejado a su hermana inválida a cargo de su familia sin nadie más.

Otras dos internas de la celda 52, Hayat y Asia, estaban de pie, una junto a otra, con los dedos entrelazados. Habían encarcelado juntas a ambas mujeres hacía siete meses por la desaparición de dos cajas de baldosas para el suelo. La pareja había sido detenida en la tienda QaQae de material de construcción, una empresa contratada para levantar la mayoría de los palacios de Sadam. Cuando desaparecieron las dos cajas de baldosas del establecimiento, Hayat y Asia fueron culpadas de lo sucedido. Hayat había firmado el documento que confirmaba que los dos paquetes habían salido del inventario de la empresa. La firma de Asia confirmaba que esas mismas dos cajas se habían cargado en un camión de reparto.

Hayat era una mujer soltera de treinta años que vivía con anterioridad con su hermano y los cinco hijos de este. Tenía una cara alargada y delgada, y un cuerpo escuálido. Hayat nunca hablaba con tranquilidad y siempre caminaba impaciente por la habitación y lloraba. Por su mirada asustadiza que se clavaba en una u otra esquina de la celda, a Mayada le recordaba a un conejo atrapado en un cepo. Hayat admitió en una ocasión que le asustaba que la liberasen. Decía que su hermano estaría tan enfadado porque su detención hubiera levantado sospechas contra toda su familia que le pegaría.

Por otro lado, Asia era una mujer de cuarenta y dos años, esposa y feliz madre de tres niños pequeños. Asia siempre estaba inquieta, desesperada por sus hijos. Lloraba día y noche, y decía que siempre veía las caras de sus pequeños. Sus constantes lágrimas habían dejado intensas marcas bajo sus ojos.

Abrumada por la nostalgia por sus hijos, Mayada se retorció las manos, mientras se preguntaba si volvería a ver a Fay o a Ali. ¿O moriría por la tortura como la pobre Yamila? Aunque a Mayada no le daba miedo la muerte a causa de la vejez, morir ese mismo día o al día siguiente la aterrorizaba. Simplemente no podía morir hasta que sus hijos fueran mayores. Eran pequeños y necesitaban a su madre.

Deseosa de sentir el tacto de sus hijos, de respirar el aroma de su pelo limpio y de acariciar la tersa piel de sus caras, Mayada levantó un dedo y se enjugó una lágrima. Luego se volvió hacia un lado y miró a la pared. Sin embargo, no logró conciliar el sueño, porque la luz era siempre demasiado intensa en la celda 52 y el ruido jamás cesaba.

Mayada llevaba menos de una semana en Baladiyat, pero esa semana le parecía toda una vida. Los largos días y las noches más largas eran interminables, y le recordaban su plena vida pasada, cuando no tenía suficientes horas en el día para realizar todas sus tareas. El tiempo se convirtió en su enemigo mientras los días y las noches se entremezclaban.

Todos los períodos de veinticuatro horas eran iguales. Por las noches, las mujeres o eran sometidas a torturas o se veían obligadas a escuchar cómo torturaban a otros. Al alba, se levantaban para la primera oración del día. Se turnaban para usar el retrete y la diminuta ducha. A continuación llegaba el desayuno, que consistía en lentejas desabridas y pan mohoso. Si había suerte y no llamaban a nadie de la celda para las torturas, las mujeres se pasaban la mañana llorando, rezando o recordando a los seres queridos que más les importaban en la vida. Después de las oraciones del mediodía, les servían arroz sucio en una sustancia acuosa, una papilla poco apetecible. De vez en cuando les servían pan caliente, que olía a moho porque estaba amasado de forma intencionada con harina rancia. Las tardes eran iguales que las mañanas: hablaban, rezaban y esperaban a ser torturadas o a curar a las víctimas de las torturas. Tras las oraciones nocturnas, recibían la última comida del día, una vez más, lentejas y pan. A continuación la temida noche volvía a recaer sobre ellas, cuando la cárcel retumbaba por los gritos.

De todas las mujeres en la sombra, solo Samira se mantenía ocupada, cumpliendo un estricto horario de tareas diarias. A menos que la tortura la hubiera dejado incapacitada, se aseaba u organizaba sus pertenencias o atendía a cualquier mujer que necesitase sus cuidados. Samira era tan especial con la higiene personal que seguía un programa diario que consistía en lavar su única prenda de vestir y su chilaba. Mientras otras mujeres en la sombra no daban importancia a las manchas de vómito en sus ropas o los restos de comida pegados entre sus dientes, Samira no podía soportar tanto desaliño. Todas las mañanas antes del baño, Samira se quitaba toda la ropa y frotaba cada prenda a mano. En cuanto se había duchado, se volvía a poner la ropa mojada, se alejaba del retrete y empezaba a dar vueltas y más vueltas a toda prisa por la pequeña celda, la chilaba se agitaba, y provocaba la risa de las mujeres en la sombra, aunque sus rápidos movimientos secaban su ropa con la misma eficacia que el fresco viento.

Mayada pasaba los días limpiando, soñando despierta con su niñez, estudiando las caras de las demás mujeres o mirando hacia la puerta con expectación febril. Aunque llamaban a otras mujeres en la sombra para torturarlas o interrogarlas, los torturadores de Baladiyat parecían haber olvidado a Mayada al-Askari. No se la llevaban para torturarla, ni tampoco para interrogarla. Parecía que su caso se había dejado de lado.

Por miedo de que nadie en el exterior conociera su paradero y de morir en Baladiyat, Mayada empezó a flaquear. Sentía cómo iba hundiéndose en un pozo de depresión. Se vio obligada a enfrentarse a la muerte como una nueva e inesperada parte de su vida. La situación era tan desalentadora que tras dos semanas de no tener noticias sobre su caso, empezó a imitar a Asia y a Hayat; daba vueltas sin parar por la celda con los brazos cruzados, moviéndose de un lado para otro y llorando sin parar durante las horas del día y de la noche.

Samira, que era delicada y amable por naturaleza y siempre estaba deseosa de ofrecer una respuesta a cualquier problema, intentaba levantar el alicaído ánimo de Mayada.

—Escucha, quiero que me creas —le decía Samira a Mayada—. Nadie, pero nadie, en Baladiyat pasa semanas sin ser torturado. Nuestros carceleros han descubierto que puedes hacerles mucho daño. Un día te soltarán —chascó los dedos—, así de fácil.

Mayada miró de soslayo a Samira y al ver su expresión de confianza mirándola con tanto afecto, sonrió excusándose antes de romper a llorar de nuevo.

—No puedes perder energías para luchar por tu supervivencia —le dijo Samira mientras la abrazaba—. Tienes que controlar con fuerza tus emociones.

Sin embargo, Mayada estaba demasiado desilusionada para actuar con convicción.

Entonces, un martes por la mañana, todo cambió en un abrir y cerrar de ojos.

Mayada estaba tumbada en silencio en la cama, mirando al techo. Tenía los ojos puestos en la pequeña ventana con barrotes en la parte superior de la pared del fondo de la celda. Esperaba a que saliera el sol y a que enviase unos cuantos rayos amables de luz natural a la celda 52.

Mayada creyó oír el gorjeo de una qabaj, una especie de perdiz.

Un antiguo cuento popular iraquí dice que escuchar el canto de una qabaj es señal de que uno no tardará en irse del lugar donde se encuentra.

A Mayada le dio un vuelco el corazón. Se enderezó, se sentía confundida por sus sueños y la realidad de Baladiyat, miró a su alrededor para ver si alguna otra persona podía confirmar el gorjeo matutino de la qabaj. Mayada llevaba casi un mes en aquella horrible sala, y ese día era el primero que había escuchado el canto de un pájaro.

La qabaj siguió cantando. Una suave brisa empujó el canto del ave a través de los barrotes de la ventana. Sus notas de bienvenida se esparcieron por la celda.

El gorjeo levantó a todas las mujeres de sus camas. Sonaba como si lo hubieran tocado por la ventana abierta como un mensaje extraordinario remitido por el mismo Dios. La alegre canción envolvió la habitación y llenó el corazón de todas las mujeres de esperanza. Una a una, las internas de la celda 52 se fueron enderezando y mirándose entre sí con renovado optimismo. Todas rezaron para que la qabaj entonase su mensaje para ella.

Entonces Samira siguió el ritmo musical del ave y empezó a cantar una antigua canción iraquí que sonaba como la melodía del gorjeo. Mientras la qabaj seguía con su trino, Samira se levantó de un salto de su litera.

—Escuchad a esa insistente qabaj. Está justo en la parte exterior de la ventana. Alguien va a salir de Baladiyat, y pronto. —Con sus verdes ojos llenos de chispas, Samira se volvió de golpe. Detuvo su giro con el brazo derecho extendido y el dedo señalando a Mayada—. Y esa será nuestra Mayada.

Durante días, Mayada se había sentido demasiado abatida para mantener una conversación y en ese momento se resistió al júbilo de Samira. Aunque amaba a aquella adorable mujer chií y no podía soportar herirla; sonrió tímidamente.

—Gracias, Samira, por intentar darme esperanzas. Eres muy amable. Pero se han olvidado de mí. Predije que estaba destinada a morir aquí en cuanto me encerraron en la celda número 52. Esta celda se convertirá en mi tumba.

Samira miró a Mayada con su hermoso e inquebrantable rostro.

—Es una sensación que he tenido durante varios días, esa qabaj la confirma —dijo Samira—. Vas a irte a casa, y pronto. Mayada, debes empezar a memorizar nuestros números de teléfono, nuestras direcciones y los nombres de nuestros familiares. Ahora, hoy. Ninguna de nosotras tendrá una oportunidad si no sueltan a alguna. Esa serás tú y desde fuera nos puedes ayudar a todas.

Sintiéndose profundamente triste, Mayada se tapó los ojos para protegerse de la luz del sol con su pañuelo. Estaba demasiado deprimida para aceptar la esperanzadora predicción de Samira. Sabía que jamás sería liberada de la celda 52.

Pero la qabaj seguía cantando, su vocecilla no titubeó en ningún momento.

Tras las oraciones de la mañana, Samira arrinconó a Mayada.

—Te lo repetiré una vez más, Mayada —insistió con calma—. Me lo dice el corazón: te vas a ir de Baladiyat, y pronto. —Samira siempre tenía un plan—. Ahora tienes que imaginar que eres un loro, tienes que aprenderte muchos nombres y números. Repite conmigo este número: 882-6410.

Mayada escuchó en silencio. La qabaj seguía cantando y empezó a encender sus esperanzas. Por primera vez, se planteó que Samira podía tener razón y que su liberación era inminente. Así que repitió con obediencia:

—882-6410.

—Esto es lo que tienes que hacer —le dijo Samira—. Llamarás al 882-6410 y esto es lo que tienes que decir: «Samira se está pudriendo en el Amin al Amma [el edificio central de seguridad]. Necesita vuestra ayuda. Vended todo lo que podáis y sobornad a un guardia. Es la única forma». —Le brilló la mirada mientras pensaba en todas las posibilidades—. Mi familia necesitará saber que de verdad te he enviado yo, esta es la contraseña: «¿Cómo está el marido de Salma?».

—882-6410. Samira está en Amin al Amma. Necesita vuestra ayuda. Vended todo lo que podáis y sobornad a un guardia. Es la única forma. La contraseña es: «¿Cómo está el marido de Salma?». —Mayada repitió el mensaje de Samira como un loro amaestrado.

—Samira, ese pájaro sigue cantando —gritó Asia.

Ambas mujeres dejaron de hablar y escucharon. En efecto, la qabaj seguía cantando. Ese hecho extraordinario ya duraba casi una hora.

Justo en ese instante, la puerta de la celda se abrió y apareció un guardia.

—Mayada, prepárate, el juez te verá ahora —dijo con un tono lleno de inusual humanidad.

Samira gritó de alegría y dio un salto hacia delante.

—¿Quién es ese juez? ¿Van a soltar a Mayada?

—No metas las narices en esto.

Mayada corrió a lavarse la cara.

—Si un juez ha venido hasta este edificio para verte —murmuró Samira, llena de felicidad, mientras seguía a Mayada—, te van a soltar.

Mayada empezó a sentir que se obraba un milagro.

Durante los pocos minutos que pasó en el retrete, mujeres en la sombra llenas de esperanza hacían cola, le pasaron sus teléfonos y le susurraban direcciones y nombres.

—Por si te vas directamente, sin volver a la celda —le explicó la doctora Sabah al tiempo que le levantaba la falda a Mayada y se esforzaba por apuntar su número de teléfono en la combinación con un bolígrafo medio roto.

—¡Mayada! ¡Vamos! —gritó el guardia en ese momento.

Mayada avanzó deprisa, mientras le resonaban en la cabeza los nombres, números y direcciones.

Cuando salió de la celda, Mayada se dio cuenta de que otro guardia la esperaba en el pasillo. Era un funcionario feo, muy alto y corpulento. Tenía la piel amarillenta y cuando abrió la boca para hablar, Mayada vio que sus enormes dientes eran tan amarillos como su cara.

El funcionario despidió al guardia y se volvió hacia Mayada.

—¿Cómo está, Um Ali? —le preguntó

—¿Nos conocemos? —preguntó Mayada.

El funcionario no respondió.

—Me llamo Mamun —susurró con rapidez—. Tengo un interés especial en su caso. Vi a Ali y a Fay ayer. Su padre, Salam, vuelve mañana de Hilla para reunirse con ellos. Va a reunirse con un juez que conoce a su familia. Le han ordenado que cierre su caso. Tendrían que soltarla de Baladiyat en un par de días. En cuanto la hayan liberado, no debe salir de su casa hasta que yo vaya y visite a Ali. —En el mundo árabe, una visita al hombre de la casa es una señal de respeto. Aunque Ali era un adolescente, se lo consideraba el hombre del hogar de Mayada.

Mayada se arregló el pañuelo con una mano. Se alisó el vestido. La reunión más importante de su vida la esperaba, pero ella llevaba la ropa sucia y olía mal. Sintió una ráfaga momentánea de envidia por la disciplina higiénica de Samira. ¿Qué impresión le daría a un juez con la ropa sucia y sin asear?

Tras recorrer una corta distancia por el corredor de la prisión, Mayada y su desgarbada escolta giraron a la izquierda y se toparon con una puerta de madera de caoba sin ninguna placa.

—Espere aquí —ordenó Mamun, levantando una mano. Tocó antes de entrar a la habitación y cerró la puerta en cuanto estuvo dentro. Poco tiempo después, la puerta volvió a abrirse y Mamun salió, esta vez ordenó—: Entre.

Mayada entró en la habitación. Un hombre distinguido estaba sentado tras una mesa de escritorio de madera. A Mayada le sonaba ligeramente su cara.

—Soy el juez Muayad al-Yadir —dijo el hombre.

Mayada supo al instante que ese hombre era el sobrino de Adib al-Yadir, el ministro de Información iraquí a mediados de la década de 1960.

—¿Cómo está Salwa, tu madre? —preguntó el juez con cortesía.

Una sonrisa fugaz cruzó el rostro de Mayada.

—Antes de que me trajeran a este sitio, estaba bien. Ahora no lo sé. Pero gracias por preguntar.

—Mayada, mi tío Al-Yadir era muy buen amigo de tu madre y de tu padre. Se consideraba hijo espiritual de tu abuelo, Sati al-Husri.

Mayada asintió con un ligero movimiento de cabeza, sintiéndose cada vez más segura de que ese hombre estaba allí para ayudarla.

El juez Yadir rebuscó entre unos papeles, levantó una pluma estilográfica y empezó a firmar documentos.

—Mayada —dijo, alzando la vista—, esto ha sido un error. Quiero que te vayas y olvides esta experiencia. Borra estos días de tu memoria.

Las sombras del dolor que había soportado durante el último mes le recorrieron el cuerpo, pero se mordió la lengua para no decirle que jamás de los jamases olvidaría Baladiyat ni a los miles de iraquíes inocentes que habían sufrido entre sus muros.

—¿Sabe por qué me detuvieron? —preguntó en cambio.

—Sí, lo sé. Alguien que trabajaba en tu imprenta imprimió unos panfletos contra el gobierno. Pero eso demuestra que la justicia prevalece en esta buena tierra. Será mejor que lo olvidemos todo.

—¿Me soltarán hoy?

—Nos ocuparemos de eso cuanto antes. Ahora regresa a la celda. Consuélate con la idea de que te van a liberar. —Entonces soltó la pluma y dijo con calidez—: Visité tu casa en 1980, con Abu Ali. —Se refería al doctor Fadil al-Barrak, cuyo hijo mayor se llamaba Ali.

Mayada volvió a asentir con la cabeza, recordando vagamente la visita. También se dio cuenta de que ese hombre había llamado al doctor Fadil «Abu Ali» porque Sadam había acusado al doctor Fadil de ser un espía. Ninguna persona con dos dedos de frente en Irak haría ostentación de tener relaciones con un hombre acusado de traición y que había sido ejecutado.

El juez estaba listo para despedirla.

—Ahora vete, Mayada —dijo—. Cuando vuelvas a hablar con tu madre, por favor, salúdala de mi parte.

—Gracias. Adiós —dijo Mayada, y salió por la puerta de madera. Mamun estaba allí.

—Espere aquí —le ordenó. Aquel enorme hombre volvió a entrar en la habitación y no tardó en regresar con el expediente de Mayada. Se acercó a ella, pese a hablar de nuevo con un tono agradable, la cara del hombre seguía intimidando a Mayada.

—Todavía tienen que encargarse del papeleo. Otro guardia la llevará de vuelta a la celda 52. Iré a buscarla cuando haya llegado la hora de que vuelva a casa.

Mayada estaba loca de impaciencia por saber cuándo volvería a ver a sus hijos y se arriesgó a preguntar.

—¿Cuándo volverá?

Mamun hizo una mueca por la impaciencia y se irguió para mirar desde arriba a Mayada. Le gritó con el pecho hinchado:

—Como ya le he dicho, cuando el papeleo esté hecho. Hoy o mañana, o pasado mañana. Vuelva a la celda y espere. —Chascó los dedos para llamar a otro guardia para que se la llevara y se fue.

Al volver a la celda 52, Mayada no podía creer lo ocurrido. Primero la qabaj y luego lo del juez. Por una vez siguió el apresurado paso del guardia, impaciente por contar la noticia a Samira y a las demás mujeres en la sombra.

En cuanto Mayada entró en la celda, la qabaj dejó de cantar.

En ese instante, todas las mujeres clavaron la vista en la pequeña ventana de barrotes, confusas por el gorjeo del pájaro y por su repentino silencio.

—Esa qabaj era una enviada de Dios —dijo Rula, a quien habían encarcelado por leer el Corán en el trabajo y rezar demasiado—. Para recordarnos su poder.

Varias mujeres asintieron, confirmándolo.

Samira avanzó con una luminosa sonrisa y los brazos abiertos.

—No podemos soportar más el suspense. Cuéntanos —dijo.

—Samira tenía razón —anunció Mayada—. Esa qabaj transmitía un mensaje de Dios. ¡Me voy!

Samira empezó a dar vueltas de puntillas, como una bailarina profesional.

Un breve gemido llenó la diminuta estancia cuando las mujeres en la sombra empezaron a abrazarse y a llorar. Entre tanto tumulto, a Iman se le cayeron las gafas al suelo y se lanzó en frenética búsqueda hasta que las recuperó, sanas y salvas.

—Es que me quedaría ciega sin ellas —dijo Iman con una sonrisa mientras volvía a colocarse las pesadas lentes sobre la nariz.

Incluso Safana y Sara, ambas todavía debilitadas por la tortura, se enderezaron en sus literas y felicitaron a Mayada.

—¿Podrás llamar a mi madre en mi nombre? —susurró Sara.

—Sí, Sara. Llamaré a tu madre —respondió Mayada con una sonrisa.

Samira estaba tan contenta que no podía parar de saltar.

—Llamará a las madres de todas. —Cogió a Mayada por un brazo—. Cuéntanos, cuéntanos. ¿Te han dicho cuándo te irás?

—El juez no me lo ha dicho. Ha firmado unos documentos mientras estaba allí, pero un funcionario me ha dicho que todavía tenían que encargarse del papeleo.

—Maravilloso —respondió Samira con voz cantarina—. Entonces, solo tendrás que esperar unos diez días.

Mayada frunció el ceño al escuchar esa respuesta.

—¿Diez días? Creí que me iría hoy o mañana. No puedo aguantar diez días más.

Samira envolvió el rostro de Mayada con sus pequeñas manos.

—Solo diez días, Mayada. —Asintió mirando a las demás mujeres en la sombra—. Todas nosotras daríamos un brazo —sonrió con afecto—, o incluso los dos, por saber que nuestro tiempo aquí se limitaba a solo diez días más.

—Es como si te hubieran dado todas las riquezas de Irak —dijo Muna con una ligera y alegre sonrisa.

Ninguna de las mujeres en la sombra parecía sentir celos de la buena suerte de Mayada. Ninguna estaba molesta porque ella se fuera mientras las demás se veían obligadas a quedarse allí.

Mayada se sintió avergonzada por su insensibilidad ante aquellas generosas mujeres. Y se le encogió el corazón cuando las miró. Pese a lo desesperada que estaba por salir por la puerta de la prisión y reunirse con Fay y con Ali, se le rompía el corazón al pensar en dejar a aquellas buenas mujeres.

—Mayada, no tienes que sentirte culpable. —Al escuchar estas palabras, Mayada creyó que Samira tenía poderes para leer la mente—. Nos alegra que te vayas, pero te llevaremos siempre en el corazón. Mayada, tú puedes ayudarnos desde fuera.

Salvo Sara y Safana, todas las mujeres en la sombra empezaron a reunirse en torno a Mayada.

—Mayada, no nos olvides cuando salgas —dijo Muna, expresando lo que todas pensaban—. Tienes que jurar por Alá que un día le contarás al mundo lo que ha ocurrido en esta celda.

—Juro por Alá que un día el mundo conocerá todas vuestras historias, Muna —le prometió Mayada, abrazándola.

Samira, tan sensata como siempre, paseó la mirada desde Muna hasta Mayada.

—Es bueno que el mundo lo sepa, pero, por ahora, lo más importante es que Mayada llame a nuestras familias —dijo—. Ahora que sabemos que se va, debemos ponernos serias con su proceso de memorización, pero ya —insistió. Samira miró a Mayada con una sonrisa que le iluminó el rostro de esperanza—. Eres nuestra única oportunidad, Mayada.

Puesto que se había aferrado al deseo de que la soltarían antes de lo que predecía Samira, decidió empezar a memorizar números lo antes posible.

—Sí, Samira, tienes razón. Empecemos esta noche.

—Lo importante es que llames a nuestras familias y les digas exactamente dónde nos retienen. Esa es la clave de nuestra liberación. Luego, diles que la única forma de que nos saquen de aquí es el soborno. Tienen que vender las tierras o los coches si hace falta. Aquí casi todos los guardias aceptarían un soborno.

»Pero, Mayada, cuando llames, hazlo deprisa. Ya sabes que todos los teléfonos en Irak están pinchados. Di lo que tienes que decir y cuelga. No esperes a que te hagan preguntas y no respondas a las preguntas que te hagan. Nunca, nunca digas tu nombre. Si sientes la tentación de consolar a nuestros seres queridos has de saber que tu amabilidad puede llevarlos derechitos a la cárcel a ellos también. —Samira pensaba en todas las posibilidades—. Hoy memorizarás tantos teléfonos y direcciones como puedas. Los demás, mañana. Y luego a diario hasta que te vayas, yo te los preguntaré. Queremos que recuerdes todos esos números —dijo Samira con decisión.

Fue una noche inusual. Mayada fue conducida al rincón más alejado de la puerta para que ningún guardia del pasillo pudiera oír el extraño recitado que provenía de la celda 52.

Aliya fue la primera en situarse detrás de Samira, con el hermoso rostro iluminado por la expectativa. Su encarcelamiento la había separado de su pequeña hija, Suzan, a la que no veía desde hacía un año. La perspectiva de la liberación de Mayada había posibilitado la feliz visión del reencuentro con su querida Suzan.

Rasha fue la siguiente. Transmitió su información a Mayada con un violento susurro con el ceño fruncido como de costumbre, pese a las felices posibilidades que suponía la ocasión.

Mayada estaba decidida a recordar todos los números, todas las palabras que las dos mujeres le habían transmitido. Mayada sabía que Aliya y Rasha ya llevaban casi tres años en la cárcel y que no había esperanzas de liberación a la vista.

La doctora Sabah, seria aunque amable, miró la combinación de Mayada para ver si su número seguía siendo visible. Sin ninguna necesidad, le suplicó a Mayada que no se lavara la prenda interior hasta que llamase a su familia.

Iman jugueteaba con sus gafas en las manos y le transmitía su información a Mayada con claridad y parsimonia.

Wafae retorcía preocupada su rosario de fabricación casera mientras le repetía una y otra vez con seriedad su información a Mayada, hasta que Samira le ordenó que se fuera, que ella ya pondría a prueba la memoria de Mayada más tarde.

Una mujer llamada Eman fue la siguiente. Solo tenía veintiocho años, era hermosa, con una tez y color de pelo como los de Elizabeth Taylor: tenía la piel blanca pero el pelo negro y unos hermosos y profundos ojos del color de los zafiros. Era tan menuda que parecía una niña en la preadolescencia. Junto con su información de contacto, Eman le repitió a Mayada la historia de cómo la habían encarcelado.

—Jamás se me había pasado por la cabeza violar ninguna ley iraquí, pero esos torturadores dicen que he criticado a Sadam Husein —le recordó Eman. Mayada sabía que criticar a Sadam era un delito que a Eman le costaría la lengua, así que rezó por poder ponerse en contacto con su familia a tiempo de salvarla.

May era una mujer de piel morena, de treinta y cinco años, con el pelo corto y de color castaño, con unos atractivos ojos caídos y rasgos delicados. Según le habían contado, su delito había sido «ayudar a los comunistas», pero a Mayada le constaba que ni siquiera había conocido a un comunista en su vida. May se quedó sentada junto a Mayada durante más tiempo que nadie, preocupada de que Mayada pudiera olvidar su número: 521-8429.

No fue hasta pasada la medianoche cuando a Mayada empezó a fallarle la concentración.

—Mañana. Mañana podréis darle vuestra información a Mayada —prometió Samira a las mujeres en la sombra que estaban a la espera.

Cuando Mayada se retiró, estaba sorprendentemente alicaída, teniendo en cuenta los alegres acontecimientos del día. Le invadió la triste realidad de que las cárceles de Sadam no ofrecían ninguna garantía. ¿Y si la decisión de liberarla había sido revocada? Mayada se mostró escéptica con su liberación hasta el día en que salió de Baladiyat.

A la mañana siguiente se despertó con las mejillas humedecidas por las lágrimas. Se había despertado por una pesadilla en la que un hombre con un puñal la apartaba de sus hijos.

Esa mañana le reservaba una nueva sorpresa. En cuanto finalizaron las oraciones matutinas, la puerta de la celda 52 se abrió de golpe.

—¡Mayada! ¡Fuera! —gritó un guardia.

Mayada se quedó tan sorprendida que no pudo moverse.

—¡Mayada! ¡Estás libre! —volvió a gritar el guardia.

Samira, al recordar que Mayada no había memorizado todos los números de teléfono de las mujeres en la sombra, pensó a toda prisa en una excusa para retenerla durante unos minutos más.

—Nos acaba de decir que tiene que ir al retrete. Dele unos minutos.

—Cinco minutos y ni uno más —dijo el guardia, que las miró con desprecio y cerró la puerta de golpe.

En un despliegue de frenética actividad, Samira llevó a Mayada al fondo de la habitación.

—Repite todos los números que has memorizado, deprisa —le exhortó—. Yo reuniré a las mujeres que quedan. —Samira parecía aterrorizada—. Que no nos falle tu cerebro Al-Askari.

Mayada conocía tan bien la mayoría de las historias de sus compañeras que no hubo necesidad de que le dijeran los nombres de sus ciudades ni de sus barrios. Así que las apremió para que se centrasen en los nombres y teléfonos de contacto. Mientras Samira alineaba a las restantes mujeres para que informasen a Mayada, Mayada pensó en Sara, que seguía sin poder andar. Corrió hacia la cama de la joven y le dio un empujoncito en el hombro.

—Sara, dime cómo puedo ponerme en contacto con tu madre. ¡Deprisa!

Sara levantó la cabeza poco a poco.

—Oh, sí, Mayada, sí. Por favor, dile a mi madre que estoy aquí. Pídele que me salve. Llámala al 422-9182. Dile que te he dicho que guarda las llaves de casa bajo la maceta amarilla, junto al cactus.

Así sabrá que te envío yo. —Sara estaba tan débil que se le ladeaba la cabeza.

—Tu madre sobornará a alguien, estoy segura. Te sacará de aquí, Sara —le aseguró Mayada.

El dulce rostro de Sara esbozó una sonrisa.

—Sí, mi madre lo arreglará todo. Venderá las tierras y pagará para que me vaya. Lo hará en cuanto sepa dónde estoy. —Y Sara se desplomó de nuevo sobre la cama—. Dile que la estoy esperando. Estoy esperando.

A esas alturas, Samira había reunido a las mujeres en la sombra que quedaban en una corta fila.

—¡Mayada! ¡Ven!

Mayada se movió con rapidez.

Rula era la primera que estaba esperando y se inclinó para agarrarse al cuello de Mayada. Rula era una mujer soltera de veinticinco años y apariencia sencilla, a la que habían acusado de ser activista islámica. Se apresuró para descargarse de toda culpa y le recordó a Mayada que sus compañeros de trabajo la habían acusado de activista porque leía el Corán y rezaba demasiado en su oficina durante el tiempo dedicado a la oración. Mayada le prometió que haría todo cuanto estuviera en su mano.

Amani era una mujer casada de treinta y dos años con la piel morena, las mejillas sonrosadas y el pelo de color castaño claro. Al igual que Rasha, Amani podía justificar su encarcelamiento por la pérdida de su pasaporte.

Anwar fue la siguiente y le dio las gracias a Mayada más de una vez.

Hayat y Asia permanecían juntas, con los ojos brillantes por la esperanza.

Mayada intentó memorizar todos esos números en cuestión de minutos.

Desolada, se dio cuenta de que no había muchas posibilidades de que los recordase todos.

—Pídele el bolígrafo a la doctora Sabah —le dijo a Samira—. Me apuntaré el resto de los números en la combinación.

Samira volvió a toda prisa con el bolígrafo, pero el instrumento apenas escribía. Tenía el cargador de tinta casi vacío.

La puerta volvió a abrirse de golpe.

En el umbral apareció un guardia distinto, no el que iba a acompañar a Mayada

—¡Samira! ¡Te buscan! —gritó con voz maliciosa. Llamaban a Samira para torturarla. Todas las mujeres en la sombra se sobresaltaron con ese giro de los acontecimientos, y un apagado gemido recorrió la celda.

El guardia que había acompañado antes a Mayada apareció en ese momento.

—¡Mayada, venga! ¡Estás libre! —gritó desde detrás del otro guardia.

Los últimos momentos de Mayada con las mujeres en la sombra de la celda 52 pasaron volando. El hermoso rostro de Samira estaba serio cuando sus verdes ojos se encontraron con los de Mayada. Ambas mujeres se miraron con amor verdadero. Samira estiró los brazos y atrajo a Mayada hacia sí. Se besaron, primero en una mejilla y luego en la otra. Y mientras permanecían abrazadas, Mayada susurró:

—Samira, eres la mujer más generosa que he conocido. Gracias por todo. Jamás te olvidaré. Te ayudaré desde fuera, lo haré.

A Samira se le llenaron los ojos de lágrimas.

—Te echaré de menos, Mayada, y tus maravillosas historias.

—¡Samira! —el guardia gritó con impaciencia, mientras se dirigía al fondo de la celda para arrancar a Samira de los brazos de Mayada.

Los pies de Samira se levantaron del suelo y fue arrastrada por el enfurecido guardia.

Mayada la siguió a toda prisa, tocando a todas las mujeres en la sombra a medida que pasaba junto a ellas. Las lágrimas de pena se clavaban como agujas en sus ojos. Su libertad alejaría su camino de esas maravillosas mujeres en la sombra, y ahora vivirían en mundos distintos.

La última cosa que oyó cuando la puerta se cerró de golpe fue la vocecita de Muna.

—Mayada, por favor, no nos olvides —gritaba.

Conteniendo el llanto, Mayada sabía que, aunque viviese eternamente, jamás olvidaría a esas mujeres.

El mismo funcionario que se había reunido con ella el día anterior, el hombretón llamado Mamun, la esperaba en el pasillo.

—Soy Mamun otra vez —dijo—. Iremos a por sus cosas y la sacaré de aquí.

Los oídos de Mayada escucharon la voz de Mamun mientras sus ojos seguían a Samira, que se encontraba a unos pasos de distancia. Sin darse cuenta vio un mechón de pelo entrecano que salía por debajo del pañuelo de la cabeza de Samira, y Mayada sintió cómo se le hundía el corazón al pensar que ambas amigas se encaminaban hacia destinos distintos.

Al sentir la mirada de Mayada, Samira se volvió para compartir un último instante. Todas sus emociones se concentraron en sus vívidos ojos mientras miraba con ecuanimidad a Mayada. Murmuró algo, pero Mayada no pudo oír las palabras.

Al final del pasillo, Samira fue empujada hacia la sala de tortura.

Mayada no podía ayudarla.

El guardia miró a Mayada.

—Salam está esperando —habló de forma acelerada—. Nos reuniremos con él y la llevará a casa.

Mamun llevó a toda prisa a Mayada a la misma habitación donde había estado el primer día en Baladiyat, casi un mes atrás. Nada había cambiado; el mismo hombre canoso estaba sentado a la mesa circular. Buscó en un armario y le entregó a Mayada su bolso. Gruñó y señaló un documento.

—Firme aquí —ordenó. Después de firmar, Mayada miró el bolso y vio que estaba todo dentro: su anillo, su reloj, el monedero, la agenda de trabajo, la agenda telefónica, el carnet de identidad, las llaves e incluso la nota que le había escrito Fay.

Mayada se puso el reloj y el anillo. El anillo le quedó suelto en el dedo. Había perdido mucho peso. Volvió a meter la joya en el bolso.

—Sígame —le ordenó Mamun cuando regresaron a las escaleras por las que la habían llevado el día que la detuvieron. A Mayada todo le parecía surrealista mientras caminaba en silencio detrás de Mamun.

Cuando se dirigían al exterior de Baladiyat, Mayada siguió a Mamun hasta el vestíbulo de la entrada. La gran sala estaba abarrotada con cientos de hombres, todos tirados en el suelo con las manos atadas a la espalda. Aunque los hombres estaban esperando para ser procesados, y ninguno había sido todavía torturado, una profunda miseria estaba grabada en todas las caras de la habitación.

Los enormes ojos de los hombres reflejaban el terror que los hacía retorcerse por dentro.

Mientras se abrían paso con cautela a través de esa maraña de hombres atrapados, Mayada paseó la mirada por ellos.

—¿Qué es todo esto? —le susurró a Mamun por la espalda.

—Se lo diré luego, en el coche —le respondió en voz baja, volviendo ligeramente la cabeza.

Mayada sabía cuándo permanecer en silencio. Siguió a Mamun hasta el exterior de la prisión de Baladiyat y bajó a toda prisa sus anchos escalones. Cuando terminó de bajar las escaleras, se detuvo y con unos ojos llenos de emoción miró hacia el cielo. La luz del sol era cegadora. Era precioso. Una sonrisa se plantó de inmediato en su cara que dio vida a sus ojos, a su boca y a su corazón. Estaba realmente libre. Levantó las manos para recibir el cálido sol de agosto en la cara y en las manos. Escuchó una bandada de pájaros que graznaban y miró al cielo en busca de su vuelo.

—¡Vamos! —ordenó Mamun.

Mayada caminó tan rápido como pudo. Lo mejor estaba aún por llegar. Se iba a casa. Con Fay y Ali.

—Tengo el coche en el aparcamiento —le dijo Mamun—. Deprisa.

Consciente de que alguien podía estar vigilando su partida, y consciente de que si se mostraba muy amigable con Mamun podrían detenerla otra vez, Mayada bajó la cabeza y caminó con decisión.

—Ya hemos llegado —anunció Mamun cuando llegaron a un Toyota Corolla de 1990 de color blanco—. Siéntese en la parte de atrás —le indicó, haciendo un gesto con la cabeza.

A Mayada le dio un vuelco el corazón cuando la puerta principal de la cárcel quedó enmarcada en el parabrisas del coche. Esta vez viajaba en la dirección correcta, hacia el exterior de Baladiyat. Se volvió para mirar la foto de Sadam pegada en el portón. Deseaba escupir al endemoniado dictador. Por supuesto, no lo hizo.

Mamun redujo la marcha en la salida y enseñó unos documentos a un guardia que se encontraba allí antes de que pasaran por la puerta negra de Baladiyat.

En cuanto se encontraron en la autopista, Mayada empezó a reír, un loco sonido liberado que no podía controlar.

Mamun se volvió y la miró.

—Salam dijo que era bastante escandalosa —comentó.

No deseaba irritar al hombre, así que Mayada consiguió refrenar el ruido, echar la cabeza hacia atrás y convertirlo en una sonrisa insonora. Sin embargo, de golpe, preocupada por el incierto destino de cientos de nuevos presos de Baladiyat se irguió.

—¿Qué pasa con esos hombres? ¿Ha habido una tentativa de golpe de Estado?

—No. Alguien repartió panfletos contra el gobierno en el barrio de Kadumiya. Todos los hombres que pasaban por la zona han sido detenidos a primera hora de la mañana.

Mayada sabía que Kadumiya era un barrio chií de Bagdad.

—¿Por qué ha detenido la policía secreta a todos los hombres? Estoy segura de que solo unos cuantos fueron los que repartieron panfletos. La mayoría de esos hombres son inocentes, solo eran paseantes, hombres que estaban haciendo recados o cosas por el estilo. ¿Por qué es así nuestro gobierno?

—No me haga preguntas —respondió Mamun con gravedad—. Yo soy un mandado. Hago lo que me ordenan. —Volvió la cabeza—. Escúcheme, hermana, todos los iraquíes estamos detenidos. Se turnan para escogernos y encerrarnos. Incluso yo he estado encarcelado y me han torturado en dos ocasiones.

Mayada asintió convencida. Ningún iraquí estaba a salvo. Se iría del país en cuanto pudiera arreglarlo.

—Esto es importante —Mamun habló de nuevo—. Su marido la está esperando en Bagdad al-Yadida. —Al-Yadida significaba «Nuevo Bagdad», y Mayada sabía que era un barrio que estaba a unos treinta minutos de Baladiyat.

Se apresuró en dejar las cosas claras.

—Estoy divorciada —dijo—. Salam es mi ex marido. Pero mi casa está junto a la de su padre y tenemos dos hijos en común, así que todavía nos hablamos.

—No será su ex marido durante mucho tiempo —dijo Mamun con una sonrisita.

Mayada se sintió desconcertada con ese comentario, pero Mamun no le dio tiempo a que preguntara por los detalles.

—Escuche mis instrucciones —dijo—. No va a irse de Irak. La visitaré y hablaré con usted dentro de un día o dos y le diré lo que tiene que hacer. Recuerde, no puede irse. Esto no es más que una liberación temporal. Si no quiere volver a Baladiyat, tendrá que hacer lo que digo.

Mayada supo al instante que Mamun la estaba amenazando con un chantaje. Samira le había contado muchas historias sobre la costumbre de extorsionar a los antiguos presos. Chantajeando a los presos liberados con la amenaza de una nueva detención, muchos guardias hacían su agosto.

Apartó esa nueva preocupación durante un rato, diciéndose que ya se ocuparía de ella más tarde. Mayada no estaba dispuesta a dejar que la alegría que sentía por su liberación disminuyera por la amenaza del guardia. Además, sin importar lo que dijese nadie, cogería a sus hijos y se iría de Irak en cuanto pudiera arreglarlo. Su madre la ayudaría.

Mamun se calló para concentrarse en la conducción. Mayada quería apoyarse sobre sus hombros y tocar el claxon y gritar por las ventana que era libre. Pero no lo hizo.

En lugar de eso se recostó en el asiento y miró por la ventana. Tarareaba en silencio con los labios cerrados para que Mamun no la oyese. Se escurrió hacia abajo para mirar al cielo, y vio unas cuantas nubes blancas y esponjosas.

¡Cómo deseaba bajar de un salto del coche e inspirar el aire puro! Pero no podía, al menos no de momento. Se irguió y estudió los escaparates y a las personas que pasaban. Miraba de un lado a otro complacida. Bagdad se le antojaba nuevo, como si no lo hubiera visto antes. A las puertas de un supermercado, la gente empujaba sus carritos de la compra con expectación en dirección a la puerta de entrada. Mayada vio a una abuela de pelo encanecido. La complacida mujer caminaba de la diminuta mano de su nieto, que daba sus primeros pasos contento con su nueva vida. Tres o cuatro adolescentes miraban un escaparate lleno de prendas deportivas. Por allí cerca, dos hombres caminaban juntos, riendo, gesticulando y hablando.

Cuatro semáforos centrales ralentizaban el tráfico entre Baladiyat y Bagdad al-Yadida. La calle principal estaba repleta de tiendas y supermercados, y las calles adyacentes llevaban a silenciosas casas en los barrios de las afueras. Tardarían otros diez o quince minutos en llegar a Bagdad al-Yadida.

Mayada vio a una familia entera de mujeres que caminaban juntas por la calle. Le dio un vuelco el corazón. Esas afortunadas personas —que caminaban y vivían sus satisfactorias vidas— no eran conscientes de que en ese preciso instante, solo a un par de kilómetros, una hermosa mujer chií llamada Samira estaba siendo torturada con brutalidad.

Mayada permaneció sentada en silencio mientras repasaba los números de teléfono y las contraseñas de las mujeres en la sombra.

Mamun y ella no tardaron en llegar al barrio de Bagdad al-Yadida, donde Mayada vio enseguida a Salam. Estaba sentado en el interior de su Oldsmobile blanco a la puerta de una floristería llamada Al-Jadrae, o La verde. Llevaba gafas de sol y estaba desplomado en el asiento del coche. Mayada rió de forma descontrolada. Salam parecía un policía de incógnito.

Ella bajó del coche de un salto cuando Salam bajó del suyo.

—¿Cómo están los niños? —gritó.

Sin responder a su pregunta, Salam empezó a chillarle, furioso porque la hubieran detenido.

—¡Estúpida! ¡Mira que hacer que te detuvieran! ¡Siéntate detrás! —le ordenó.

Mamun se despidió de Salam agitando la mano y arrancó.

Mayada se sentía tan feliz de estar libre que ni siquiera Salam podía disgustarla. Estaba un paso más cerca de sus hijos.

—Tenemos que casarnos, rápido —le dijo Salam en cuanto arrancó el coche.

—¿De qué estás hablando, Salam? —preguntó Mayada, abriendo los ojos como platos.

—Mayada, se trata de una liberación temporal. Te volverán a detener. Tengo que sacaros a Fay, a Ali y a ti de Irak, os llevaré a Jordania. No puedes irte sola.

Mayada lo entendió. No tenía *mahram* que la acompañase para salir de Bagdad. Si quería irse de Irak —y sí quería— necesitaría un certificado de matrimonio.

—Bueno, será solo para sacar a los niños de Irak. Nos divorciaremos en cuanto llegue a Ammán —recapituló a toda prisa. —Salam no respondió—. ¿Salam? Solo si accedes a divorciarte en cuanto lleguemos a Ammán. Si no, encontraré a alguien que se quiera casar conmigo, solo para salir de Irak.

—Está bien, lo haré —accedió—. Pero hay que darse prisa. Tu estupidez al dejar que te detuvieran hará que la policía secreta nos siga el rastro.

Mayada se sentó y le miró la nuca. Se alegraba de que ese hombre ya no fuera su marido. Y ella no sería su mujer ni un minuto más después de que la hubiera ayudado a sacar a sus hijos de Irak para ir a un país seguro.

—Salam. No has contestado a mi pregunta. ¿Cómo están Fay y Ali?

—Están bien. —Su voz estaba llena de impaciencia.

Mientras se acercaban a la casa de Waziriya Place, se irguió en el asiento y miró por la ventana del conductor. No veía a sus hijos esperando su regreso, aunque sí vio a un niño delgado de pie con cara triste junto al garaje de su antiguo suegro. Supuso que era uno de los muchos amigos de Ali.

En cuando el coche se detuvo, Mayada no se preocupó de despedirse de Salam, sino que saltó y se apresuró hacia la entrada de la casa. En cuanto el coche se alejó, escuchó que Salam gritaba por la ventana:

—¡Nos casaremos mañana!

El niño flacucho levantó la vista y se dirigió corriendo hacia Mayada. ¿Sería ese niño su Ali?

—¡Mamá! ¡Mamá!

—¡Ali! —A Mayada le temblaron los labios al pronunciar su nombre.

—¡Mamá! ¡Mamá! ¡Ya estás en casa! —Ali saltó a sus brazos, entre llantos y exclamaciones.

—¡Ali! ¡Deja que te vea la cara! ¡Deja que te vea la cara! —Mayada estaba ahogada por el llanto.

Su niño gordito de terso rostro infantil había desaparecido. En su lugar se encontró con un jovencito serio con negras ojeras bajo sus ojos azules.

—Mamá, ¡creí que no volvería a verte nunca!

Mayada levantó a Ali del suelo. Su niño era frágil y pequeño. Lloró, consciente de cuánto habían sufrido sus hijos sin ella.

Ali la abrazaba con fuerza, luego le tocó la cara.

—Mamá, me acostaba con tu bata y la metí debajo de la almohada. Todas las noches le pedía a Dios que me devolviera a mi mamá, que me devolviera a mi mamá. Era lo único que quería, en toda mi vida. Solo a mi mamá.

—Tu mamá ha vuelto, Ali. Y no pienso volver a dejarte. ¿Dónde está Fay? —preguntó Mayada, mirando a su alrededor—. ¿Dónde está tu hermana?

—Nuestro padre la llevó a casa del tío Mohamed.

—¿Por qué? —Mayada sintió una ráfaga de rabia. Fay tendría que haberse quedado con su abuelo paterno, cerca de su casa.

Mayada se llevó a Ali con ella.

—Vamos a ver a tu abuelo Mohy. —Era su antiguo suegro, Mohy al-Haimos—. Él hará que Fay vuelva.

Mayada y Ali entraron en la casa de Mohy sin llamar a la puerta y se encontraron a Mohy allí de pie con su chilaba blanca. Cuando vio a Mayada, se dibujó una amplia sonrisa en su rostro.

—*Hela, hela, hela* [bienvenida de nuevo] —la saludó. Mohy se acercó a Mayada y la besó en ambas mejillas. La antigua suegra de Mayada, Yamila, escuchó ruidos y salió de la cocina—. ¿Estoy soñando? ¿De verdad es Mayada la que ha vuelto a nuestro lado? —Miró a Mayada a la cara y le sonrió con felicidad.

—Llama a Mohamed y dile que traiga a Fay a casa. Su madre ha vuelto.

—Mientras esperamos, siéntate, Mayada, y cuéntame todo lo que te ha ocurrido.

Con Ali cogido de su brazo, Mayada le contó a la anciana pareja algo sobre Baladiyat, omitiendo las partes más atroces para proteger a su hijo pequeño.

—¿Y quieres quedarte en Irak? —le preguntó Mohy a Mayada cuando el relato llegó a su fin.

—No. Corremos peligro. —Mayada hizo una pausa—. Tío Mohy, mis hijos y yo ya no podemos vivir en un país lleno de centros de tortura.

Mohy asintió para corroborarlo. Había estado detenido en una ocasión por una falsa acusación y había pasado un año en un centro de detención. Odiaba a Sadam Husein y a todos los relacionados con su gobierno.

—Te ayudaré en todo lo que pueda —prometió.

Desde el principio de su matrimonio, Mayada había querido a su inteligente suegro. Mohy era todo un caballero.

Justo en ese momento, Mayada oyó el rugido de un motor y fue corriendo a la puerta. Vio a Fay, que saltó emocionada del coche todavía en marcha, conducido por el hermano de Salam, Mohamed.

Mayada salió corriendo.

—¡Fay!

—¡Mamá! ¡Mamá! —gritó Fay, corriendo hacia Mayada.

—¡Fay!

Cuando Fay vio a su madre, gritó tan alto que los vecinos salieron a la calle para ver a qué venía tanto jaleo.

—Me llevo a los niños a casa. Nos vemos pronto —les dijo Mayada a su antiguos suegros.

Con su hija bajo un brazo y su hijo bajo el otro, Mayada se dirigió a toda prisa hacia su casa.

—Entrad, entrad —les advirtió Mayada—. No hagamos una escenita.

—Recemos una oración —sugirió Fay en cuanto estuvieron dentro—. Tenemos que agradecerle a Dios que estés en casa, mamá.

En cuanto Mayada soltó el bolso y los tres se lavaron la cara y las manos, se alinearon, mirando a La Meca. Se arrodillaron y tocaron el suelo con la frente y le dieron gracias a Dios por haber devuelto a Mayada de Baladiyat.

El mundo de Mayada estaba bien, una vez más.

10

Querida Samira

Día de la liberación de Irak
9 de abril de 2003
Mayada al-Askari
Ammán, Jordania

Querida Samira:
Ha llegado el amanecer de un glorioso día.

Anoche, mi hija de veinte años, Fay, se quedó despierta toda la noche viendo la televisión a la espera de que Irak fuera liberado. Esta mañana se ha levantado a las seis menos cuarto y ha dicho entre susurros: «Mamá, despierta, creo que ha terminado».

Entendí enseguida lo que quería decir mi hija. Después de treinta y cinco años de tiranía cruel y caprichosa —desde el 17 de julio de 1968 hasta hoy—, el puño de acero de Sadam Husein que oprimía a mi amado Irak había sido por fin vencido.

Salté de la cama y corrí al comedor para escuchar la maravillosa noticia de primera mano. Cuando el presentador del telediario dijo que los baazistas de Irak habían huido y que muchos de ellos habían desaparecido como por arte de magia, reí con una relajación que no había sentido en años. Alegre y triunfante, Fay echó la cabeza hacia atrás para entonar el cántico de *Halula*, gritando para celebrar lo ocurrido. De inmediato me uní a ella. Las dos armamos tanto jaleo que Ali saltó de la cama para ver qué pasaba. Cuando escuchó la noticia de la liberación de Irak, se quitó la camiseta y empezó a darle vueltas por encima de la cabeza, bailando una danza por la libertad.

Teníamos los corazones rebosantes de felicidad. Después de agotarnos de tanta alegría, los niños y yo nos lavamos y nos preparamos para la oración. Juntos miramos hacia La Meca y dimos gracias a Dios por poner fin a la larga pesadilla de nuestro país.

Después de la oración, les conté a Fay y a Ali algo sobre el momento preciso en que me había dado cuenta de que la pesadilla había empezado. Tenía solo trece años. La revolución baazista de 1968 se había producido la semana anterior. Mi padre seguía vivo, y Haqi al-Berezenchi, un kurdo iraquí que era embajador de India en esa época, era nuestro invitado para cenar en una cálida noche de julio, y estábamos todos sentados en el jardín mirando al Tigris. Por la reciente revolución baazista, la política era el único tema de conversación de esa velada. Mi padre estaba muerto de preocupación por Irak y por los iraquíes, pero Haqi le aseguró: «No te preocupes, Nizar, esto es como la noche de bodas de un lobo. Como los animales que copulan de forma breve, esta revolución terminará pronto».

Con el debido respeto a Haqi, esa noche de bodas del lobo se convirtió en un matrimonio largo y turbulento de treinta y cinco años en el que una bestia malvada tenía agarrados a los iraquíes por el pescuezo.

Samira, estoy tan feliz que me da vergüenza, porque sé que hay muchos iraquíes que han sufrido terribles pérdidas durante esta batalla por la libertad. Nos han recordado de la forma más cruel posible que la libertad tiene un precio muy alto.

Samira, no pasa un día en que no tenga la visión de tu hermoso rostro, y de los rostros de las demás mujeres en la sombra de la celda 52 de Baladiyat. Ahora, en Ammán, todas las mañanas cuando salgo de mi piso hacia mi lugar de trabajo, reduzco la marcha para estudiar las caras de todas las mujeres sentadas entre los vendedores ambulantes. Me pregunto si huiste. Me pregunto si lograste llegar a Ammán y retomaste tu negocio, una vez lucrativo, de venta de cigarrillos. Algunas veces me ha dado un vuelco el corazón por la esperanza y he corrido a abrazar a una mujer con el pelo entrecano como el tuyo. Durante un breve instante, me ruborizo al creer que has salido viva de Baladiyat. Pero hasta ahora solo me he topado con la decepción.

¿Dónde estás? ¿Estás celebrando la libertad de Irak con tu familia? ¿O has pagado con tu vida esta libertad a la que ahora doy la bienvenida? ¿Te asesinaron los torturadores de Sadam en Baladiyat mucho antes de que estallase esta guerra? ¿Eras consciente de que faltaba muy poco para que Irak se liberase? ¿Y dónde están las demás mujeres en la sombra? ¿Cuáles de ellas siguen vivas? ¿Quiénes murieron? Estas preguntas me persiguen a diario.

Como habrás adivinado, ahora vivo en Jordania con Fay y Ali. Mientras escribo esta carta, estoy sentada en mi espaciosa terraza de Ammán. Es un balcón que me alegra, porque puedo mirar al este, hacia Irak. Estamos en Yabal Ammán, justo después de la quinta circunvalación, por si eso te dice algo. A la izquierda veo una tenue silueta de la carretera hacia Irak. A la derecha veo la carretera que lleva a Jerusalén. Hay muchos pisos y casas a nuestro alrededor; hermosos edificios de piedra blanca con tejados inclinados de color rojo, un mundo repleto de la luz del sol y árboles y hermosas casas. Cuando anochece, el cielo se llena de un montón de estrellas brillantes y resplandecen las luces centelleantes de Ammán.

La terraza está amueblada con cuatro sillas blancas, una mesa redonda y un banco. Hermosas plantas con flores —rojas, blancas, rosadas y amarillas— rodean la terraza y liberan su perfumado aroma en el aire. Estas plantas multicolores también caen por el balcón, y atraen a llamativas mariposas y a afanosos colibríes. Los niños y yo comemos a menudo en la terraza. Miramos al cielo, hacia Irak, y hablamos de los días pasados, cuando vivir en nuestra tierra era sinónimo de días soleados junto al hermoso Tigris, paseos por verdes jardines y una vida agradable.

De vez en cuando incluso sacamos la tele a la terraza y vemos una película en el vídeo. Cuando hace calor, Ali, que ya tiene diecisiete años, a veces duerme aquí.

Así que ya sabes que mi mayor preocupación no se hizo realidad. No detuvieron a mis hijos. Ni tampoco sufrieron daños físicos. Le doy gracias a Dios por ello siempre que rezo.

Como solía hacer, mi madre lo arregló todo. Consiguió que me liberasen de Baladiyat. Como ya sabes, ella conocía a casi toda la gente importante de Irak. Por suerte, todavía tenía el número personal del hombre que dirigía el Despacho Presidencial de Sadam: el general y doctor Abid Mahmud al-Tikriti, el hombre que contesta todas las llamadas de Sadam (el doctor Abid Hmud, para aquellos que lo conocen bien).

Mi madre se había reunido con este hombre hacía muchos años, cuando él la invitó a la ceremonia en la que defendía su tesis doctoral. Cuando el doctor Abid se tituló, le dijo a Salwa que lo llamase si necesitaba alguna cosa. Cualquier cosa, insistió. Y así lo hizo. Él la ayudó tal como había prometido.

Después de unas cuantas averiguaciones, el doctor Abid le dijo a mi madre que me habían detenido. Parece que alguien en Bagdad había impreso panfletos en contra del gobierno, pero que la policía secreta no tenía ni idea de dónde procedían. Así que detuvieron a los propietarios de diez imprentas de la zona. Daba igual si la persona detenida era culpable o inocente. Temo ser la única liberada de los diez, aunque probablemente éramos todos inocentes.

El doctor Abid le dijo a mi madre que había hablado con Sadam y que el presidente le había dado permiso para firmar los documentos para mi liberación temporal, pero que quería que mi madre le diera su palabra, a través del doctor Abid, de que yo no intentaría huir de Irak. Si se descubría que los panfletos provenían de alguno de mis ordenadores, tendría que volver a la cárcel para someterme a más interrogatorios, para que pudieran encontrar al verdadero culpable. Se trataba de una cuestión de seguridad nacional. Sadam quiso que ella lo supiera, aunque creía que yo no tenía nada que ver con el delito.

Sé que mi madre jamás ha mentido, ni una sola vez. Pero al enfrentarse a esa situación de vida o muerte, no le importó mentir un poco, según me dijo. Así que le dio su palabra a Sadam a través del doctor Abid. Le dijo que la sangre de mi padre corría por mis venas, y que yo jamás cometería un delito. Le aseguró al doctor Abid que si yo intentaba huir de Irak antes de que la investigación se cerrase, ella se desentendería de mí.

Por desgracia, no había nadie en Baladiyat que supiera que se estaba tramitando mi liberación en nombre de Sadam y desde el palacio presidencial hasta el día después de que me torturasen. De no ser así, me habría librado de esa experiencia horrible y dolorosa. En cuanto hubieron dado la orden, simplemente me ignoraron hasta que el papeleo tuvo impresas todas las firmas necesarias. Así que tú tuviste razón desde el primer instante, Samira. Me habrían torturado a diario si los funcionarios de Baladiyat no hubieran tenido noticia de mi liberación.

En cuanto mi inminente liberación fue conocida en Baladiyat, empezó el chantaje. Cuando ese granuja de Mamun vio el documento donde se ordenaba mi exculpación, fue directamente a mi casa. Les aseguró a mis hijos que podía conseguir que me soltaran por quinientos dólares. Los niños se pusieron muy nerviosos y recurrieron a su abuelo, el padre de Salam, quien les dio el dinero. Ese dinero fue entregado a Mamun.

Por suerte, los niños recibieron ayuda económica de nuestros vecinos, que se habían enterado de mi desgracia. Por la noche, según me contó Fay, la gente se colaba en casa para meter sobres anónimos por debajo de la puerta de entrada llenos de dinero en efectivo.

Cuando íbamos en coche hacia casa, Mamun me dijo que no podía salir del país hasta que él viniese a arreglarlo todo. Yo no tenía ni idea de que estaba preparando el terreno para semanas de intimidación y chantaje. Iba a mi casa a diario y me pedía dinero para cualquier cosa. Me dijo que no tardarían en detenerme si no «mantenía la maquinaria engrasada». Cuando supo por el padre de los niños que estaba planeando salir del país, me advirtió que mi nombre podría ser incluido en una «lista negra» de antiguos presos que tenían prohibido viajar. Estos nombres se entregan a todos los organismos gubernamentales y se envían directamente a la policía de aduanas.

Para satisfacer sus exigencias y evitar que me denunciase a las autoridades, tuve que vender mis cuadros y pedir dinero prestado a todos mis conocidos. Y en el último momento, planeó una nueva estrategia y me pidió 50.000 dólares por el rescate de Fay, más tarde volveré a esta triste historia.

Me alegra informarte de que había al menos un alma caritativa entre el personal de Baladiyat. Ese joven médico, el doctor Hadi Hamid, llamó al número que escribí en la arena sobre la sábana de plástico negro.

Además de proteger a mis hijos, solo había dos misiones urgentes que me retenían en Bagdad mientras me encargaba de los preparativos para huir: necesitaba ponerme en contacto con las familias de las mujeres en la sombra y tenía que visitar la tumba de mi padre por última vez.

Pasé mi primer día de liberación de Baladiyat tranquilizando a mis pobres hijos. El segundo día lo pasé intentando ponerme en contacto con los familiares de las mujeres en la sombra. Y el tercer día, me despedí de mi padre.

Samira, te creí cuando me dijiste que todos los teléfonos de las casas de las presas estarían pinchados. Por eso, consciente de que mi teléfono también lo estaría, fui al único lugar de Bagdad que presume de tener un teléfono público: el viejo club Alwiya de Bagdad. Este club social, situado junto a los hoteles Sheraton y Meridian en la plaza Al-Firdus, fue abierto por los británicos en 1924. En esa época, pocos iraquíes tenían permitida la entrada al club. Por supuesto, Yafar, Nuri y Sati eran de las pocas y escasas excepciones. Puesto que los miembros de mi familia son considerados los miembros fundadores más importantes, a menudo me conceden permiso para entrar.

El teléfono público del club Alwiya ya no funciona con monedas, sino que ofrece línea de forma constante. Una operadora contratada por el gobierno escucha todas las llamadas que se hacen desde el teléfono, pero los niños y yo urdimos un plan. (Después de conocer la historia de las mujeres en la sombra que seguían en la celda 52, los niños insistieron en ayudarme. Lo permití, pese al peligro. Aprendí una única lección en Baladiyat: que todos los iraquíes debían luchar contra la tiranía de Sadam, de la forma que fuera posible.)

Unos días antes de mi detención, había celebrado la fiesta del decimosexto aniversario de Ali en el club Alwiya. Allí, mis hijos se habían hecho amigos del personal, incluido el portero y el socorrista de la piscina. Sabía que necesitaría algún motivo de distracción mientras hacía las llamadas, así que preparé un hermoso pastel y les dije a Fay y a Ali que ofreciesen un poco a la operadora que escuchaba las llamadas. Los niños reunieron a todo el personal, y en cuanto escuché la ruidosa conversación y las estruendosas risas, me escabullí para usar el teléfono.

Llamé a la madre de Sara primero y me sentí aliviada de que contestase rápido. «Sara está en Amin al Amma —dije—. Venda la tierra. Soborne a un funcionario. Saque a su hija. Hágalo ya, la necesita.» La madre de Sara gritó sorprendida y preguntó: «¿Está bien mi hija?». «Tiene que sacarla —la apremié—. Sara necesita salir y pronto. —Entonces recordé la advertencia que me hiciste sobre que las llamadas fueran cortas, así que le dije la última cosa a la madre de Sara antes de colgar—: Sara dice que la llave está bajo la maceta amarilla junto al cactus.»

Aunque sentí el deseo de arriesgarme a tener una conversación más larga con esa mujer, para poder insistir en la importancia de que actuara rápido antes de que su hija sucumbiera a las torturas, me obligué a colgar.

Entonces seguí con la lista y llamé a todos los números que había memorizado. Como recordarás, la mañana de mi liberación llegó tan de repente que no pude tomar nota de los números de teléfono de Asia, ni de Hayat ni de Anwar. Algunas de las llamadas fueron respondidas por niños que no me entendían y que se negaban a hablar con un adulto por teléfono. Otras llamadas fueron respondidas por adultos asustados que colgaban en cuanto les decía que era una antigua presa que estaba haciendo una llamada prohibida. Me apena informarte de que solo conseguí contactar con cinco familias.

Samira, también me entristece decirte que tu número de teléfono ya no funcionaba. No pude ponerme en contacto con nadie para ti. Esa es una de las razones por las que me preocupa tu seguridad.

El tercer día desde mi salida de Baladiyat, fui a visitar la tumba de mi padre. Está en el cementerio Bab al-Muadam, próximo a mi hogar de la infancia junto al Tigris. Con el paso de los años, pocas veces he visitado el lugar donde está enterrado mi padre. Una gran tristeza me invade cuando me encuentro junto a su tumba. Incluso después de todo el tiempo que ha pasado, me resulta difícil creer que mi padre está muerto y enterrado.

Pese a mi pena, sentí una intensa necesidad de despedirme de él, porque sabía que no volvería a Irak mientras gobernase Sadam, lo que podía prolongarse durante toda mi vida.

Mi padre descansaba por siempre junto a la tumba de su madre, Fajriya al-Said. Su sepultura es un lugar apacible, ensombrecido por una alargada palmera. Su tumba es sencilla, tal como pidió él. Sobre la lisa losa de mármol blanco hay una inscripción que dice:

Aquí yace Yafar al-Askari,
nacido en 1922 y fallecido el 2 de marzo de 1974.
Que su alma sea acogida por Alá en el Paraíso.
(Entonad una Fatiha por su alma.)

Como había pasado algún tiempo desde la última vez que había estado en la sepultura de mi padre, me sorprendió algo extraordinario que vi en esa visita.

En 1955, el año de mi nacimiento, mi madre pidió una planta de jazmín africano para nuestro jardín de la casa junto al Tigris. Era un hermoso arbusto de flores blancas con el centro violeta. Las hojas eran carnosas y de color verde oscuro. Ese jazmín africano era la plantita más saludable que he visto jamás y crecía sin parar. En unos pocos años, el arbusto se había hecho enorme. Incluso antes de que Sadam confiscara nuestra casa en el Tigris, ese pequeño arbusto se había convertido en una planta gigantesca. Era tan grande que muchos creían que era un árbol.

Cuando era niña, nuestro jardinero se quejaba de ella, decía que jamás había visto crecer tan rápido un arbusto. Ese anciano juraba que el jazmín africano era una planta mágica que iba a invadir todo el patio y a cubrir la casa. Y yo había oído hacía muchos años que la pequeña planta en realidad se había extendido por toda la zona y se había convertido en un sólido arbusto legendario que pasaba de un jardín a otro. ¿Puedes creer que la planta llegó hasta la tumba de mi padre? Como por arte de magia, ese mismo jazmín africano al que tantas veces había visto admirar y acariciar a mi padre, el arbusto del que a menudo arrancaba una flor para alguna de sus «chicas», estaba enredado con toda tranquilidad en su tumba.

El gorjeo-mensaje de la qabaj, la simbólica planta de jazmín africano... Samira, empiezo a creer en los milagros.

Después de despedirme de mi padre y de pronunciar unas oraciones por su alma, volví a casa y empecé a preparar a conciencia mi plan de fuga.

Samira, había mucha amargura relacionada con la partida. Me veía obligada a casarme de nuevo con Salam, puesto que no se me permitiría viajar fuera de Irak sin un certificado de matrimonio. Fue tan traumático casarse otra vez con él que me negué a pensar en ello. Hice lo que debía para salvar a mis hijos y a mí misma.

Después de contraer matrimonio con Salam, tuve que comprar mi salida de Irak. Mamun me extorsionaba para conseguir dinero con cualquier pretexto. Cuando le puso ese elevado precio a la cabeza de Fay, creyendo que de algún modo yo podría conseguir 50.000 dólares para rescatarla de Irak, me desesperé. Temía tener que quedarme en el país con Fay, y así correría el riesgo de que me detuvieran y de volver a Baladiyat. Pero mi hija tenía tanto miedo de que volvieran a encerrarla que insistió en quedarse con la familia de su padre mientras yo huía. Me animó a huir, y me dijo que ya lo arreglaría para escapar en cuanto yo estuviera a salvo en Ammán.

Estaba en un terrible aprieto, igual que el médico en Baladiyat. La razón me decía que me fuera, pero el corazón me decía que me quedase. Era una lucha tremenda y no sabía qué hacer. Entonces sucedió un pequeño milagro. Tú, Samira, me visitaste en un sueño una noche y me aconsejaste: «Mayada, huye. Llévate a tu hijo Ali contigo y negocia para llevarte a Fay desde una posición en la que tengas mayor ventaja. No podrás hacer nada por ninguno de ellos desde Baladiyat». Cuando la imagen que se había formado se fue desvaneciendo poco a poco, volví a escuchar tu voz: «Huye, Mayada, huye».

Pese al miedo que me daba dejar a Fay, sentí que el sueño era una verdadera premonición. Entendí que me estabas advirtiendo que no me arriesgara a volver a Baladiyat, me advertías que no sobreviviría a una segunda visita. Sabiendo que eres la mujer más sensata del mundo, decidí que sería mejor seguir tu consejo, aunque me lo hubieras dado en un sueño. Estaba convencida de que podía mover montañas solo si dejaba Irak.

Samira, el día más triste de mi vida fue el día que fui a la estación de autobuses de Al-Nahda para subir al autobús con destino a Ammán. La estación estaba abarrotada de viajeros y vendedores, y las paredes estaban cubiertas de horribles fotos de Sadam. Vi cientos de carteles que recordaban a los iraquíes que se lavaran la cara por las mañanas o que se cepillaran los dientes por las noches. Esos lemas infantiles me irritaron tanto que deseé abofetear a alguien, preferiblemente al baazista que los había colgado allí. La estación de autobuses bullía con familias reunidas en torno a su destartalado equipaje. Resultaba evidente por todas las cajas y bolsas que la mayoría de personas que embarcaba en los autobuses dejaba Irak para siempre. ¿Y quién podía culparlos?

Imagina nuestro terror cuando la puerta de la estación se abrió de golpe y entró Udai Sadam Husein con su séquito. Aunque Udai era cojo y llevaba bastón, un enorme tigre asiático con correa avanzaba junto a él. Todos los presentes en la estación se apartaron para alejarse de la peligrosa criatura, que rugía y enseñaba sus enormes zarpas. Me daba verdadero terror que Udai soltase al tigre entre la multitud. Había oído historias de muchas personas que mientras se encontraban cenando en algún restaurante de Bagdad habían tenido que enfrentarse a los tigres de Udai. Un hombre me contó que lo único que le había salvado había sido el carísimo cordero que había pedido, que tiró al animal en un acto de desesperación.

Samira, me quedé junto a mi equipaje boquiabierta. Apenas podía creer que tras haber sobrevivido a todo lo que experimenté, sería atacada y moriría en las fauces de un tigre en la estación de autobuses de Al-Nahda. Sorprendentemente, Udai mantuvo a la bestia atada, aunque dos ancianos que protegían a sus familias recibieron el impacto de una enorme garra.

Udai cojeaba por la estación, escupiendo sobre los viajeros y gritándoles. Llamaba a todo el mundo traidor por irse de Irak. Por fortuna, Ali y yo estábamos al final de una larga cola y ese loco no podía llegar hasta nosotros. Me aterrorizaba que pudieran atacar a Fay, no obstante, tanto ella como su padre habían estado separados de nosotros por la multitud que empujaba enloquecida. Al final no le pasó nada.

Udai escupió hasta agotarse y salió del edificio. Todo el mundo empezó entonces a subir a los autobuses, dando gracias a Dios de haber sobrevivido un día más en el zoológico que era Irak.

Ali y yo por fin subimos a nuestro autobús y a mí me cegaron las lágrimas cuando me despedía desde la ventana de mi llorosa hija. Pobre Ali, entonces solo tenía doce años y lloraba porque no había podido despedirse de su único amigo. Por desgracia, Salam tenía que viajar con nosotros, lo que hizo que el viaje a Ammán fuera más triste todavía.

Tanto Ali como yo estábamos tan derrengados por la pena, la confusión y el alivio que apenas nos dirigimos la palabra, ni entre nosotros, ni a Salam. Miré por la ventana del autobús durante horas. Contemplaba cómo pasaba el desierto, hipnotizada por la brillante arena que relucía como un montón de perlas a la luz de la luna. Pensé que la tierra siempre sigue igual, sin importar lo que les ocurra a los humanos que la habitan.

A medida que nos acercábamos al puesto fronterizo iraquí, empecé a tener los mismos dolores en el pecho que había sentido mi primera noche en Baladiyat. Sabía que Mamun era muy capaz de jugármela. ¿Y si había avisado a las autoridades de la frontera de que una tal Mayada al-Askari estaba saliendo del país de forma ilegal? De ser así, Samira, sabía que a Ali y a mí nos detendrían y nos llevarían a la misma cárcel de Ramadi donde te retuvieron a ti antes de trasladarte a Baladiyat. No puedo describir el miedo que me sobrecogía, que me hizo un nudo en la garganta cuando el guardia de la frontera preguntó: «¿Por qué se va de Irak?». Mentí: «Mi madre está enferma en Ammán y tengo que ir a cuidarla». Salam puso su típica sonrisita, lo que no supuso ningún apoyo que corroborase mi historia. El guardia me miró como si fuera una asesina, pero me puso el sello en el pasaporte y seguimos adelante.

Cuando nos sellaron los pasaportes y entramos en Jordania, sentí un gran alivio. Había huido de Irak. Ahora, me dije, puedo invertir todas mis energías en ganar dinero para pagar la huida de Fay.

Siento informarte de que Salam regresó a Bagdad sin concederme el divorcio como había prometido. Pero, Samira, descubrí que me esperaban aún más amarguras en Ammán. Después de mi dolorosa etapa en prisión y la ansiedad por nuestro plan para salir de Irak, fue maravilloso volver a ver a mi madre. Era la mujer más tenaz que he conocido en la vida. Aun así todavía me enfrentaba a graves problemas. Despojada de los privilegios de los que siempre había gozado como nieta de Sati al-Husri y de Yafar al-Askari, mi debilitada economía limitaba mis posibilidades. Mi madre había gastado mucho dinero durante los años pasados, y yo sabía que tenía que pensar en su vejez y en cómo iba a vivir. Así que no podía ni pensar en pedirle dinero. Al final acabé metida en un terrible aprieto, intentando pagar la educación de mi hijo y al mismo tiempo buscando fondos para pagar el rescate de Fay. Supe que Mamun seguía chantajeándola, con la excusa de que tendría problemas si las autoridades descubrían que yo había huido del país.

Sin embargo, y por suerte, mi vida ha sido una mezcla tanto de milagros como de tragedias. Justo cuando estaba a punto de renunciar a todo, se produjo un nuevo milagro. Aproximadamente un año después de marcharme de Irak, un amigo se enteró de mi dilema y me dio 25.000 dólares para el rescate de Fay. Mamun accedió con codicia a aceptar esa suma, y mi hija no tardó en reunirse conmigo en Ammán.

Fay, Ali y su madre volvían a estar juntos.

A continuación me golpeó una nueva tragedia. Poco después de que Fay llegase, a mi madre le diagnosticaron cáncer de mama. En ese momento tenía setenta y siete años, aunque aparentaba cuarenta y seguía un ritmo de vida de una mujer joven. Su enfermedad fue un golpe para ella, y para mí. Por desgracia, el cáncer se extendió con rapidez y yo me encargué de mi madre durante ese terrible año. Sufrió mucho, pero yo estaba con ella cuando murió y doy gracias a Dios por ello.

Tras todas aquellas muertes y con mi hermana viviendo en el lejano Túnez, nuestra pequeña familia quedó reducida a tres personas.

Aunque habíamos sufrido tras numerosas batallas, nos alegrábamos de estar juntos y libres en Jordania. Pocas cosas hicieron mermar nuestra alegría durante mucho tiempo.

Entonces, algo poco frecuente en el frente político empezó a tomar forma: un renovado debate sobre la liberación de Irak. Cuando el presidente de Estados Unidos George Bush y el primer ministro británico Tony Blair empezaron a hablar de liberar a Irak de Sadam Husein, pensamos que sería la misma y aburrida charla que habíamos oído tantas otras veces.

Pero ahora, después de unas pocas semanas de guerra, mis compatriotas iraquíes han sido liberados.

Lágrimas calientes me corren por las mejillas cuando recuerdo la celda 52. Aunque espero un nuevo milagro, el milagro de que tú y el resto de las mujeres hayáis sobrevivido. Te prometo una cosa, que en cuanto sea seguro dejar a mis hijos y viajar a Irak, iré en tu busca y en la de las demás mujeres en la sombra. Si estás viva, un día compartiremos nuestra felicidad, y la de todas las mujeres en la sombra que conocí y quise.

Espero con ansia ese día.

Tu querida amiga,

MAYADA

Después de firmar la carta para Samira, Mayada se levantó de la silla y se dirigió a la barandilla de la terraza. Apoyó los codos en la baranda y miró pensativa hacia el este, hacia Irak. Ahora era libre para volver a casa por primera vez en cuatro años. Después de la más negra de las noches, el sol se había alzado triunfante sobre el país. Saboreando la libertad total, se sintió tan cerca como es posible de la felicidad plena.

Y bajo el tumulto de la guerra y la reciente victoria, Mayada podía sentir la presencia de Sati al-Husri y de Yafar al-Askari. Estos dos grandes hombres habían servido a Irak hacía mucho tiempo, durante otra época capital para la historia iraquí. Mayada tenía la esperanza de que surgieran hombres de nobleza similar, hombres que se preocupasen realmente por Irak, hombres que se alzaran durante ese momento histórico de gran necesidad, hombres que pudieran trabajar por el bien del futuro iraquí.

Ese era solo el segundo momento en la historia moderna de Irak en el que se había abierto una página en blanco en el libro de la nación, una página en la que los anales de la historia esperaban ser escritos, una página que podía describir el futuro de Irak.

Mayada miró hacia el este mientras rezaba.

—Que Alá guíe la mano que escribe en esa página en blanco.

APÉNDICE I

El ejército árabe ya ha sido compuesto en parte durante la Administración del bajá Yafar, actual secretario de Estado para la Guerra de Mesopotamia. No sé si el Comité es consciente de la trayectoria romántica de este hombre. No me cabe ninguna duda de que mi honorable y gallardo amigo, miembro de la División de Wrekin (sir C. Townshend) tiene conocimiento de ello. Inició la guerra luchando contra nosotros en el estrecho de los Dardanelos y consiguió la Cruz de Hierro alemana. Después viajó al desierto occidental donde dirigió al ejército de los senussí contra nosotros. Luchó, según creo, en tres batallas, en dos de las cuales salió victorioso, aunque en la tercera, según su opinión, algo fue mal: cayó herido y fue perseguido por el Regimiento de Voluntarios de Dorsetshire y finalmente capturado a campo abierto. Lo llevaron a El Cairo como prisionero de guerra y lo retuvieron en la ciudadela. Consiguió escapar, pero al ser un personaje de cierta corpulencia, la cuerda por la que descendía el muro de la ciudadela se rompió y Yafar se precipitó a un foso, a causa de lo cual se rompió una pierna. Durante su recuperación de las lesiones en el hospital leyó en los periódicos que el rey Husein, gobernador de La Meca, había declarado la guerra a los turcos y de inmediato se dio cuenta de que estaba en el bando contrario del que hasta ese momento había creído. Por tanto, elevó protestas formales a los líderes árabes de La Meca y después de cier-

291

ta vacilación, le pusieron al mando del Ejército. Ascendió como la espuma a un cargo de alta confianza y se distinguió con honores en el conflicto que tuvo lugar en los dos años siguientes. Por último, lord Allenby le entregó el mando de las Compañías de San Miguel y de San Jorge que componían un cuadro militar de tropas británicas formado casi en su totalidad por los mismos voluntarios de Dorsetshire que lo habían derrotado. Así es la personalidad del ministro de Guerra mesopotámico, y por supuesto es un ferviente seguidor del jefe de La Meca.

THE TIMES (Londres)
OBITUARIO DEL BAJÁ YAFAR, SOLDADO
Y DIPLOMÁTICO IRAQUÍ

El general bajá Al-Askari, ministro de Defensa iraquí, que fue asesinado después del golpe de Estado del pasado martes, había gozado de una extraordinaria trayectoria profesional en la guerra, primero luchando contra las fuerzas británicas y más tarde en sus filas. Fue dos veces ministro iraquí en Londres y cinco veces ministro de Defensa en el Gabinete iraquí. Era un soldado astuto, amable y capacitado, un buen estratega, un diplomático con tacto y un compañero divertido y jovial, que contaba con numerosas amistades en su país.

El bajá era bagdadí. Nació en 1880 y recibió formación en la Academia Militar Turca de Constantinopla. En la guerra, en la que fue condecorado con la Cruz de Hierro alemana, fue escogido por el bajá Damad Enver para la difícil misión de organizar a los senussíes de Libia (que por aquel entonces no estaban sometidos al dominio de los italianos, que habían adquirido la provincia de los turcos durante la guerra de 1912) para amedrentar a Egipto desde el desierto occidental. Los alemanes desembarcaron al bajá Yafar de un submarino en la costa libia con gran peligro para su vida, y él logró persuadir a los senussíes para que aceptaran su autoridad y obedecieran sus órdenes. Por tanto, durante un tiempo pudo librar una victoriosa batalla contra los británicos hasta que fue abatido y capturado por el Regimiento de Voluntarios de Dorsetshire durante la batalla de Agagia el 26 de febrero de 1916.

Como prisionero de guerra fue confinado en la ciudadela de El Cairo. Una noche se fabricó una cuerda con las mantas de su catre y estuvo a punto de fugarse, pero una de las mantas se desgarró por el gran peso del bajá, cayó y se lesionó tan gravemente un tobillo que no pudo huir. Sin embargo, había entablado excelentes relaciones con sus captores, e insistió en pagar la manta desgarrada. En cuanto se hubo recuperado de la lesión fue puesto en libertad bajo fianza y cuando se enteró del estallido del Levantamiento Árabe contra los turcos, se enroló en el ejército del rey Husain en la región de Hiyaz y sirvió a las órdenes del emir Faisal y de Lawrence de Arabia al mando de las tropas regulares de Al-Hiyaz en la campaña hasta la toma de Damasco.

Antes de finalizar la campaña, el bajá había sido condecorado por el general Allenby en el cuartel general de Bir Salem en Palestina en medio de un cuadro militar compuesto por sus captores, los voluntarios de Dorsetshire, cuya selección como guardia de honor en aquella ocasión complació a Yafar, que tenía un gran sentido del humor e insistió en lucir su Cruz de Hierro durante la ceremonia.

Tras la toma de Alepo fue nombrado gobernador de esta localidad, y cuando el emir Faisal se convirtió en rey de Irak, fue ministro de Defensa en dos gabinetes presididos por el *Naqib* (prefecto) de Bagdad desde agosto de 1921 hasta noviembre de 1922. El bajá fue nombrado entonces primer ministro iraquí ante la Corte de San Jaime, y con ese cargo asistió a la Conferencia de Paz de Lausana, donde su imponente y jovial presencia causaron una gran impresión a los diplomáticos y otros personajes allí reunidos.

En noviembre de 1923, el rey Faisal volvió a convocarlo en Bagdad para nombrarlo primer ministro hasta agosto de 1924, cuando regresó a su legación en Londres. Volvió a ser primer ministro y también ministro de Asuntos Exteriores desde noviembre de 1926 hasta enero de 1928, y al regresar a Londres en marzo de ese mismo año para reemprender su trayectoria diplomática estuvo a punto de ser capturado por asaltantes wahabíes durante la espera en Ramadi por el retraso de su avión. Al volver a Londres, el bajá estudió derecho británico y fue contratado por el prestigioso bufete Gray's Inn el 15 de enero de 1930. Durante el mes siguiente fue invitado, junto con lord Allenby, a una cena celebrada por el Regimiento de Voluntarios de Dorsetshire, por el que sentía una profunda admiración, y en marzo de 1930 volvieron a llamarlo de Irak para que ocupase el cargo de ministro de Defensa hasta octubre de 1932, en los dos gabinetes del general bajá Nuri al-Said, con cuya hermana se había casado Yafar. Una vez más, Yafar fue ministro en Londres, donde vivió feliz desde noviembre de 1932 hasta diciembre de 1934, cuando lo nombraron senador y regresó a Irak. En marzo de 1935 entró en el Gabinete en el que acababa de ser destituido el ministro de Defensa, y ocupó por quinta ocasión ese cargo.

APÉNDICE II

JEFES DE ESTADO IRAQUÍES
DESDE LA CREACIÓN DE IRAK EN 1921

Rey Faisal I (1921-1933). Fallecido por complicaciones coronarias.

Rey Ghazi I (1933-1939). Fallecido en un accidente automovilístico.

Rey Faisal II (1939-1958). Asesinado.

Abdul Karim Qasim (1958-1963). Asesinado.

Abdul Salam Arif (1963-1966). Fallecido en un accidente de helicóptero.

Abdul Rahman Arif (1966-1968). Sigue vivo en 2003.

Ahmed Hasan al-Bakir (1968-1979). Fallecido por causas naturales en 1982.

Sadam Husein (1979-2003).

Cortesía de Dale Hajost.

ACONTECIMIENTOS HISTÓRICOS
DE IRAK

Abril de 1920

La Conferencia de Paz de San Remo de las potencias aliadas refrenda los mandatos francés y británico en Oriente Próximo.

23 de agosto de 1921

El rey Faisal es coronado rey de Irak. El abuelo paterno de Mayada, el bajá Yafar al-Askari, es nombrado ministro de Defensa. El abuelo materno de Mayada, Sati al-Husri, es nombrado Consejero del rey Faisal en cuestiones de educación. El tío del padre de Mayada, el bajá Nuri al-Said, es nombrado Jefe del Estado Mayor.

1927

Los británicos encuentran petróleo en Kirkuk, Irak.

16 de noviembre de 1930

El Tratado anglo-iraquí se ratifica con el bajá Nuri al-Said.

Octubre de 1932

Se concede la independencia formal a Irak.

8 de septiembre de 1933

El rey Faisal I muere. Su hijo, Ghazi, es coronado rey.

Octubre de 1936

El abuelo de Mayada, el bajá Yafar al-Askari, muere asesinado durante el primer golpe de Estado militar en Irak.

11 de agosto de 1937
El general Bakir Sidqi muere asesinado en Mosul.

Diciembre de 1938
El bajá Nuri al-Said se convierte en primer ministro de Irak.

Abril de 1939
El rey Ghazi muere en un accidente automovilístico. Su hijo de cuatro años, Faisal II, lo sucede. El príncipe Abdullah es designado regente.

1 de abril de 1941
Nuri al-Said y el rey, de seis años, se ven obligados a huir tras un golpe de Estado.

Junio de 1941
El orden civil se viene abajo en Bagdad. Se lleva a cabo un pogromo contra los judíos iraquíes, que causa muertos y heridos.

14 de julio de 1958
Golpe de Estado en Irak dirigido por Abdul Karim Qasim. El rey Faisal II, miembros de la familia real y el primer ministro Nuri al-Said mueren asesinados.

7 de octubre de 1959
El primer golpe de Estado baazista fracasa. Sadam Husein huye a Egipto.

19 de junio de 1961
Kuwait declara su independencia de Gran Bretaña.

8 de febrero de 1963
Un contragolpe de Estado derroca al Partido Baaz.

17 de julio de 1968
Tras los reiterados golpes en Irak, Ahmed Hasan al-Bakir recupera el poder para los baazistas. Sadam Husein es el segundo en jefe como ayudante de Bakir, aunque es quien detenta el verdadero poder en Irak.

16 de julio de 1979
Sadam Husein sustituye a Ahmed Hasan Bakir como presidente de Irak. Se produce una purga en el Partido Baaz y muchos miembros son asesinados. (Bakir muere en 1982.)

1 de abril de 1980
El partido pro iraní Al-Dawa intenta asesinar a Tariq Aziz, vice-primer ministro de Irak. Los iraquíes culpan a Irán del intento de asesinato. Sadam Husein expulsa a los chiíes de origen iraní del suelo iraquí.

Septiembre de 1980
Irak e Irán entran en guerra.

7 de junio de 1981
Israel bombardea la central nuclear iraquí de Osirak, próxima a Bagdad.

21 de mayo de 1987
El buque de guerra estadounidense *Stark* es atacado en el golfo Pérsico, mueren 37 hombres. Estados Unidos acusa a Irán, aunque el *Stark* fuera atacado por misiles iraquíes.

1987
Sadam Husein utiliza armamento químico contra poblaciones kurdas y mata a miles de personas.

Febrero de 1988
Irán e Irak reemprenden la «guerra de las ciudades» y ambos países dirigen los ataques a las poblaciones civiles de su enemigo.

16 de marzo de 1988
Irak vuelve a utilizar armas químicas contra los kurdos y mata a miles de personas más.

3 de julio de 1988
Un avión de pasajeros iraní es derribado por un misil del buque estadounidense *Vincennes*. Mueren 290 civiles.

20 de agosto de 1989
Alto el fuego formal de la guerra de Irán-Irak.

Septiembre de 1989
Farzad Bazoft, periodista británico, es acusado de espionaje y ahorcado en Bagdad.

2 de agosto de 1990
Irak invade Kuwait. La Resolución 660 de las Naciones Unidas advierte a Sadam Husein que debe retirar sus tropas.

8 de agosto de 1990
Irak anexiona Kuwait como decimonovena provincia.

17 de enero de 1991
Empieza la operación Tormenta del Desierto.

28 de febrero de 1991
Alto el fuego.

3 de abril de 1991
La Resolución del Consejo de Seguridad 687 de las Naciones Unidas establece los términos para la paz. Todas las tropas iraquíes deben abandonar Kuwait. Empiezan los bloqueos económicos y el desarme de Irak.

12 de diciembre de 1996
Udai, hijo mayor de Sadam Husein, resulta gravemente herido en un intento de asesinato.

1 de noviembre de 1998
Todos los inspectores de la Comisión Especial de las Naciones Unidas (UNSCOM) abandonan Irak.

30 de enero de 2002
El presidente George Bush nombra a Irak parte de un «eje del mal» durante su discurso del Estado de la Nación.

12 de septiembre de 2002

Bush llama a la acción contra Irak. El gobierno iraquí afirma que no permitirá que los inspectores de armas internacionales «regresen sin condiciones».

10 de octubre de 2002

El Congreso de Estados Unidos adopta una resolución conjunta para autorizar el uso de la fuerza contra Irak.

16 de octubre de 2002

Irak renueva su oferta para los inspectores de armas de las Naciones Unidas. Sadam Husein consigue una nueva victoria como presidente para un mandato de siete años, obtiene el cien por cien de los votos.

28 de enero de 2003

El presidente Bush afirma que Sadam Husein no se está desarmando.

5 de febrero de 2003

El Secretario de Estado estadounidense Colin Powell utiliza fotos tomadas por vía satélite en un intento por conseguir el apoyo de la opinión internacional durante una sesión del Consejo de Seguridad de las Naciones Unidas.

5 de marzo de 2003

Francia, Alemania y Rusia publican una declaración conjunta en la que afirman que no aprobarán una resolución de las Naciones Unidas que autorice una acción militar contra Irak.

7 de marzo de 2003

Estados Unidos, Gran Bretaña, España y Portugal se reúnen en las Azores, y publican un ultimátum para la diplomacia internacional. Los líderes advierten que la guerra podría estallar en cualquier momento.

17 de marzo de 2003

Estados Unidos y Gran Bretaña retiran su anteproyecto de resolución en el Consejo de Seguridad de las Naciones Unidas. Se aconseja a los inspectores de armas que abandonen Irak. El presidente Bush hace público un ultimátum a Sadam Husein. El presidente iraquí tiene cuarenta y ocho horas de plazo para abandonar Irak.

20 de marzo de 2003

Las fuerzas de la coalición entran en Irak.

25 de marzo de 2003

Las fuerzas de la coalición, en su mayoría británicas, empiezan a combatir contra la milicia iraquí en Basora, la segunda ciudad más grande de Irak.

2 de abril de 2003

Las tropas estadounidenses llegan a las afueras de Bagdad.

3 de abril de 2003

Las tropas estadounidenses se hacen con el control del Aeropuerto Internacional de Sadam al sur de Bagdad.

9 de abril de 2003

Estados Unidos toma Bagdad. Empiezan a ser derribadas las esculturas de Sadam Husein.

13 de abril de 2003

Tikrit, ciudad natal de Sadam Husein, es tomada por las tropas estadounidenses.

15 de abril de 2003

Las fuerzas de la coalición declaran terminada la guerra.

DATOS SOBRE IRAK

Gobierno: En la época de esta publicación, Irak se está preparando para la democracia.
Población: 24.000.000.

Capital: Bagdad.
Población de la capital: 5.000.000.
Superficie: 437.072 km².
Idiomas: Árabe, armenio, sirio, kurdo.
Religión: 95 % musulmanes (60 % chiíes, 35 % suníes); 5 % cristianos.
Esperanza de vida: 58 años.
Porcentaje de alfabetización: 60 %.
Economía: Petróleo, trigo, arroz, vegetales, dátiles, algodón, ganado bovino, ganado ovino.

DATOS SOBRE LOS PAÍSES FRONTERIZOS

República Islámica de Irán
Gobierno: República Islámica.
Población: 65.000.000.
Capital: Teherán.
Población de la capital: 7.000.000.
Superficie: 1.648.009,43 km².
Idiomas: Persa, turco, kurdo, árabe y otros.
Religión: 99 % musulmanes (90 % chiíes).
Esperanza de vida: 69 años.
Porcentaje de alfabetización: 72 %.
Economía: Petróleo, textiles, cemento, trigo, arroz, grano, remolacha azucarera, frutas, frutos secos, productos lácteos, lana, caviar y algodón.

Reino Hachemita de Jordania
Gobierno: Monarquía constitucional.
Población: 5.300.000.
Capital: Ammán.
Población de la capital: 1.182.000.
Superficie: 92.302 km².
Idiomas: Árabe, inglés.
Religión: 96 % musulmanes (mayoría suní); 4 % cristianos.
Esperanza de vida: 70 años.
Porcentaje de alfabetización: 86,5 %.

Economía: Minas de fosfato, refinerías de petróleo, cemento, industria ligera, turismo, trigo, cebada, tomates, melones, aceitunas, ganado ovino, caprino, aves de corral.

Estado de Kuwait
Gobierno: Emirato constitucional.
Población: 2.300.000.
Capital: Kuwait City.
Población de la capital: 850.000.
Superficie: 17.819 km².
Idiomas: Árabe, inglés.
Religión: 85 % musulmanes (60 % suníes, 25 % chiíes); 15 % otros (cristianos e hindúes).
Esperanza de vida: 77 años.
Porcentaje de alfabetización: 78,5 %.
Economía: Petróleo, procesado de alimentos, pesca.

Reino de Arabia Saudí
Gobierno: Monarquía.
Población: 24.000.000.
Capital: Riyadh.
Población de la capital: 4.700.000.
Superficie: 1.969.584 km².
Idiomas: Árabe.
Religión: 100 % musulmanes (94 % suníes; 6 % chiíes).
Esperanza de vida: 72 años.
Porcentaje de alfabetización: 78 %.
Economía: Petróleo, producción de crudo, cemento, construcción, fertilizantes, plásticos, trigo, cebada, dátiles, carne de ovino, pollos, huevos, leche.

República Árabe de Siria
Gobierno: Dictadura.
Población: 17.500.000.
Capital: Damasco.
Población de la capital: 2.200.000.
Superficie: 185.179 km².
Idiomas: Árabe, armenio, arameo, francés, kurdo.

Religión: 89 % musulmanes (en su mayoría suníes; drusos y 12 % alawitas); 10 % cristianos.

Esperanza de vida: 70 años.

Porcentaje de alfabetización: 71 %.

Economía: Petróleo, textiles, bebidas, tabaco, minería, algodón, lentejas, guisantes, aceitunas, carne ovina, aves de corral.

República de Turquía

Gobierno: Democracia.

Población: 67.500.000.

Capital: Ankara.

Población de la capital: 3.200.000.

Superficie: 780.578 km².

Idiomas: Turco, kurdo, árabe, griego, armenio.

Religión: 97 % musulmanes (en su mayoría suníes); 1 % cristianos.

Esperanza de vida: 69 años.

Porcentaje de alfabetización: 85 %.

Economía: Textiles, minería, acero, petróleo, madera, papel, tabaco, aceitunas, ganado.

GLOSARIO

Al-Askari, bajá Yafar (1885-1936). Abuelo paterno de Mayada al-Askari. Yafar al-Askari procedía de una importante familia bagdadí. Durante la Primera Guerra Mundial estuvo al servicio del príncipe Faisal y de Lawrence de Arabia como general de las tropas regulares de la región de Hiyaz. Después de la guerra estuvo al servicio del rey Faisal I y del rey Ghazi I, ambos de Irak, ocupando numerosos cargos gubernamentales, incluidos el de ministro de Asuntos Exteriores iraquí en Gran Bretaña, ministro de Defensa y primer ministro de Irak. Fue asesinado mientras protegía al rey Ghazi I en 1936.

Al-Faw. Península de la costa del golfo Pérsico iraquí; en los yacimientos petrolíferos de sus orillas tuvieron lugar enfrentamientos bélicos durante la guerra de Irán-Irak y la segunda guerra del Golfo.

Al-Husri, Sati (1879-1969). Abuelo materno de Mayada al-Askari. Sati al-Husri fue uno de los primeros nacionalistas árabes. Sati creía que el nacionalismo era el único camino para que los árabes se liberasen del colonialismo y del imperialismo. Fue educador, escritor y ministro del gobierno. Sati era amigo personal del rey Faisal I y estuvo a su servicio ocupando varios cargos. Existen más de un centenar de libros y artículos que hablan de su persona. En la actualidad, todos los países árabes poseen una calle, un colegio o un auditorio con el nombre de este gran personaje.

Al-Saud. Dinastía gobernante de Arabia Saudí.

Ammán. Capital de Jordania, con una población de 1.182.000 habitantes.

árabe. Grupo lingüístico de aproximadamente 260 millones de hablantes que según los expertos se originó en la región de Hiyaz de Arabia Saudí. Todos los iraquíes que no son kurdos son árabes.

armenios. Pueblo antiguo indoeuropeo originario de Turquía oriental. En la actualidad, en Oriente Próximo, los armenios viven principalmente en Irán y Líbano.

asirios. Invasores que fundaron un imperio en Mesopotamia, que existió desde 1200 a. C. hasta 612 a. C.

Aziz, Tariq. Político iraquí católico de Mosul. Miembro del Partido Baaz, fue viceprimer ministro de Sadam Husein. Fue detenido por las fuerzas de la coalición en 2003.

Baaz. El Partido de la Resurrección Socialista Baaz fue formado el 7 de abril de 1947 por Michel Aflaq y Salah Addin al-Bitar, dos estudiantes de la Universidad Siria. Los principios del Partido Baaz incluyen la adhesión al socialismo, la libertad política y la unidad panárabe. Los partidos baazistas gobiernan en Siria. El Partido Baaz en Irak fue destituido en 2003 por las fuerzas de la coalición tras el derrocamiento del gobierno de Sadam Husein.

Babilonia. Una de las ciudades más antiguas del mundo y el centro urbano principal de la antigüedad. Estaba ubicada en la ribera del río Éufrates, que desde esa época ha cambiado su curso.

Bagdad. Capital de Irak, con una población de cinco millones de personas. La ciudad está situada en la ribera del río Tigris. Bagdad fue considerada antiguamente el centro del imperio árabe y fue la segunda ciudad más importante después de Constantinopla en términos de superficie y esplendor durante su edad de oro, desde 638 hasta 1100 de la era cristiana, cuando Bagdad floreció como centro de aprendizaje, filosofía y comercio.

Bakir, Hasan (1914-1982). Presidente baazista de Irak desde 1968 hasta 1979 y primo de Sadam Husein.

Basora. Segunda ciudad más grande de Irak, localizada en la ribera del río Shat al-Arab al sur de Irak y centro del territorio chií.

Beirut. Capital de Líbano. Puerto principal de la nación, Beirut tiene una historia que se remonta a la era fenicia.

Corán. Libro sagrado islámico. Como autoridad primordial de la comunidad musulmana, el Corán es la máxima fuente del islamismo. El Corán se compone de las revelaciones divinas que le fueron anunciadas al profeta Mahoma durante los últimos veinte años de su vida.

chiíes. Secta islámica enfrentada a la secta suní por la identidad del sucesor del profeta Mahoma, entre otras cosas.

Faisal I, rey (1885-1933). Tercer hijo del primer rey de Hiyaz (actual Arabia Saudí), el rey Husein ben Ali. Faisal nació en Taif, se educó en Constantinopla y entabló amistad con el inglés T. E. Lawrence (Lawrence de Arabia) en la lucha contra el Imperio otomano. Se convirtió en rey de Siria y de Irak. Era amigo íntimo de miembros de la familia de Mayada al-Askari.

Faisal II, rey (1935-1958). Hijo único del rey Gazhi I. Tenía solo cuatro años cuando su padre murió en un accidente de coche. El joven rey murió asesinado en el levantamiento que tuvo lugar en la mañana del 14 de julio de 1958.

Ghazi I, rey (1912-1939). Hijo único del rey Faisal I, Ghazi nació en Hiyaz y fue dejado al cuidado de su abuelo, el rey Husein, mientras su padre combatía en la Primera Guerra Mundial. El rey Ghazi murió en circunstancias misteriosas cuando su coche chocó contra una farola el 3 de abril de 1939. Era amigo íntimo de la madre de Mayada, Salwa al-Askari.

Guardia Republicana. Soldados de élite iraquíes leales a título personal a Sadam Husein que eran reclutados de la secta suní, el grupo dominante en Irak.

hachemitas. Los reyes hachemitas eran originarios de una importante familia de Arabia Saudí que descendía del profeta Mahoma y que una vez gobernó zonas de esa nación. Después de su derrota militar a manos de Abdul Aziz al-Saud, el padre de los actuales gobernantes de Arabia Saudí, los miembros de la familia fueron coronados reyes por los británicos en Irak, Trasjordania y Siria. El rey Faisal I fue elevado al trono iraquí. (El rey actual de Jordania, el rey Abdullah, es hachemita.)

Hammurabi, Código de. Principio legal creado en la antigua Mesopotamia (ahora el moderno Irak) que establecía el papel del Estado como un agente de justicia para las fechorías, en lugar de para el individuo.

Hiyaz. Región occidental de Arabia Saudí. Es la cuna del islam. Hiyaz era una provincia del Imperio otomano desde 1517, pero tras la Primera Guerra Mundial, se convirtió en un reino independiente con el rey Ali al-Husein. El rey Husein era el padre del rey Faisal I, que llegó a ser rey de Irak. Abdul Aziz ben Ram ben Saud, el padre de los reyes actuales de Arabia Saudí, conquistó la provincia de Hiyaz en 1926 y se autoproclamó rey, uniendo la región de Hiyaz con la de Nejd y convirtiéndolas en el reino de Arabia Saudí.

Husein, Sadam (1937). Hijo de un campesino desposeído que falleció antes de su nacimiento. Sadam fue educado por su tío, llegó al poder gracias al Partido Baaz y se convirtió en presidente de Irak en 1979. Sadam no solo lideró un reinado de terror para todos los iraquíes, sino que atacó a sus vecinos de Irán y Kuwait, y provocó así la guerra en la región. El gobierno de Sadam Husein fue derrocado en 2003 por las fuerzas de la coalición.

Irak, República de. En 1923, una convención europea presidida por los gobiernos británico y francés creó el Irak moderno. El país fue construido mediante la unión de las provincias otomanas de Bagdad, Basora y Mosul.

Jomeini, ayatolá Rujolá (1900-1989). Líder religioso de la secta musulmana chií cuyo papel fue fundamental en el derrocamiento del sha de Irán en 1979. Jomeini gobernó Irán hasta su muerte en 1989.

kurdos. Los kurdos no son ni árabes, ni iraquíes, ni turcos ni persas, sino que son miembros de un sólido grupo formado por veinticinco millones de personas que habitan en zonas de Turquía, Irán, Irak y Siria. Sadam Husein libró numerosas campañas militares contra los kurdos en Irak, entre las que se incluyeron ataques con gases tóxicos en 1988.

Kuwait. Pequeño reino creado el 19 de junio de 1961, que está situado en la frontera sur de Irak. En 1990, Irak invadió Kuwait y ocupó el país hasta que fue expulsado por las fuerzas de la coalición durante la guerra del Golfo de 1991. Desde aquella época, la relación entre Kuwait e Irak no ha sido precisamente cordial.

Lawrence de Arabia (1888-1935). Thomas Edward Lawrence creció en Oxford, Inglaterra, y se tituló en el Jesus College, en la especialidad de Arquitectura Militar Medieval. Entre 1911 y 1913 trabajó de arqueólogo para Oxford en Mesopotamia. Tras el estallido de la Primera Guerra Mundial, fue contratado por los servicios secretos militares en El Cairo. Forjó una intensa relación con el príncipe Faisal (que más adelante se convertiría en el rey Faisal I de Siria e Irak). Durante la Primera Guerra Mundial, Lawrence organizó las tropas árabes y luchó con ellas contra los ejércitos otomanos, época en la que entabló amistad con el abuelo de Mayada, Yafar, y con el tío de su padre, Nuri. Irónicamente, tras haber sobrevivido a varios encuentros con la muerte en la guerra, falleció en un accidente de motocicleta en Inglaterra. Lawrence fue autor de numerosos *best sellers* sobre sus campañas militares.

lengua árabe. El árabe pertenece a la familia de las lenguas semíticas y sus lenguas hermanas son el hebreo y el arameo. El árabe se escribe de derecha a izquierda y es una lengua escrita desde principios del siglo IV.

Liga árabe. Irak, Egipto, Jordania, Arabia Saudí, Líbano, Siria y Yemen formaron la Liga como baluarte contra la expansión soviética hacia Oriente Próximo.

Madre de todas las Batallas. Nombre que le dio Sadam Husein a la ofensiva terrestre durante la operación Tormenta del Desierto. Tras perder la guerra, Sadam la presentó como una victoria iraquí.

Mesopotamia. El término griego que significa «la tierra entre los ríos» engloba el área situada entre el Éufrates y el Tigris. Las primeras civilizaciones florecieron en esta zona. En la actualidad esa área es Irak.

mezquita. Templo islámico para el culto en público.

Mosul. Tercera gran ciudad de Irak, con una población aproximada de 1,4 millones de personas. Mosul posee una larga historia y era la ciudad más importante de la antigüedad.

Mujabarat. Término popular de los países árabes para designar la policía secreta o aparato de servicios secretos. Durante el mandato de Sadam Husein, Irak tuvo cinco agencias de inteligencia, todas conocidas popularmente como la Mujabarat.

nacionalismo árabe. Definido como la oposición al mandato extranjero, primero en contra de los otomanos y luego en contra de Gran Bretaña y Francia. Sati al-Husri, el abuelo paterno de Mayada al-Askari, fue considerado uno de los nacionalistas árabes más destacados.

Nasser, Gamal Abdul (1918-1970). Primer líder árabe independiente de Egipto; fue presidente desde 1956 hasta 1970, año en el que murió de un paro cardíaco. Durante la década de 1950 Nasser compitió con líderes iraquíes por la presidencia de todo el mundo árabe. Nasser era un gran admirador de Sati al-Husri, el abuelo materno de Mayada.

Operación Escudo del Desierto. Concentración de una coalición militar árabe-occidental en Arabia Saudí entre 1990 y 1991 con el propósito de expulsar a las tropas de Sadam Husein de Kuwait.

Operación Tormenta del Desierto. Las tropas de la coalición árabe-occidental iniciaron un campaña de bombardeos contra Irak el 16 de enero de 1991. A continuación se produjo una invasión por tierra el 23 de febrero de 1991. La ofensiva terrestre duró solo cien horas y resultó ser una victoria militar para la coalición contra Irak.

otomano, Imperio. Imperio establecido por el pueblo turco, que apareció en Anatolia en 1301, conquistó Constantinopla (la actual Estambul) en 1453 y las tierras árabes, incluido Irak, entre 1516 y 1517, y tuvo una vida de cuatrocientos años. Se lo conoció con el nombre de Imperio otomano. El Imperio otomano se unió a las potencias del Eje durante la Primera Guerra Mundial y tras la victoria de los aliados, el imperio desapareció formalmente en 1918. La moderna Turquía se construyó a partir de los restos de este imperio.

Pahlavi, sha Mohamed Reza (1919-1980). Nacido en Teherán, sucedió a su padre, quien abdicó a favor de su hijo en septiembre de 1941. Devoto enemigo del líder religioso musulmán Jomeini, que regresó a Irán y se hizo con el poder tras la marcha del sha el 16 de enero de 1979.

panarabismo. Movimiento árabe internacional que promovía intereses árabes y que aspiraba a la creación de un único Estado árabe.

Partido Socialista Baaz de Irak. El partido se creó en la clandestinidad en 1950. La dimensión de la formación aumentó y derrocó al gobierno iraquí en 1963. Fue destituido del poder solo siete meses después y regresó en 1968 para gobernar hasta 2003.

Portsmouth Tratado de. Tratado firmado en 1948 para definir la relación entre Gran Bretaña e Irak. El Tratado se firmó para beneficio de Gran Bretaña, comprometió la soberanía iraquí y fue un escándalo en Irak.

suníes. Secta más importante del islamismo en cuanto a número.

Universidad Azhar. Universidad islámica en El Cairo fundada el año 977 d. C. en la mezquita de Al-Azhar. Es la institución más antigua de esta clase en el mundo y es un importante centro para el aprendizaje islámico de alto nivel. Algunos de los antepasados de Mayada asistieron a la Universidad Azhar.

Universidad Estadounidense de Beirut. Universidad de Beirut fundada por el doctor Daniel Bliss de la Misión Protestante Estadounidense. Con un grupo de estudiantes compuesto por miembros de todos los países de Oriente Próximo, la universidad ha contribuido a la creación de una clase de intelectuales árabes.

Unión Árabe. Irak y Jordania crearon la Unión en 1958 como contrapartida a la de la República Árabe Unida de Siria y Egipto gobernada por Nasser y establecida el mismo año.

ESTE LIBRO HA SIDO IMPRESO
EN LOS TALLERES DE
A&M GRÀFIC, S. L.
SANTA PERPÈTUA DE MOGODA (BARCELONA)